平成29年版

特別支援学校 小学部・中学部
新学習指導要領の展開

宮﨑英憲 監修
横倉 久 編著

明治図書

監修のことば

　2017年3月末に幼稚園教育要領，小・中学校学習指導要領，同年4月末には特別支援学校学習指導要領の改訂がなされた。また，改訂された小・中学校学習指導要領解説は6月に出された。改訂の動きに合わせて，総則を中心にして多くの解説書が出されている。学習指導要領の枠組みが従来のそれとは大きく変化したことにも由来していると思われる。更に，特別支援教育に関しての今回の学習指導要領改訂では極めて大きな変革を伴う改訂が行われている。

　障害者の権利に関する条約に掲げられたインクルーシブ教育システムの構築を目指し，児童生徒の自立と社会参加を一層推進していくためには，通常の学級，通級による指導，特別支援学級，特別支援学校において，児童生徒の十分な学びを確保し，一人一人の児童生徒の障害の状態や発達の段階に応じた指導や支援を一層充実させていく必要が認識されたことが挙げられる。通常の学級においても，発達障害を含む障害のある児童生徒が在籍している可能性があることを前提に，全ての教科等において，一人一人の教育的ニーズに応じたきめ細かな指導や支援ができるよう，障害種別の指導の工夫のみならず，各教科等の学びの過程において考えられる困難さに対する指導の工夫の意図，手立てを明確にすることが重要であるとして各教科の指導についての記述が加わった。

　したがって，本書は，特別支援教育という視点から学習指導要領を読み解くことに意を用いた。各学校が学習指導要領改訂の意図をしっかりと認識し，教育実践に生かしていくことが求められると思われる。本書がその一助となると望外の喜びである。

　平成30年3月

　　　　　　　　　　　　　　　　　　　　　　　　　　　　宮﨑　英憲

はじめに

　平成29年4月28日に，中央教育審議会答申を踏まえ，特別支援学校幼稚部教育要領，小学部・中学部学習指導要領（以下，「新学習指導要領」）が公示された。移行措置を経て，小学部は平成32年度，中学部は平成33年度に全面実施される。これから新学習指導要領に基づいて，各校で創意工夫を凝らした教育課程編成が行われることになる。いよいよこれからが本番となる。

【新学習指導要領の方向性】

　今回の改訂は，「社会に開かれた教育課程の実現，主体的・対話的で深い学びの実現に向けた授業改善，カリキュラム・マネジメントの確立」等の全体の改訂の方向性に加えて，次の3点が示された。①インクルーシブ教育システム構築のための特別支援教育の推進②子供の障害の重度・重複化，多様化③社会の急速な変化と卒業後を見据えた教育課程の在り方等に対応し，障害のある子供一人一人の教育的ニーズに対応した適切な指導や必要な支援を通じて，自立と社会参加に向けて育成を目指す資質・能力を身に付けていくことができるようにする観点から教育課程の基準の改善を図ることが示された。各校では自立的に生きるために必要な生きる力の理念を具体化し，各校の教育課程がその育成にどうつながるかを分かりやすく示すことが求められる。

【目標を共有し，社会との連携・協働を推進する教育課程】

　新学習指導要領の大きなテーマである「社会に開かれた教育課程」という考え方は，特別支援学校においても大変重要な視点である。特別支援学校では，保護者等との連携は不可欠であり，これまでも保護者のみならず，地域との連携や外部人材の活用，企業等における自立と社会参加に向けた産業現場における実習など，社会と密接に関わる活動や外部の力を取り入れた教育を展開してきた。各校においては，個別の教育支援計画や個別の指導計画の作成・活用により，教育的ニーズや指導目標・内容・方法等の共有化を更に推進していくことが求められる。

【カリキュラム・マネジメント】

特別支援学校では，子供たちの障害の程度や発達段階等に応じて，前学年の目標・内容に替えて指導することや，自立活動を主とした指導を行うことが可能となっている。新学習指導要領の各教科の目標及び内容を踏まえ，卒業までに身に付けてほしい資質・能力を明確にした上で，具体的な指導内容を検討し，系統的に指導していくことが重要である。そのため，学校全体として，子供たちや学校，地域の実態を適切に把握し，教育内容や時間の適切な配分，必要な人的・物的体制の確保，実施状況に基づく改善などを通じて，教育課程に基づく教育活動の質を向上させ，学習効果の最大化を図るカリキュラム・マネジメントに取り組んでいくことが求められる。

【学びの連続性】
　学びの連続性を重視する観点から，知的障害のある児童生徒のための各教科等の目標や内容について，小学校等の各教科と同様に，育成を目指す資質・能力の三つの柱に基づき整理された。各学部や各段階，幼稚園や小・中学校の各教科等とのつながりに留意し，小・中学部の各段階に目標が設定され，各段階間の円滑な接続を図るため，各段階の内容のつながりを整理し，小学部と中学部，中学部と高等部間や段階間で系統性のある内容が設定された。

【新学習指導要領の理念の実現と諸条件の整備】
　新学習指導要領に前文が新たに記載され，学習指導要領の理念が示された。この理念の実現のためには，学校教育の在り方に関わる諸改革との連携を図るとともに，教員の授業改革や子供と向き合う時間の確保など，教員一人一人が力を発揮できるような教育条件の整備に努める必要がある。そして各学校が，その特色を生かして創意工夫を重ね，長年にわたり積み重ねられてきた教育実践や学術研究の蓄積を生かしながら，児童生徒や地域の現状や課題を捉え，保護者や地域社会と協力して，学習指導要領を踏まえた教育活動の更なる充実を図られることが期待される。

　平成30年3月

　　　　　　　　　　　　　　　　　　　　　　　　　　横倉　久

監修のことば
はじめに

序章 特別支援教育改訂のキーポイント

1 改訂の経緯 …………………………………………………………………………… 8
2 特別支援学校学習指導要領改訂の基本方針 ……………………………………… 10

1章 「総則」のポイントと解説

1 教育目標 ……………………………………………………………………………… 16
2 小学部及び中学部における教育の基本と教育課程の役割 ……………………… 18
3 教育課程の編成 ……………………………………………………………………… 20
4 教育課程の実施と学習評価 ………………………………………………………… 22
5 児童又は生徒の調和的な発達の支援 ……………………………………………… 24
6 学校運営上の留意事項 ……………………………………………………………… 26
7 道徳教育に関する配慮事項 ………………………………………………………… 28
8 重複障害者等に関する教育課程の取扱い ………………………………………… 30

2章 「各教科」等のポイントと解説

1 【小学部・中学部】視覚障害者,聴覚障害者,肢体不自由者又は病弱者である児童生徒に対する教育を行う特別支援学校の各教科における配慮事項 ………………………………………………… 32

知的障害者である児童生徒に対する教育を行う特別支援学校

2	【小学部】	生活	36
3	【小学部】	国語	40
4	【小学部】	算数	44
5	【小学部】	音楽	48
6	【小学部】	図画工作	52
7	【小学部】	体育	56
8	【中学部】	国語	60
9	【中学部】	社会	64
10	【中学部】	数学	68
11	【中学部】	理科	72
12	【中学部】	音楽	76
13	【中学部】	美術	80
14	【中学部】	保健体育	84
15	【中学部】	職業・家庭	88
16	【中学部】	外国語	92
17	特別の教科　道徳		96
18	外国語活動		98
19	総合的な学習の時間		102
20	特別活動		104
21	【小学部・中学部】指導計画の作成と各教科全体にわたる内容の取扱い		106

3章 「自立活動」のポイントと解説

1	「自立活動」の目標	110
2	区分(1)　健康の保持	116

3	区分(2)	心理的な安定	120
4	区分(3)	人間関係の形成	122
5	区分(4)	環境の把握	126
6	区分(5)	身体の動き	130
7	区分(6)	コミュニケーション	134
8	「自立活動」指導計画の作成と内容の取扱い		136

4章 これから求められる特別支援教育の実践

1 特別支援学校（知的障害）における
「主体的，対話的で深い学び」に迫る授業 ……… 138

2 特別支援学校（知的障害）における
各教科・段階ごとの目標や内容を踏まえた指導 ……… 142

3 特別支援学校（知的障害）における
各教科等を合わせた指導 ……… 146

4 特別支援学校（知的障害）における
学習状況の多面的評価と各教科の目標に準拠した評価 ……… 150

5 特別支援学校（知的障害）における自立活動指導の実践 ……… 154

6 社会的・職業的自立に向けたキャリア発達を促す授業 ……… 158

7 特別支援教育の視点を踏まえた
カリキュラム・マネジメントの実践 ……… 162

8 特別支援学校の交流及び共同学習の実践 ……… 166

付録　特別支援学校小学部・中学部学習指導要領
執筆者紹介

序章 特別支援教育改訂のキーポイント

1 改訂の経緯

1 - 学習指導要領改訂に向けた諮問

　平成26年11月20日，中央教育審議会（第95回）において，文部科学大臣より「初等中等教育における教育課程の基準等の在り方について」と題した「諮問の理由及び問題意識」と「審議の柱と具体的な審議の内容」からなる理由を添えた学習指導要領改訂に向けた諮問がされた。

　審議の柱と具体的な審議内容に関して，①教育目標・内容と学習・指導方法，学習評価の在り方を一体として捉えた，新しい時代にふさわしい学習指導要領等の基本的な考え方，②育成すべき資質・能力を踏まえた，新たな教科・科目等の在り方や，既存の教科・科目等の目標・内容の見直し，③学習指導要領等の理念を実現するための，各学校におけるカリキュラム・マネジメントや，学習・指導方法及び評価方法の改善を支援する方策の3点が挙げられている。②に関する具体的審議内容では，「障害者の権利に関する条約に掲げられたインクルーシブ教育システムの理念を踏まえ，全ての学校において，発達障害を含めた障害のある子供たちに対する特別支援教育を着実に進めていくためには，どのような見直しが必要か。その際，特別支援学校については，小・中・高等学校等に準じた改善を図るとともに，自立と社会参加を一層推進する観点から，自立活動の充実や知的障害のある児童生徒のための各教科の改善などについて，どのように考えるべきか。」との言及がなされている。特別支援教育を巡る検討課題の本質が諮問されたといえるだろう。

2 - 学習指導要領改訂の経緯

　学習指導要領改訂に関しての審議は，中教審教育課程企画特別部会が設置され，平成27年1月29日から開始されている。その後，精力的な審議を重ね，平成27年8月26日には「論点整理」という形で新しい学習指導要領が目指す姿等が示された。もっとも，この審議には国立教育政策研究所等で早い段階から諸外国の動向等も踏まえた基礎的研究が生かされていることは周知の事実である。平成28年8月26日に中教審教育課程部会が300頁を超える「次期学習指導要領等に向けたこれまでの審議のまとめ」を公表した。

　諮問で提起された特別支援教育を巡る課題の検討は「論点整理」を受けて特別支援教育特別部会で行われた。平成27年11月6日（第1回）を皮切りに平成28年5月30日（第9回）まで審議された。審議では，特別支援教育の意義とインクルーシブ教育システムを巡る動向についての議論を踏まえ，幼稚園，小・中学校，高等学校における特別支援教育についても言及し，それぞれ学校種での改善・充実の方向性についての検討が加えられた。この部会のとりまとめは，中教審教育課程部会「次期学習指導要領等に向けたこれまでの審議のまとめ」に反映されている。その後，平成28年12月21日中央教育審議会「幼稚園，小学校，中学校，高等学校及び特別支援学校の学習指導要領等の改善及び必要な方策等について（答申）」として，公表された。

　答申は，「第1部　学習指導要領等改訂の基本的な方向性」と「第2部　各学校段階，各教科等における改訂の具体的な方向性」から構成されている。第1部は10章構成である。具体的には，①これまでの学習指導要領等改訂の経緯と子供たちの現状。②2030年の社会と子供たちの未来。③子供たちに求められる資質・能力と教育課程の課題。④学習指導要領等の枠組みの改善と「社会に開かれた教育課程」などの視点から，横断的・重層的な示し方がされている。また，第2部は2章構成となっている。第1章は，各学校段階の教育課程の基本的な枠組みと，学校段階間の接続，第2章は，各教科・科目等の内容の見直しが扱われている。

　　　　　　　　　　　　　　　　　　　　　　　　　　　（宮﨑　英憲）

2 特別支援学校学習指導要領改訂の基本方針

1 ― 幼・小・中学校の教育課程の基準の改善に準じた改善

　今回の特別支援学校学習指導要領改訂は中央教育審議会答申を踏まえて，次に示す①から⑤の基本方針に基づき，幼稚園，小学校及び中学校の教育課程の基準の改善に準じた改善を図ることとされている。

①**今回の改訂の基本的な考え方**

　下記3点の考え方を基本としている。

ア　教育基本法，学校教育法などを踏まえ，これまでの我が国の学校教育の実践や蓄積を生かし，子供たちが未来社会を切り拓くための資質・能力を一層確実に育成することを目指す。その際，子供たちに求められる資質・能力とは何かを社会と共有し，連携する「社会に開かれた教育課程」を重視すること。

イ　知識及び技能の習得と思考力，判断力，表現力等の育成のバランスを重視する平成20年改訂の学習指導要領等の枠組みや教育内容を維持した上で，知識の理解の質を更に高め，確かな学力を育成すること。

ウ　先行する特別教科化など道徳教育の充実や体験活動の重視，体育・健康に関する指導の充実により，豊かな心や健やかな体を育成すること。

②**育成を目指す資質・能力の明確化**

　中央教育審議会答申においては，予測困難な社会の変化に主体的に関わり，感性を豊かに働かせながら，どのような未来を創っていくのか，どのように社会や人生をよりよいものにしていくのかという目的を自ら考え，自らの可能性を発揮し，よりよい社会と幸福な人生の創り手となる力を身に付けられ

るようにすることが重要であること，こうした力は全く新しい力ということではなく学校教育が長年その育成を目指してきた「生きる力」であることを改めて捉え直し，学校教育がしっかりとその強みを発揮できるようにしていくことが必要とされた。また，汎用的な能力の育成を重視する世界的な潮流を踏まえつつ，知識及び技能と思考力，判断力，表現力等をバランスよく育成してきた我が国の学校教育の蓄積を生かしていくことが重要とされた。このため「生きる力」をより具体化し，教育課程全体を通して育成を目指す資質・能力を，ア「何を理解しているか，何ができるか（生きて働く「知識・技能」の習得）」，イ「理解していること・できることをどう使うか（未知の状況にも対応できる「思考力・判断力・表現力等」の育成）」，ウ「どのように社会・世界と関わり，よりよい人生を送るか（学びを人生や社会に生かそうとする「学びに向かう力・人間性等」の涵養）」の三つの柱に整理するとともに，各教科等の目標や内容についても，この三つの柱に基づく再整理を図るよう提言がなされた。

今回の改訂では，知・徳・体にわたる「生きる力」を子供たちに育むために「何のために学ぶのか」という各教科等を学ぶ意義を共有しながら，授業の創意工夫や教科書等の改善を引き出していくことができるようにするため，全ての教科等の目標及び内容を「知識及び技能」，「思考力，判断力，表現力等」，「学びに向かう力，人間性等」の三つの柱で再整理された。

③「主体的・対話的で深い学び」の実現に向けた授業改善の推進

子供たちが，学習内容を人生や社会の在り方と結び付けて深く理解し，これからの時代に求められる資質・能力を身に付け，生涯にわたって能動的に学び続けることができるようにするためには，これまでの学校教育の蓄積を生かし，学習の質を一層高める授業改善の取組を活性化していくことが必要であり，我が国の優れた教育実践に見られる普遍的な視点である「主体的・対話的で深い学び」の実現に向けた授業改善（アクティブ・ラーニングの視点に立った授業改善）を推進することが求められる。

今回の改訂では「主体的・対話的で深い学び」の実現に向けた授業改善を

進める際の指導上の配慮事項を総則に記載するとともに，各教科等の「指導計画の作成と内容の取扱い」において，単元や題材など内容や時間のまとまりを見通して，その中で育む資質・能力の育成に向けて，「主体的・対話的で深い学び」の実現に向けた授業改善を進めることを示している。その際，以下の6点に留意して取り組むことが重要であるとしている。

ア　児童生徒に求められる資質・能力を育成することを目指した授業改善の取組は，既に小・中学校や特別支援学校を中心に多くの実践が積み重ねられており，特に義務教育段階はこれまで地道に取り組まれ蓄積されてきた実践を否定し，全く異なる指導方法を導入しなければならないと捉える必要はないこと。

イ　授業の方法や技術の改善のみを意図するものではなく，児童生徒に目指す資質・能力を育むために「主体的な学び」，「対話的な学び」，「深い学び」の視点で，授業改善を進めるものであること。

ウ　各教科等において通常行われている学習活動（言語活動，観察・実験，問題解決的な学習など）の質を向上させることを主眼とするものであること。

エ　1回1回の授業で全ての学びが実現されるものではなく，単元や題材など内容や時間のまとまりの中で，学習を見通し振り返る場面をどこに設定するか，グループなどで対話する場面をどこに設定するか，児童生徒が考える場面と教師が教える場面をどのように組み立てるかを考え，実現を図っていくものであること。

オ　深い学びの鍵として「見方・考え方」を働かせることが重要になること。各教科等の「見方・考え方」は，「どのような視点で物事を捉え，どのような考え方で思考していくのか」というその教科等ならではの物事を捉える視点や考え方である。各教科等を学ぶ本質的な意義の中核をなすものであり，教科等の学習と社会をつなぐものであることから，児童生徒が学習や人生において「見方・考え方」を自在に働かせることができるようにすることにこそ，教師の専門性が発揮されることが求められること。

カ　基礎的・基本的な知識及び技能の習得に課題がある場合には，その確実な習得を図ることを重視すること．

④各学校におけるカリキュラム・マネジメントの推進

　各学校においては，教科等の目標や内容を見通し，特に学習の基盤となる資質・能力（言語能力，情報活用能力（情報モラルを含む。以下同じ。），問題発見・解決能力等）や現代的な諸課題に対応して求められる資質・能力の育成のためには，教科等横断的な学習を充実することや，「主体的・対話的で深い学び」の実現に向けた授業改善を，単元や題材など内容や時間のまとまりを見通して行うことが求められる。これらの取組の実現のためには，学校全体として，児童生徒や学校，地域の実態を適切に把握し，教育内容や時間の配分，必要な人的・物的体制の確保，教育課程の実施状況に基づく改善などを通して，教育活動の質を向上させ，学習の効果の最大化を図るカリキュラム・マネジメントに努めることが求められる。

　このため総則において，「児童又は生徒や学校，地域の実態を適切に把握し，教育の目的や目標の実現に必要な教育の内容等を教科等横断的な視点で組み立てていくこと，教育課程の実施状況を評価してその改善を図っていくこと，教育課程の実施に必要な人的又は物的な体制を確保するとともにその改善を図っていくことなどを通して，教育課程に基づき組織的かつ計画的に各学校の教育活動の質の向上を図っていくこと（以下「カリキュラム・マネジメント」という。）に努める」こと。「その際，児童又は生徒に何が身に付いたかという学習の成果を的確に捉え，特別支援学校小学部・中学部学習指導要領第１章第３節の３の(3)のイに示す個別の指導計画の実施状況の評価と改善を，教育課程の評価と改善につなげていくよう工夫すること。」について新たに示されている。

⑤教育内容の主な改善事項

　このほか，言語能力の確実な育成，理数教育の充実，伝統や文化に関する教育の充実，体験活動の充実，外国語教育の充実などについて総則や各教科等において，その特質に応じて内容やその取扱いの充実が図られている。

2- 幼・小・中・高等学校の教育課程との連続性を重視

　今回の特別支援学校学習指導要領改訂は，インクルーシブ教育システムの推進により，障害のある子供たちの学びの場の柔軟な選択を踏まえ，幼稚園，小・中・高等学校の教育課程との連続性を重視している。

　近年，時代の進展とともに特別支援教育は，障害のある子供の教育にとどまらず，障害の有無やその他の個々の違いを認め合いながら，誰もが生き生きと活躍できる社会を形成していく基礎となるものとして，我が国の現在及び将来の社会にとって重要な役割を担っていると言える。そうした特別支援教育の進展に伴い，例えば，近年は幼稚園，小・中・高等学校等において発達障害を含めた障害のある子供たちが多く学んでいる。また，特別支援学校においては，重複障害者である子供も多く在籍しており，多様な障害の種類や状態等に応じた指導や支援の必要性がより強く求められている。

　このような状況の変化に適切に対応し，障害のある子供が自己のもつ能力や可能性を最大限に伸ばし，自立し社会参加するために必要な力を培うためには，一人一人の障害の状態等に応じたきめ細かな指導及び評価を一層充実することが重要である。

　このため，以下のアからウの観点から，改善が図られている。

ア　学びの連続性を重視した対応
　(ア)　「第8節重複障害者等に関する教育課程の取扱い」について，子供たちの学びの連続性を確保する視点から，基本的な考え方を明確にしている。
　(イ)　知的障害者である子供のための各教科等の目標や内容ついて，育成を目指す資質・能力の三つの柱に基づき整理されている。その際，各学部や各段階，幼稚園や小・中学校の各教科等とのつながりに留意し，次の点の充実が図られている。
　　・小・中学部の各段階に目標を設定した。
　　・中学部に2段階を新設し，段階ごとの内容を充実した。

- 小学部の教育課程に外国語活動を設けることができることを規定した。
- 小学部の子供のうち小学部の3段階に示す各教科又は外国語活動の内容を習得し目標を達成している者，また，中学部の子供のうち中学部の2段階に示す各教科の内容を習得し目標を達成している者については，子供が就学する学部に相当する学校段階までの小学校学習指導要領又は中学校学習指導要領における各教科等の目標及び内容の一部を取り入れることができるよう規定された。

イ 一人一人の障害の状態等に応じた指導の充実

(ア) 視覚障害者，聴覚障害者，肢体不自由者及び病弱者である子供に対する教育を行う特別支援学校における各教科の内容の取扱いについて，障害の特性等に応じた指導上の配慮事項を充実した。

(イ) 発達障害を含む多様な障害に応じた自立活動の指導を充実するため，その内容として，「障害の特性の理解と生活環境の調整に関すること」を示すなどの改善を図るとともに，個別の指導計画の作成に当たっての配慮事項を充実した。

ウ 自立と社会参加に向けた教育の充実

(ア) 卒業までに育成を目指す資質・能力を育む観点からカリキュラム・マネジメントを計画的・組織的に行うことが規定された。

(イ) 幼稚部，小学部，中学部段階からのキャリア教育の充実を図ることが規定された。

(ウ) 生涯を通して主体的に学んだり，スポーツや文化に親しんだりして，自らの人生をよりよくしていく態度を育成することを規定している。

(エ) 日常生活に必要な国語の特徴や使い方〔国語〕，数学の生活や学習への活用〔算数，数学〕，社会参加ときまり，公共施設と制度〔社会〕，働くことの意義，家庭生活における消費と環境〔職業・家庭〕など，知的障害者である子供のための各教科の目標及び内容について，育成を目指す資質・能力の視点から充実している。

（宮﨑　英憲）

1章 「総則」のポイントと解説

1 教育目標

1− 教育課程の意義と教育目標

　教育課程は，各学校の教育活動の中核として最も重要な役割を担うものである。学校において編成する教育課程は，学校教育の目的や目標を達成するために，教育の内容を児童生徒の心身の発達に応じ，授業時数との関連において総合的に組織した各学校の教育計画である。学校の教育目標の設定，指導内容の選定及び授業時数の配当が教育課程編成の基本的な要素となる。

　学校教育の目的や目標は，教育基本法及び学校教育法に示されている。まず教育基本法においては，教育の目的（第1条）及び目標（第2条）が定められているとともに，義務教育の目的（第5条第2項）や学校教育の基本的役割（第6条第2項）が定められている。これらの規定を踏まえ，学校教育法においては，特別支援学校の目的（第72条）が定められており，この目的を実現するために，小学部・中学部学習指導要領の総則において教育目標（第1章総則第1節）を定めている。

①特別支援学校の目的（学校教育法第72条）

　特別支援学校は，視覚障害者，聴覚障害者，知的障害者，肢体不自由者又は病弱者（身体虚弱者を含む。）に対して，幼稚園，小学校，中学校又は高等学校に準ずる教育を施すとともに，障害による学習上又は生活上の困難を克服し自立を図るために必要な知識技能を授けることを目的とする。

②特別支援学校の教育目標

　特別支援学校小・中学部の教育目標は，学習指導要領に次のように示されている。学校教育法第72条に定める目的を実現するために，児童及び生徒の

障害の状態や特性及び心身の発達の段階等を十分考慮して，次に掲げる目標の達成に努めなければならない。
① 小学部においては，学校教育法第30条第１項に規定する小学校教育の目標
② 中学部においては，学校教育法第46条に規定する中学校教育の目標
③ 小学部及び中学部を通じ，児童及び生徒の障害による学習上又は生活上の困難を改善・克服し自立を図るために必要な知識，技能，態度及び習慣を養うこと。

2 ─ 特別支援学校小・中学部の教育目標

　特別支援学校の小学部・中学部の教育目標については，総則第１節の第１項及び第２項において示すとおり，学校教育法第72条の前段「……小学校，中学校……に準ずる教育を施す」という規定の意味を明らかにしたものである。つまり，特別支援学校の小学部及び中学部の教育目標については，それぞれ小学校教育の目標（第30条第１項）及び中学校教育の目標（第46条）と同一の目標の達成に努めなければならないことを示している。

　第３項は，第72条の後段「……障害による学習上又は生活上の困難を克服し自立を図るために必要な知識技能を授けることを目的とする。」を受けて設定されたものである。すなわち，特別支援学校の小学部及び中学部は，小学校教育及び中学校教育と同一の目標を掲げていることに加え，障害による学習上又は生活上の困難を改善・克服し自立を図るために必要な知識，技能を授けることを目的としている。したがって，特別支援学校における教育については，小学校又は中学校における教育には設けられていない特別の指導領域である自立活動が必要であると同時に，それが特に重要な意義をもつものと言える。

　第３項の教育目標は，このような観点から定められたものであって，人間形成を図る上で障害による学習上又は生活上の困難を改善・克服し自立を図るために必要な知識，技能，態度を養うことから，その習慣形成に至るまでを目指している。

(横倉　久)

2 小学部及び中学部における教育の基本と教育課程の役割

1 — 学校の運営組織を生かした教育課程の編成

　各学校の教育課程は，学校の運営組織を生かし，各教職員がそれぞれの分担に応じて十分研究を重ねるとともに教育課程全体のバランスに配慮しながら，家庭や地域社会との連携を図りつつ，創意工夫を加えて編成することが求められる。

　学習指導要領においては，学校教育が育成を目指してきた，変化の激しい社会に生きるために必要な力である「生きる力」や知・徳・体の育成の意義を，加速度的に変化する社会の文脈の中で改めて捉え直し，しっかりと児童生徒の力が発揮できるようにしていくことが大切であるとしている。更に，「生きる力」の実現という観点からは，学力の3要素の偏りのない育成や各教科等を貫く視点である言語能力や体験活動の重視等については，引き続き充実を図ることが重要であるとしている。

2 — 育成すべき資質・能力とカリキュラム・マネジメント

　一方で，子供たちの学力の今後の課題として，学ぶことと自分の人生や社会とのつながりを実感しながら，自らの能力を引き出し，学習したことを活用して，生活や社会の中で出会う課題の解決に主体的に生かしていけるような力の育成を可能とする学校教育に改善していくことが大切だとしている。

　学力に関する課題に加えて，豊かな心や人間性，健やかな体の育成に関する児童生徒の現状や課題に的確に対応していくためには，知・徳・体のバランスの取れた力である「生きる力」という理念をより具体化し，それがどの

ような資質・能力を目指しているのかを明確にしておくことが重要である。各校においては，育成すべき資質・能力と各学校の教育課程や，各教科等の授業とのつながりが明確になるよう，教育課程編成の工夫が求められる。

加えて，教育課程に関する基準を踏まえ自校の教育課程の編成，実施，評価及び改善に関する課題がどこにあるのかを明確にして教職員間で共有し改善を行うことにより学校教育の質の向上を図る「カリキュラム・マネジメント」の充実に努めることが求められる。

第1章総則　第2節　小学部及び中学部における教育の基本と教育課程の役割より抜粋

1　児童又は生徒の人間として調和のとれた育成を目指し，児童又は生徒の障害の状態や特性及び心身の発達の段階等並びに学校や地域の実態を十分考慮して，適切な教育課程を編成すること。

2　創意工夫を生かした特色ある教育活動を展開する中で，児童又は生徒に生きる力を育むこと。

(1)　基礎的・基本的な知識及び技能を確実に習得させ，これらを活用して課題を解決するために必要な思考力，判断力，表現力等を育むとともに，主体的に学習に取り組む態度を養うこと。

(2)　自立した人間として他者と共によりよく生きるための基盤となる道徳性を養うこと。

(3)　体育・健康に関する指導においては発達の段階を考慮して，学校の教育活動全体を通じて適切に行うこと。

(4)　自立活動の指導は，自立活動の時間はもとより，学校の教育活動全体を通じて適切に行うこと。　　　　　　　　　　　（3は省略）

4　教育課程に基づき組織的かつ計画的に各学校の教育活動の質の向上を意図したカリキュラム・マネジメントの充実に努めること。学習の成果を的確に捉え，個別の指導計画の実施状況の評価と改善を，教育課程の評価と改善につなげていくこと。

（横倉　久）

3 教育課程の編成

1 - 教育課程の編成に関する項目の構成

　特別支援学校小学部・中学部学習指導要領の第1章第3節に示されている「教育課程の編成」については，次の事項で構成されている。

　　　　　　　各学校の教育目標と教育課程の編成
1　教科等横断的な視点に立った資質・能力の育成
2　教育課程の編成における共通的事項
　①内容等の取扱い　　②授業時数等の取扱い
　③指導計画の作成等に当たっての配慮事項
3　学部段階間及び学校段階等間の接続
　①小学部における教育と幼児期の教育との接続及び低学年における教育全体の充実
　②小学部における中学部等の教育等及びその後の教育との接続及び中学部における小学部等との接続
　③中学部における高等部の教育等及びその後の教育との接続

---

2 - 教育課程の編成に関する項目の主な内容

①教育課程の編成と教科等横断的な視点に立った資質・能力の育成

　各学校における教育課程の編成に当たって重要となる各学校の教育目標の設定と，教育課程の編成についての基本的な方針が保護者や地域と共有され

るように努める必要がある。その際，児童生徒の日々の学習や生涯にわたる学びの基盤となる資質・能力を，児童生徒の障害の状態や特性及び心身の発達の段階等を考慮し，それぞれの教科等の特質を生かしながら，教科等横断的な視点で，児童生徒の豊かな人生の実現や次代の社会の形成に向けた現代的な諸課題に対応して求められる資質・能力を育むことができるよう，教育課程の編成を図ること，と示された。

②知的障害のある児童生徒の教育課程の編成

　知的障害教育の各教科等の目標については，高等部卒業時までに育成を目指す資質・能力を明確化させるとともに，小・中学部段階における教科の目標を「育成を目指す資質・能力の三つの柱」で構造的に示された。

　一方，知的障害教育の各教科等は，個人差が大きく，学力や学習状況も異なることから，学年ではなく段階別に内容が示されている。各段階における育成を目指す資質・能力を明確にすることから，各段階ごとの目標が新設され，小学部は3段階，中学部は2段階により目標・内容が示された。各教科を合わせて指導を行う場合においても，各教科の目標を達成していくために，カリキュラム・マネジメントの視点に基づいて「計画→実施→評価→改善」を図ることが求められる。

③学部・学校段階間の接続に留意した教育課程の編成

　小学部においては，幼児期の終わりまでに育ってほしい姿を踏まえた指導を工夫することにより，児童が主体的に自己を発揮しながら学びに向かうことが可能となるようにすること。また，中学部や中学校教育及びその後の教育との円滑な接続が図られるよう工夫することとされた。

　中学部においては，義務教育段階の終わりまでに育成することを目指す資質・能力を生徒が確実に身に付けることができるよう工夫すること。また，高等部における教育又は高等学校教育及びその後の教育との円滑な接続が可能となるよう工夫することと示された。

（横倉　　久）

4 教育課程の実施と学習評価

1 - 教育課程の実施と学習評価に関する項目の構成

　特別支援学校小学部・中学部学習指導要領の第1章第4節に示されている「教育課程の実施と学習評価」については，次の事項で構成されている。

1　主体的・対話的で深い学びの実現に向けた授業改善
　(1)主体的・対話的で深い学びの実現に向けた授業改善
　(2)言語環境の整備と言語活動の充実
　(3)コンピュータ等や教材・教具の活用，コンピュータの基本的操作やプログラミングの体験
　(4)見通しを立てたり，振り返ったりする学習活動
　(5)体験活動
　(6)課題選択及び自主的・自発的な学習の推進
　(7)学校図書館，地域の公共施設の利活用
2　訪問教育の場合
3　学習評価の充実
　(1)指導の評価と改善
　(2)個別の指導計画に基づく評価
　(3)学習評価に関する工夫

2 — 教育課程の実施と学習評価に関する項目の主な内容

①「主体的・対話的で深い学び」の実現に向けた授業改善

　各教科の指導に当たって「知識及び技能が習得されるようにすること。」「思考力，判断力，表現力等を育成すること。」「学びに向かう力，人間性等を涵養すること。」がバランス良く構成されるよう単元や題材など内容や時間のまとまりを見通しながら，児童生徒の「主体的・対話的で深い学び」の実現を意図した授業改善を行うことが求められる。

　学びの質や深まりを目指した，「主体的・対話的で深い学び」は，知識・技能を生きて働くものとして習得することを含め，育成を目指す資質・能力を身に付けるために必要な学習過程の質的改善を実現するため「深い学び」「対話的学び」「主体的な学び」の３つの視点を明確化することで，より授業改善に向けた取組を推進することができる。

②観点別評価・多角的評価等による学習評価の充実

　育成を目指す資質・能力を確実に身に付けていくためには，「どういった力が身に付いたのか」という学習の成果を的確に捉えて指導の改善を図っていくことが重要である。各学校で授業改善を考える際，目標に準拠した評価の観点による観点別学習状況の評価や資質・能力のバランスの取れた評価を行うための多角的な評価等の実施が必須である。

　よい点や可能性，進歩の状況などを積極的に評価し，学習したことの意義や価値を実感できるようにすること。また，各教科等の目標の実現に向けた学習状況を把握する観点から，評価の場面や方法を工夫して，学習の過程や成果を評価し，指導の改善や学習意欲の向上につなげることが重要である。

　一方，個別の指導計画に基づいて行われた学習状況や結果を適切に評価し，指導目標や指導内容，指導方法の改善に努め，より効果的な指導ができるようにすることや，創意工夫の中で学習評価の妥当性や信頼性が高められるよう，組織的かつ計画的な取組を推進していくことが求められる。

（横倉　久）

5 児童又は生徒の調和的な発達の支援

1 – 児童又は生徒の調和的な発達を支える指導の充実

　ここでは，教育課程の編成及び実施に当たって配慮する7点を示している。
(1)<u>学級経営，児童生徒の発達と支援</u>では，学級経営を行う上で重要なことは確かな児童生徒理解とともに，一人一人の児童生徒にとって存在感を実感できる場として作り上げることである。学級経営に当たっては，家庭や地域社会との連携を密にした，開かれた学級経営を進めることが大切である。そのために，集団の場面で必要な指導や援助を行うガイダンスと，カウンセリングの双方により，一人一人の発達を支援することと，小学部の低学年，中学年，高学年の時期の特徴を生かした指導の工夫が重要となる。
(2)<u>生徒指導の充実</u>では，生徒指導は，一人一人の人格を尊重し，個性の伸長を図りながら社会的資質や行動力を高めるように指導，援助するものである。生徒指導を進めるにあたっては，全教職員の共通理解を図ること，児童生徒理解を深めること，学習指導と関連付けながら行うことが<u>重要となる</u>。
(3)<u>キャリア教育の充実</u>では，児童生徒が学校で学ぶことと社会との連携を意識させ，一人一人の社会的・職業的自立に向けて必要な資質・能力を育み，キャリア発達を促すキャリア教育の充実を図ることが求められる。
(4)<u>生涯学習への意欲の向上</u>では，障害者のライフステージ全体を豊かにするためには，障害のある児童生徒に対して学校教育段階から将来を見据えた教育活動の充実を図ることが必要となる。
(5)<u>個別の教育支援計画の作成</u>では，作成に当たって，保護者との連携はもとより，一人一人の障害の状態等に応じて，福祉機関や医療機関等と連携する

ことや，個別の指導計画に生かすことが必要である。
(6)重複障害者の指導では，障害の重度・重複化，多様化が進んでいるなかで，専門的な知識や技能を有する教師間の協力の下に指導することや，必要に応じて専門の医師等の指導・助言を求め学習効果を高める必要がある。
(7)学校医との連絡では，児童生徒の保健及び安全に留意することが重要であり，医療機関，養護教諭，担任との連絡体制を組織化する必要がある。

2 — 特別な配慮を必要とする児童生徒への指導

(1)海外から帰国した児童生徒や外国人の児童生徒の指導では，受け入れに当たって実態を的確に把握し，当該児童生徒が誇りを持って学校生活において自己実現が図れるように配慮することや，外国での生活経験や外国語の能力などの特性等を生かすことができるように配慮する必要がある。
(2)日本語の習得に困難のある児童生徒への通級による指導では，平成26年に日本語の習得に困難がある児童生徒に対して「特別の教育課程」を編成し，実施することが可能になったことから，通級による日本語指導を行う場合，担当教師同士が，児童生徒の状態や変化について連携して個別の指導計画を作成するなどして，きめ細かい指導を行うことが求められている。

3 — 学齢を経過した者への配慮

(1)学齢を経過した者を対象とする教育課程では，平成28年に全ての地方公共団体に夜間中学における就学機会の提供等が義務付けられたこと，また学齢経過者に対して指導を行う際に，特別支援学校においても実態に応じた教育課程を編成することが校長の判断でできることが示された。
(2)学齢を経過した者への教育における指導方法等の工夫改善では，学齢経過者が，年齢や境遇が多様であることから，個別学習やグループ別学習などの指導方法や指導体制の工夫が望まれること。特に日本国籍を有しない日本語の能力が不十分な場合の生徒への配慮も必要となることが示されている。

(明官　茂)

6 学校運営上の留意事項

1 − 教育課程の改善と学校評価等,教育課程外の活動との連携等

(1)カリキュラム・マネジメントの実施と学校評価の関連付けでは,カリキュラム・マネジメントを,校長の方針の下に全教職員の適切な役割分担と連携に基づき行うとともに,学校評価と関連付けて行うことを示している。

　カリキュラム・マネジメントは学校教育に関わる様々な取組を,教育課程を中心に据えて組織的かつ計画的に実施し,教育活動の向上につなげるものである。また,各学校が行う学校評価において,教育課程の編成,実施,改善は教育活動や学校運営の中核となることが考えられる。そのため,教育課程を中心として教育活動の質の向上を図るカリキュラム・マネジメントは学校評価と関連付けて実施することが重要である。

(2)各分野における学校の全体計画等との関連付けでは,教育課程の編成及び実施に当たり,法令等の定めにより学校が策定すべき各分野の全体計画等と関連付けて,当該全体計画等に示す教育活動が効果的に実施されるようにすることを示している。

　各学校は,法令等の定めにより,学校保健計画,学校安全計画,食に関する指導の全体計画,いじめの防止等のための対策に関する基本的な方針など,各分野における学校の全体計画等を策定することとされている。教育課程の編成及び実施に当たっては,これらの全体計画との関連付けを十分に行うことで,カリキュラム・マネジメントの充実が図られる。

(3)教育課程外の学校教育活動と教育課程との連携では,中学部の時期が,生徒による自主的・自発的な活動が多様化していく段階にあり,教育課程外の

様々な教育活動を教育課程と有機的に関連付けることは，生徒が多様な学びを経験することや興味・関心を深く追究する機会の充実につながることから，部活動等が学校教育の一環として，教育課程との関連が図られるように留意することとしている。

2─ 家庭や地域社会との連携並びに学校間の連携や交流及び共同学習

(1)家庭や地域社会との連携及び協働と世代を超えた交流の機会では，学校がその目的を達成するためには，家庭や地域の人々とともに児童生徒を育てていく視点に立ち，家庭，地域社会との連携を深め，学校内外を通じて児童生徒の生活の充実と活性化を図ることが大切であるとしている。また，高齢者や異年齢の子供など，地域における世代を超えた交流の機会を設けることも必要とされている。

(2)学校相互間の連携や交流では，今回の改訂においても，特別支援学校の児童生徒と小・中学校の児童生徒などとの交流及び共同学習を計画的，組織的に行うことを位置付けている。障害者である児童生徒と障害者でない児童生徒が一緒に参加する活動は，相互の触れ合いを通じて豊かな人間性を育むことを目的とする交流の側面と，教科等のねらいの達成を目的とする共同学習の側面があるものと考えられる。「交流及び共同学習」とは，このように両方の側面が一体としてあることをより明確に表したものとしている。

3─ 特別支援教育に関するセンターとしての役割

特別支援学校は，特別支援教育に関するセンターとして，その教育上の専門性を生かし，地域の小・中学校等の教師や保護者に対して教育相談等の取組を進めてきた。今後も在籍する児童生徒に対する教育を一層充実するとともに，それぞれの地域の実態を適切に把握して，センターとしての機能を充実させることが求められる。そのために，教師同士の連携協力はもとより，校務分掌や校内組織を工夫するなどして，学校として組織的に取り組むことや関係機関との連携を図ることが必要となる。

（明官　茂）

7 道徳教育に関する配慮事項

1 – 道徳教育の指導体制と全体計画

(1)道徳教育の指導体制では，道徳教育は学校の教育活動全体で行うものであり，校長が学校の基本的な方針を全教師に明確に示すことと，校長の方針の下に道徳教育の推進を担当する「道徳教育推進教師」を中心に全教師が協力して道徳教育を展開することとしている。

「道徳教育推進教師」の役割は以下の事柄が考えられる。
・道徳教育の指導計画の作成に関すること
・全教育活動における道徳教育の推進，充実に関すること
・道徳科の充実と指導体制に関すること
・道徳用教材の整備・充実・活用に関すること
・道徳教育の情報提供や情報交換に関すること
・道徳科の授業公開など家庭や地域社会との連携に関すること
・道徳教育の研修の充実に関すること
・道徳教育における評価に関すること

(2)道徳教育の全体計画は，学校における道徳教育の基本方針を具現化し学校として道徳教育の目標を達成するためにどのようなことを重点的に推進するのか，各教育活動はどのような役割を分担し関連を図るのか，家庭や地域社会との連携をどう進めていくのかなどについて総合的に示すものである。

(3)各教科等における基本方針では，各教科等でどのように道徳教育を行うかの視点として，教師の言葉や接し方とともに，道徳教育と各教科等の目標，内容及び教材との関わり，学習活動や学習態度への配慮が考えられる。

2 - 指導内容の重点化（小学部）

　学年段階において留意することは以下の内容である。
　（1・2年）挨拶などの基本的な生活習慣を身に付けること，善悪を判断し，してはならないことをしないこと，社会生活上のきまりを守ることについて配慮して指導に当たること。／（3・4年）善悪を判断し，正しいと判断したことを行うこと，身近な人々と協力し助け合うこと，集団や社会のきまりを守ることに配慮して指導に当たること。／（5・6年）相手の考え方や立場を理解して支え合うこと，法やきまりの意義を理解して進んで守ること，集団生活の充実に努めること，伝統と文化を尊重し，それらを育んできた我が国と郷土を愛するとともに，他国を尊重することに配慮すること。

3 - 指導内容の重点化（中学部）

　①自立心や自律性を高め，規律ある生活をすること。②生命を尊重する心や自らの弱さを克服して気高く生きようとする心を育てること。③法やきまりの意義に関する理解を深めること。④自らの将来の生き方を考え主体的に社会の形成に参画する意欲と態度を養うこと。⑤伝統と文化を尊重し，それらを育んできた我が国と郷土を愛するとともに，他国を尊重すること，国際社会に生きる日本人としての自覚を身に付けること。

4 - 豊かな体験活動の充実といじめの防止（小・中学部）

　学校や学級内の人間関係や環境を整えるとともに，集団宿泊活動やボランティア活動などの豊かな体験を充実すること。また，道徳教育の指導内容が，児童生徒の日常生活に生かされるようにすること。その際，いじめの防止や安全の確保等にも資することとなるように留意することが必要である。

5 - 家庭や地域社会との連携

　道徳教育に関わる情報発信，家庭や地域社会との相互連携。（明官　　茂）

8 重複障害者等に関する教育課程の取扱い

この項目は，重複障害者に限定した教育課程の取扱いではない。

1 障害の状態により特に必要がある場合

「障害の状態により特に必要がある場合」とは，障害の状態により学習場面において様々なつまずきや困難が生じているため，当該学年の学習の一部又は全部が困難な状態を指す。そのことを勘案し各学校は弾力的な教育課程の編成ができるが，その後の児童生徒の将来を考えて慎重に行うことが求められる。具体的な内容の一部を示すと，各教科及び外国語活動の目標及び内容に関する事項の一部を取り扱わないことができることや，各教科の各学年の目標及び内容の一部又は全部を，当該各学年より前の学年のものに替えることができること，中学部の各学年及び道徳科の目標及び内容に関する事項の一部又は全部を，当該各教科に相当する小学部の各教科及び道徳科の目標及び内容に関する事項の一部又は全部によって替えることができる等である。

2 知的障害者である児童生徒の場合

知的障害者である児童に対する教育を行う特別支援学校の小学部に就学する児童のうち，小学部の3段階に示す各教科又は外国語活動の内容を習得し目標を達成している者については，小学校学習指導要領第2章に示す各教科及び第4章に示す外国語活動の目標及び内容の一部を取り入れることができるものとすると示された。中学部の2段階に示す各教科の内容を習得し目標を達成している者についても同様に考えられる。これは，児童生徒の知的障害の状態等は多様であり，学習指導要領で想定した知的障害の状態より障害

の程度や学習状況等が大きく異なる場合があるからである。

3 — 重複障害者の場合

①知的障害を併せ有する児童生徒の場合

　この規定は，視覚障害者，聴覚障害者，肢体不自由者又は病弱者である児童生徒に対する教育を行う特別支援学校に，知的障害を併せ有する児童生徒が就学している実情を考慮し，これらの児童生徒の実態に応じた弾力的な教育課程編成ができることを示したものである。具体的には，知的障害者である児童生徒と同様の教育課程を編成することができると考えてよい。

②重複障害者のうち，障害の状態により特に必要がある場合

　ここでは，各教科，道徳科，外国語活動若しくは特別活動の目標及び内容に関する事項の一部又は各教科，外国語活動若しくは総合的な学習の時間に替えて，自立活動を主として指導を行うことができるものとする。この規定は，重複障害者のうち，障害の状態により特に必要がある場合についての教育課程の取扱いを示している。この規定を適用する場合，障害が重複している，あるいはその障害が重度であるという理由だけで，各教科等の目標や内容を取り扱うことを全く検討しないまま，安易に自立活動を主とした指導を行うことがないように留意しなければならない。また，道徳科及び特別活動については，その目標及び内容の全部を替えることはできない。

4 — 訪問教育の場合，重複障害者等に係る授業時数

　障害のため通学して教育を受けることが困難な児童生徒に対して，教員を派遣して教育を行う場合は，上記で示した教育課程の取扱いができる。

　重複障害者や医療機関に入院している児童生徒の場合又は訪問教育を行う場合，各学年の総授業時数及び各教科等の年間の授業時数は，小・中学校に準ずるのでなく，特に必要があれば各学校で適切に定めることができる。

（明官　　茂）

2章 「各教科」等のポイントと解説

1　【小学部・中学部】視覚障害者，聴覚障害者，肢体不自由者又は病弱者である児童生徒に対する教育を行う特別支援学校の各教科における配慮事項

1− 各教科の指導における配慮事項

　視覚障害者，聴覚障害者，肢体不自由者又は病弱者である児童生徒に対する教育を行う特別支援学校の各教科の指導は，それぞれ小学校又は中学校学習指導要領の各教科の「指導計画の作成と内容の取扱い」に準じて行われている。しかし，特別支援学校に在籍する児童生徒は，障害により小学校又は中学校の児童生徒と同様に各教科の指導を進めることが困難であるため，障害の種類や特性に応じた配慮事項を適切に踏まえて指導することとなっている。

　今回の学習指導要領の改訂の「各教科における配慮事項」の改善点は，病弱者である児童に対する教育を行う特別支援学校に新しい事項が一つ加えられたことを除いては大幅な変更はない。これまでの配慮事項を踏まえ，それぞれの特別支援学校に在籍する児童の実態等の変化に応じた修正が行われた。

　以下，視覚障害者，聴覚障害者，肢体不自由者又は病弱者である児童生徒に対する教育を行う特別支援学校の小学部で必要とされる指導上の配慮事項について解説する（中学部はこれに準ずるため「児童」を「生徒」に読み替える）。

2− 視覚障害者である児童に対する教育を行う特別支援学校

　視覚障害者である児童に対する教育を行う特別支援学校の配慮事項は
(1)保有する感覚を活用した概念形成に関する事項
(2)点字又は普通の文字の系統的な指導に関する事項

(3) 指導内容の精選と基礎・基本の習得に関する事項
(4) 情報機器等を活用した指導に関する事項
(5) 空間や時間の概念の形成に関する事項
の5点である。今回の改訂では(3)(4)(5)の事項について改善が図られた。

3 — 聴覚障害者である児童に対する教育を行う特別支援学校

聴覚障害者である児童に対する教育を行う特別支援学校の配慮事項は
(1) 体験的な活動を通した言語概念の形成に関する事項
(2) 読書及び書いて表現する態度の育成に関する事項
(3) 音声,文字,手話,指文字等を活用した指導方法に関する事項
(4) 補聴器や人工内耳等の活用に関する事項
(5) 指導内容の精選と基礎・基本の習得に関する事項
(6) 情報機器を活用した指導に関する事項
の6点である。今回の改訂では(1)(3)(4)(5)の事項について改善が図られた。

4 — 肢体不自由者である児童に対する教育を行う特別支援学校

肢体不自由者である児童に対する教育を行う特別支援学校の配慮事項は
(1) 体験的な活動を通した言語概念の形成に関する事項
(2) 指導内容の設定に関する事項
(3) 学習時の姿勢,認知特性に応じた指導方法の工夫に関する事項
(4) 情報機器を活用した指導に関する事項
(5) 自立活動の時間における指導との関連に関する事項
の5点である。今回の改訂では(1)(2)(5)の事項について改善が図られた。

5 — 病弱者である児童に対する教育を行う特別支援学校

病弱者である児童に対する教育を行う特別支援学校の配慮事項は
(1) 指導内容の精選と基礎・基本の習得に関する事項
(2) 自立活動の時間における指導との関連に関する事項

(3)疑似体験，仮想体験を取り入れる等，指導方法の工夫に関する事項
(4)情報機器を活用した指導に関する事項
(5)病気の状態に応じた学習活動の設定に関する事項
(6)病気の状態に応じた姿勢の変換や適切な休養の確保に関する事項

の6点である。全ての事項について改善が図られ，以下(6)が新たに加えられた。

> (6) 病気のため，姿勢の保持や長時間の学習活動が困難な児童については，姿勢の変換や適切な休養の確保などに留意すること。

　病状の変化や治療の方法，生活規制等は病気により異なる。また，児童の病状が一日の中で変化することもある。そのため，病状の変化に応じて弾力的に対応することが大切であり，また，児童が体調の変化に気付いて対処を求める等の自己管理も重要であることからこの事項が新設された。

6- 4つの障害種に共通した配慮事項

　上記22の事項は，それぞれの学校に在籍する児童の障害の特性を踏まえた各教科全般に渡る特色ある，しかも基本的な配慮事項である。これら配慮事項はそれぞれの障害の特性等を踏まえているものの，「指導内容の精選・設定に関する事項」「ICT等の情報機器の活用に関する事項」については障害種に関係なくおおむね共通した内容となっている。

①指導内容の精選・設定に関する事項

　特別支援学校の児童は障害によって，日常生活や学習場面において様々なつまずきや困難が生じることから，小学校の児童と同じように心身の発達段階を考慮して教育するだけでは十分とは言えない。そこで個々の障害による学習上又は生活上の困難を改善・克服するため，自立活動を設定し指導を行うことによって，児童の調和のとれた育成を目指している。

　教育課程の編成に当たっては，各教科等の指導と自立活動の指導時間を十

分に確保することが必要であるが，指導時数には限りがある。そこで，児童の障害の状態等を的確に把握し，一人一人の児童に即した指導内容を適切に精選し，それを指導に生かすようにすることが必要である。

　指導に当たっては，児童が主体的に学習を進められるように基礎的・基本的な事項に重点を置いたり，興味関心のある事項を優先的に取り上げたりする等の工夫をすることが大切である。この際，指導内容の精選においては，安易に取り扱わない内容を設定することなく，教科として習得すべき指導事項が欠落しないよう，他教科等との関連をもたせながら効果的な学習活動を展開することが重要である。

② ICT 等の情報機器の活用に関する事項

　今日，コンピュータ等の情報技術は急激な進展を遂げ，人々の社会生活に浸透している。また，タブレットＰＣ等に見られるように機器の使いやすさの向上も相まって，子供たちが情報を活用したり発信したりする機会が増大している。個々の障害による学習上又は生活上の困難を改善・克服する指導を行うに当たって，これらの ICT 機器の果たす可能性は非常に大きい。

　視覚障害，聴覚障害のある児童の指導に当たっては，ICT 機器の活用によって視覚情報や音声情報を補うなどの情報保障を行い，指導の効果を高めることが必要である。身体の動きや意思の表出の状態等により，歩行や筆記及び話し言葉が不自由な児童に対しては，コンピュータ等の情報機器の技術を生かした補助用具等の活用によって指導の効果を高めることが必要である。体調が悪く登校できない児童にはテレビ会議システム等の情報通信ネットワークを活用するなどして，療養中でも学習が途切れないように工夫することが必要である。

　　　　　　　　　　　　　　　　　　　　　　　　　　（大西　孝志）

知的障害者である児童生徒に対する教育を行う特別支援学校

2 【小学部】生活

1 - 目標について

　目標については，従前の「自立的な生活をするための基礎的能力と態度」から，「自立し生活を豊かにしていくための資質・能力」と改められている。その理由として児童が生活に必要な基本的な知識，技能，態度を，生活経験を積み重ねて着実に身に付けていくことが基本であること，更に自らの生活を豊かにしていこうとする資質・能力とすることを明確にするためである。今回から設定された各段階の目標は，児童の発達の段階を踏まえて，育成を目指す三つの柱から示されている。

　小学校の生活科の目標では，「身近な生活に関わる見方・考え方を生かし」となっているが，小学部の生活科の目標については，小学部の終わりまでに身に付ける資質・能力としており，広範囲の生活を想定しているため「生活に関わる見方・考え方を生かし」となっている。知的障害の教科である生活科と小学校の生活科との大きな違いとなっていることに留意する必要がある。

　なお，3段階の目標については，教科の目標と同様の形で示している。ただし，児童の実態によっては，途中の段階で終了することもあるので，生活年齢を踏まえ指導内容を設定することが求められる。

2 - 段階について

　各段階の内容を考えていく上で下記の表のように考え方を整理している。

1段階	・活動等の中で様々なものの特徴に関心をもつこと。 ・様々な学習活動を教師と一緒に行う。
2段階	・活動等の中で様々なものの特徴や変化に気付くこと。 ・教師と一緒に援助を求めながらもできる限り自分の力で生活に生かす。
3段階	・活動等の中で様々なものの特徴やよさ，それらの関わりに気付く。 ・できる限り自分の力で生活に生かしていくこと。

3- 内容について

　内容については，小学部体育科，中学部社会科，理科，職業・家庭科とのつながりを踏まえて整理している。従前の「健康・安全」の「健康」に関する内容は小学部体育科に位置づけたため「安全」として，「金銭」及び「交際」は内容を具体的に分かりやすくすることから「金銭の扱い」及び「人との関わり」と改められている。「社会の仕組み」と「公共施設」は，一つにして「社会の仕組みと公共施設」と改めている。「自然」は中学部理科との内容のつながりを踏まえて，「生命・自然」とし，「ものの仕組みと働き」を新設している。また，各内容の関連性を踏まえて，「基本的生活習慣」，「安全」，「日課・予定」は基本的生活習慣に関する内容，「遊び」，「人との関わり」，「役割」，「手伝い・仕事」，「金銭の扱い」は，生活や家庭に関する内容，「きまり」，「社会の仕組みと公共施設」，「生命・自然」，「ものの仕組みと働き」は社会及び理科に関する内容として，表記の順番を入れ替えるなどの充実を図り，社会及び理科に関する内容については，小学校の社会，理科とのつながりも意識している。特に，今回新設した「ものの仕組みと働き」については，現在行っている学習活動を「ものの仕組みと働き」の視点から見直すことも大切である。

　内容の示し方については，(ア)思考力，判断力，表現力等，(イ)知識及び技能の柱の順に示している。これは，生活の中で生かしていくために自分で考えたり，判断したり，表現したりする資質・能力が必要であり，そのための知

識及び技能が必要であるという考え方に基づいており，小学校の生活科と同様の考え方である。

4- 内容項目について

内容の中に示されている内容項目については，従前の学習指導要領解説を基本として各段階に整理し，系統性をもたせている。

例えば，内容構成の「日課・予定」については，前回の改訂から新たに示されたものであるが，より指導内容が設定しやすいように，1段階では，「日課」の観点から，2段階と3段階では「日課・予定」の観点から内容項目として示している。しかし，1段階に予定が示されていないからしなくてもよいということではないので留意が必要である。

5- 指導計画の作成と内容の取扱いの要点

今回から教科毎に指導計画の作成と内容の取扱いについて示されている。

指導計画の作成に当たっては，5つ示されているが，その中で，①年間や単元など内容や時間のまとまりを見通しながら，主体的・対話的で深い学びの実現に向けた授業改善が必要であることが示されている。他教科でも同様に示されているが，生活科のみ「年間」という文言が付け加えられている。②各教科等との関連を図り，指導の効果を高めるようにするとともに，中学部の社会科，理科及び職業・家庭科の学習を見据え，系統的・発展的に指導できることが示されている。

生活科の内容は特に各教科等を合わせた指導として取り上げられることが多いが，行っている学習活動がどの教科につながっていくかを考えていくことが求められる。

内容の取扱いについても5つ示されている。その中で，日課に即して，実際的な指導ができることや具体的な活動や体験を通して多様な学習活動を行うことなどについて示している。学習活動を充実していくためには，児童それぞれにどういう指導内容がどういう場面で必要であるかを整理しておくこ

とが必要である。

　また，活動を通した「気付き」を表現したり，考えたりすること，更には比べる，工夫するなどの多様な学習活動を行うことも示されており，児童の気付きをどう生かしていくかが求められる。そのためには，今まで以上に意図的・計画的・組織的な授業づくりが求められる。

　「金銭の扱い」については，算数科との関連を図りながら，実際的な指導ができるようにと示されている。指導内容を設定する際に他教科との関連，実際的な指導につなげることを考えながら内容を取り扱うことが重要である。

6− 最後に

　今後の実践を行う上で必要と思われることを3点示しておく。

　1点目は，生活科だけではないが，今回小学校とのつながり，中学部の各教科とのつながりで，目標や内容が整理されているため，設定した指導内容はどの教科につながっているのか，どういう生活場面に生かされていくのか，あるいは，今までにどういった資質・能力を身に付けたのか説明が求められ，生活科の内容の系統性を把握しておく必要がある。

　2点目は，生活科の内容は日常の実際の生活に即して行われることや教科等を合わせた指導の中で展開されることが多いことから，児童の実態に応じた個別の指導計画の充実はもちろんであるが，それを支える年間指導計画や単元計画が今まで以上に重要になってくる。

　3点目は，生活科は様々な生活場面，人，環境といった相互が関連し合って学習活動が展開される。そのときに大切になってくるのが，学習評価である。どういった生活場面で資質・能力が身に付いたのかといったことを含めた記録の工夫が必要である。

　　　　　　　　　　　　　　　　　　　　　　　　　　（村上　直也）

知的障害者である児童生徒に対する教育を行う特別支援学校

3 【小学部】国語

1 – 改訂の要点

　これまで，知的障害者である児童生徒に対する教育を行う特別支援学校の国語科は，「知的障害のある児童生徒の学習上の特性や生活との関連を踏まえ」て，小・中学校等の国語科とは異なる構造で目標や内容が設定されてきた。しかし，今回の改訂では，目標や段階ごとの内容が小・中学校学習指導要領の示し方に準じて示された。これは，各部，各段階，幼稚園や小・中学校とのつながりに留意し，学びの連続性を重視した結果である。特別支援学級の教育課程編成において参考になるだけでなく，特別支援学校の学習指導要領を習得した児童生徒が小・中学校の学習指導要領を参考にした指導を受ける際にも，小・中学校との共通性が大いに役立つ。

　また，国語科においても他の教科・領域と同じく「知識及び技能」，「思考力，判断力，表現力等」，「学びに向かう力，人間性等」の三つの柱で目標構成の整理が行われた。小学部はこれまでと同様の３段階であるが，中学部には生徒の実態に応じた丁寧な指導のために，２段階が新設された。国語科では，各段階に児童生徒の姿が示され，発達の段階に応じた指導の重点を捉えることができるようになった。

　内容の領域の分け方，項立ては，小・中学校の国語科とほぼ共通している。異なっているのは，小・中学校の国語科では，「Ａ話すこと・聞くこと」であるのに，特別支援学校の国語科では，児童生徒が国語を獲得していく過程も重視していることから「Ａ聞くこと・話すこと」と「聞くこと」が先に置かれていることや「知識及び技能」，「思考力，判断力，表現力等」に示す各

段階の内容は，児童生徒の日常生活や社会生活に関連のある場面や言語活動，行動と併せて示しているため，知的障害者である児童生徒の国語科では，小・中学校国語科のように言語活動例は示されていないこと等である。

2 ― 目標及び内容

教科の目標は，従前が「日常生活に必要な国語を理解し，伝え合う力を養うとともに，それらを表現する能力と態度を育てる」から，

> 言葉による見方・考え方を働かせ，言語活動を通して，国語で理解し表現する資質・能力を次のとおり育成することを目指す。
> (1) 日常生活に必要な国語について，その特質を理解し使うことができるようにする。
> (2) 日常生活における人との関わりの中で伝え合う力を身に付け，思考力や想像力を養う。
> (3) 言葉で伝え合うよさを感じるとともに，言語感覚を養い，国語を大切にしてその能力の向上を図る態度を養う。

に改められた。教科の目標では，国語科において育成を目指す資質・能力が，「国語で理解し表現する資質・能力」とし，国語科が国語で理解し表現する言語能力を育成する教科であることを示している。「言葉による見方・考え方を働かせる」とは，「児童が学習の中で，対象と言葉，言葉と言葉の関係を，言葉の意味，働き，使い方等に着目して捉えたり問い直したりして，言葉への自覚を高めること」と捉えられる。(1)は，「知識及び技能」について，(2)は「思考力，判断力，表現力等」について，(3)は「学びに向かう力，人間性等」に関する目標を示したものである。

小学部の国語では，日常生活に重点を置いて目標の設定が行われている。小学部では，言葉が醸し出す雰囲気を味わったり，自分の要求を言葉で伝えて実現したり，言葉を使って出来事の順番や原因と結果の関係を考えたり，内容や様子を思い浮かべたりする活動等から，国語で理解し表現する資質・

能力を育むことが重要である。

3 各段階の目標及び内容

① 1段階の目標と内容

1段階の児童は,「身近な人や興味・関心のある物事との関わりを繰り返しながら,その場面で用いる言葉が存在することや,言葉を使うことで相手の反応に変化があることに気付き始める段階」であり,「思い描いた事物や事柄を相手と共有し,自分の思いを身近な人に伝える」ための国語を身に付けることが重視されている。この段階の児童は,話し言葉の獲得の過程にあることが多い。児童が言葉による話し掛けに慣れ,模倣して話すよう促すことが必要である。

このため,教師は,児童が言葉で「応答したことを賞賛」したり,「周囲の状況や前後の関係から児童が伝えようとしていることを推察」したり,「児童が文字に見立てて書いた形と事物や事柄などとを対応させる」などの指導を通じて,児童が必要な言葉を思い浮かべたり,言葉による関わりに意識を向けさせることが重要である。この段階の児童は,身近な人との関わりの中で「何かを思い描いたり,それを表現したりすることで心地よい感情をしっかりと味わい,表現したい気持ちを育てることが大切」であるため,「児童の自由な表現を受け止め,それらを少しずつ言葉で表現していくような関わり」が大切である。

② 2段階の目標と内容

2段階の児童は,「身近な人からの話し掛けを聞いたり,真似をしたりすることを通して,言葉で物事や思いなどを意味付けたり表現したりするなどして,言葉でのやり取りができてくる段階」にある。このため,国語科では,「児童が日常生活の中で触れたり見聞きしたりする物事や出来事について表す言葉」を増やすことや「やり取りを深め」,言葉を通した人との関わりのよさを実感させることを重視している。そこで,「言葉が表す事柄を想起したり,受け止めたりする力」や「自分の思い」をもったりすること,「言葉

がもつよさ」を感じて,「言葉でのやり取り」を聞いたり伝えたりしようとする態度の育成について目標・内容の設定がされている。具体的には,「時間の経過などの大体を捉え」たり,「友達の表現」を聞いて,自分の考えと比較したりすることなどが示されている。語彙の指導においては,「事物の名前だけでなく,動詞や形容詞なども加えて,教師が話し掛けるなど,児童が聞いたり使ったりする言葉を自然に増やしていく」関わりが重要である。また,「友達の名前や絵本などに出てくる動物等の名前を表す平仮名」の表記から「語をまとまりとして捉える」ことや「音節があること」に気付かせること,「書写の基本」として,「姿勢や筆記具の正しい持ち方を理解」すること,「写し書きやなぞり書きなど書く時に必要なことを体験的に理解すること」が含まれている。

③3段階の目標と内容

3段階の児童は,「身近な人や興味・関心のある物事との関わりを繰り返しながら,言葉を用いて,自分の思いや気持ちを伝えるだけでなく,自分のイメージや思いを具体化したり,相手とそれらを共有したりして,新たな語彙を獲得したり,相手に伝わるように表現を工夫したりする段階」にある。このため,国語科においては,「経験したことを話したり,共感をもって聞いたり,相手に分かるよう工夫して伝えたりすることを通して,児童が言葉によって考えを深め,相手の話を受け止めていく」ための目標・内容の設定がされている。3段階では,「挿絵と結び付けて登場人物の行動や場面の様子などを想像する」こと,「全体に何が書かれているかを大づかみに把握する」こと,「登場人物の行動や場面の様子などを想像する」ことなどが内容に設定されており,言葉を用いて自分のイメージや思いを具体化する活動やそれらを相手と共有する中で,新しい語句や表現方法の獲得の意欲を育てることが重要で,児童の興味関心,日常生活や経験に即した内容の工夫が求められる。

(樋口普美子)

知的障害者である児童生徒に対する教育を行う特別支援学校

4 【小学部】算数

1- 小学部算数科の目標及び内容に関する枠組み

小学部算数科では,各段階ともに四つの領域で構成している。

表1

1段階	「A数量の基礎」	「B数と計算」	「C図形」	「D測定」
2段階	「A数と計算」	「B図形」	「C測定」	「Dデータの活用」
3段階	「A数と計算」	「B図形」	「C測定」	「Dデータの活用」

　1段階では,この段階として取り扱う内容の程度等を考慮して,2段階・3段階にある「Dデータの活用」の領域を設けていない。また,従前の1段階にある「数量の基礎,数と計算」については,それぞれ単独の領域として「A数量の基礎」と「B数と計算」としている。これは,「数量の基礎」には「数と計算」以外の領域の基礎となる内容も含まれており,子供が算数と出会い,これ以降の学習の基盤となる学習となっていることからである。

　2段階・3段階については,小学校3年までの枠組みと同様であるが,各領域の内容は小学校と異なる。なお,従前の「実務」の内容のうち,時刻や時間に関する内容は,3段階の「C測定」に移行している。また,金銭に関することは,2段階・3段階での「A数と計算」の指導の中で,金銭の価値に親しむこととして取り扱うことが,「3　指導計画の作成と内容の取扱い」（小学部）で示されている。

2- 小学部算数科における目標及び内容の示し方

①段階ごとに,かつ,領域ごとに目標を示す

特別支援学校学習指導要領においては，段階ごとに目標を示し，かつ，その示し方については領域ごととしている。領域ごとに目標が示されることにより，教師は，「子供にとって何のための学習なのか」「子供は何を学習するのか」ということに対する理解を深められるようになるので，障害の状況や特性を踏まえた指導方法の一層の工夫を考えたり，子供にとって分かりやすい授業を組み立てたりする上で役立つ。

②三つの柱に沿って内容を示す

表2

三つの柱	内容の示し方
○知識及び技能	・指導事項のまとまりごとに示す
○思考力，判断力，表現力等	・指導事項のまとまりごとに示す
○学びに向かう力，人間性等	・教科の目標及び各段階の目標において，全体としてまとめて示す

③思考力，判断力，表現力等について明確に示す

「思考力，判断力，表現力等」がこれまで十分に示されていなかったことから，これを追加するとともに，「知識及び技能」と「思考力，判断力，表現力等」とに分けて記述している。記述に当たっては，子供がどのように算数に関わるかという視点から，「数学的な見方・考え方」に焦点を当てて，例えば，「～に注目して」「～に着目して」や「区別する」「比べる」「比較する」などという文言を使い分けて表現している。

3 — 小学部算数科における内容配列

特別支援学校学習指導要領では，中学部数学科や小学校算数科との連続性や関連性を重視し，内容の系統性を見直し，全体的に整理している。特別支援学校小学部・中学部の内容を概観すると，表3のようになっている。

1段階・2段階では，特別支援学校学習指導要領のみで示す内容を主に配列している。これらの内容は，かつて教科以前と呼ばれた。生活の中での経験が少なかったり，経験しても身に付けることが難しかったりする子供の場合，学校における意図的な指導が必要になる。そのため，こうした内容を算

表3

小学部												中学部									特別支援学校のみに示す内容
1段階				2段階				3段階				1段階				2段階					
A数量の基礎	B数と計算	C図形	D測定	A数と計算	B図形	C測定	Dデータの活用	A数と計算	B図形	C測定	Dデータの活用	A数と計算	B図形	C測定	Dデータの活用	A数と計算	B図形	C変化と関係	Dデータの活用		小学校学習指導要領
●	●	●	●	●	●	●	●	●												1年に関連	
					●				●	●	●									2年に関連	
											●	●	●	●		●				3年に関連	
															●		●	●	●	4年に関連	
																				5年に関連	
																				6年に関連	

数科に明確に位置付けることにより，教師は，期待する子供の変容を念頭に置きながら，算数の素地的な学習について考察できるようになる。

また，3段階では，1段階からの系統性に立った内容の配列となるようにし，小学校1年の内容と関連した内容を主として配列している。

4- 各段階における内容

① 1段階における内容と留意点

1段階では，①具体物の有無に関すること（A数量の基礎，ア），②ものとものとを対応させること（同，イ），③数えることの基礎（B数と計算，ア），④ものの類別や分類・整理（C図形，ア），⑤身の回りにある具体物のもつ大きさ（D測定，ア）について指導する。

これらの内容を取り扱うに当たって教師は，子供がものには名称があることを理解できている，あるいはできるようになってきているということを把握・確認しておく必要がある。例えば，①では，「何がある」「何がない」ということの判断が子供の課題になるので，何を対象として観察すればよいのかということを子供が理解できなければ学習が成立しない。

② 2段階における内容と留意点

2段階では，⑥10までの数の数え方や表し方，構成（A数と計算，ア），⑦ものの分類（B図形，ア），⑧身の回りにあるものの形（同，イ），⑨二つの量の大きさ（C測定，ア），⑩ものの分類（Dデータの活用，ア），⑪同等と多少（同，イ），⑫○×を用いた表（同，ウ）について指導する。これらのうち，⑥の一部に関連する記述が小学校学習指導要領〔第1学年〕にある。

　ここでは，経験をもとに理解してきたものとものとの関係について，それらの関係付けを言語やシンボルによって理解できるようにしていく指導・支援になるように心がけることが教師にとって肝要である。

　また，2段階で取り扱う内容については，1段階における既習事項や子供の実態に応じて，取り扱い方を再検討する必要もある。例えば，⑥では，いわゆる「4の壁」（2から5の間の数で，3の後で急に数えられなくなることが多い。）があることから，3までの数の範囲に限定して，2段階の内容を取り扱うことなどが考えられる。3までの数の世界で，子供が数学的な見方・考え方を駆使して問題解決に当たり，新たな数学的な見方・考え方を発見する姿が期待できる。

③3段階における内容と留意点

　3段階では，⑬100までの整数の表し方（A数と計算，ア），⑭整数の加法及び減法（同，イ），⑮身の回りにあるものの形（B図形，ア），⑯角の大きさ（同，イ），⑰身の回りのものの量の単位と測定（C測定，ア），⑱時刻や時間（同，イ），⑲身の回りにある事象を簡単な絵や図，記号に置き換えること（Dデータの活用，ア）について指導する。これらのうち，⑬〜⑮，⑰，⑲に関連する記述が小学校学習指導要領〔第1学年〕にあり，⑱に関連する記述が小学校学習指導要領〔第1学年〕〔第2学年〕にある。⑯については，新たに特別支援学校のみに示す内容である。

　ここでは，子供が対象に直接的・具体的に働きかけて，論理的に考えを進めていく姿を励まし，問題解決に当たって既習事項を結び付けて解決し，新しい概念を形成できるように，学習活動を工夫することが大切である。

（髙橋　　玲）

知的障害者である児童生徒に対する教育を行う特別支援学校

5 【小学部】音楽

1 - 音楽科の改訂の要点

音楽科の改訂の要点は，次のとおりである。
①教科の目標については，新たに「知識及び技能」，「思考力，判断力，表現力等」，「学びに向かう力，人間性等」の三つの柱から設定された。
②各段階（1段階，2段階，3段階）の目標については，教科の目標と合わせて，三つの柱で整理され，新設された。
③内容構成については，「A表現」「B鑑賞」の二つの領域，〔共通事項〕が新設され，「A表現」に「音楽づくり」の分野が新たに加わった。
④学習内容，学習指導については，「知識」及び「技能」に関する指導内容を明確化し，〔共通事項〕の指導内容についても明らかにされた。
⑤指導計画の作成については，〔共通事項〕は2領域において共通に必要となる資質・能力と示し，各領域及び分野の事項と関連を図ることを明記した。
⑥内容の取扱いについては教材選択の観点，言語活動の充実を図るための配慮事項として，音や音楽及び言葉によるコミュニケーションを図る指導の工夫や我が国や郷土の音楽に関する学習の充実を明記した。

2 - 音楽科の目標について

今回の改訂においては，教科の目標「表現及び鑑賞の活動を通して，音楽的な見方・考え方を働かせ，生活の中の音や音楽に興味や関心をもって関わる資質・能力を次のとおり育成することを目指す。」を達成するために，以下の三つの柱から整理されている。

「知識及び技能」の習得として、「曲名や曲想と音楽のつくりについて気付くとともに、感じたことを音楽表現するために必要な技能を身に付けるようにする。」と示された。「知識」の習得については、「曲名が表している事物に気付き、身近な言葉で言い表したり、その曲の雰囲気や表情を感じ取ったり、音楽を形づくっている要素、歌詞に気付く」ことが示され、「技能」の習得については、「リズムに合わせて体を動かしたり、楽器を鳴らして楽しんだり、声に出して口ずさんだり、立ち止まって聴いたりする」ことが示された。

　「思考力、判断力、表現力等」の育成として、「感じたことを表現することや、曲や演奏の楽しさを見いだしながら、音や音楽の楽しさを味わって聴くことができるようにする。」と示された。表現領域や鑑賞領域の目標が具体的に示され、音や音楽によって喚起されたイメージや感情を音や音楽の表情や味わい、音や音楽を形づくっている要素などに関連させて全体を味わって聴くことが示された。

　「学びに向かう力、人間性等」の涵養に関する目標としては、「音や音楽に楽しく関わり、協働して音楽活動をする楽しさを感じるとともに、身の回りの様々な音楽に親しむ態度を養い、豊かな情操を培う。」と示された。児童が楽しく音や音楽に関わり、自分から主体的に取り組み、楽しさを実感するには、身の回りの様々な音楽に出会い、音や音楽を通して、教師や友達とコミュニケーションを楽しみ、活動を通して一体感を味わう経験をすることが大切である。音楽に親しむ態度を養うことは、学びに向かう力の要となり、生涯にわたって音楽に親しもうとするための基本的な力を養うことになる。

　更に従前では、指導内容が3段階に示され、段階ごとの目標は設定されていなかったが、教科の目標の育成を目指す資質・能力を明確にするために、段階ごとの目標が新設され、その結果、目標と内容の関係性が明確になった。個々の児童の実態にふさわしい目標設定が望まれる。

3 — 指導内容のポイント

今回の改訂で,「A表現」では,「音楽遊び」,「歌唱」,「器楽」,「身体表現」と新たに「音楽づくり」の5分野が示され,「知識」,「技能」,「思考力,判断力,表現力等」各事項で示された。「B鑑賞」では,「知識」「思考力,判断力,表現力等」の各事項で示され,三つの柱で整理されている。内容のポイントは以下のとおりである。

【音楽遊び】　発達の初期の児童にとって,音楽活動として表現及び鑑賞を通して育成を目指す資質・能力の基礎を培う重要な活動である。児童が音や音楽に気付くように,教材や指導の手立て,集中できる環境の設定等を工夫することが大切である。聴こえてくる音や音楽を感じて体を動かすこと,楽器の音を鳴らすことや声を出すことなど,児童のわずかな動きを見逃さずに,児童のやり取りを楽しみながら受け止め返していくことが大切である。

【歌唱】　児童が好む歌ややさしい旋律の一部分を自分なりに歌いたいという思いをもつことができるようにすることをねらいとしている。指導に当たっては,児童が旋律や言葉の一部に擬態語や繰り返しや抑揚の面白さがある歌や曲名や歌詞に出てくる具体的な事物などに気付いて,声を出してみようとするように働きかけることが大切である。児童の歌いたい思いを実現するためには,教師の歌声を聴いてまねたり,自分の歌声に注意を向けて歌ったり,教師や友達と声を合わせて歌う体験が重要である。

【器楽】　楽器で音を鳴らす楽しさや心地よさを味わうことができる分野である。曲の雰囲気に合いそうな表現を工夫し,自分がどのように演奏したいかという思いや意図をもてるように指導する必要がある。「リズム,速度や強弱の違い」及び「演奏の仕方による楽器の音色の違い」に気付いたり,リズムや旋律や和音を書いた簡単な楽譜を見ながら演奏したり,教師や友達の音を聴きながら,演奏する技能を身に付けるようにすることが大切である。

【音楽づくり】　音を選んだり,つなげたりしながら音遊びをすることや,教師や友達と一緒に簡単な音楽をつくることをねらいとしている。それを実現するためには,声や生活の中の様々な音の特徴に気付いたり,音のつなぎ方を体験したりしながら,音の面白さに気付き,自分から表現してみたいと思

うように指導を工夫することが大切である。活動の例として、わらべ歌に使われている音を用いて、「よびかけ」と「こたえ」になるような短い旋律をつくる活動や、短いリズムをつくり、それを反復して簡単な音楽をつくる活動が取り上げられている。

【身体表現】　リズムの働きが生み出す面白さを感じ取りながら教師や友達と一緒に身体表現することなどをねらいとしている。そのためには、拍や簡単なリズムの特徴を感じ取り、身体全体を自然に動かすことや教師の動きのまねをしたい、友達と一緒に動きたいという思いがもてるように指導することが大切である。この場合、児童の身近な物やイメージをもちやすいものを選ぶ等の工夫や、児童によっては、児童の動きに合わせて音や音楽を付けていく方法から徐々に課題的な内容にするなど、柔軟な考え方をもって指導を進める必要がある。

【鑑賞】　音楽を聴いたり、演奏していたりするところを見たりする中で、感じたことを体で表現することをねらいとしている。身近な人の演奏を聴く楽しさに気付くことを大切にしながら、児童の好きな音色や音やフレーズを見付け、取り出して聴かせるなど、効果的な手立てを工夫することが重要である。音楽を聴くことで、児童が表情を変えたり、体を動かしたり、声やことばで表すことを大切に認め合い、学校生活の様々な場面での鑑賞の機会に気付き、関心をもつことにつながっていくことが考えられる。

今回は1段階（「音楽遊び」「鑑賞」）、2段階（「歌唱」「器楽」「身体表現」「鑑賞」）を中心にポイントを示したが、3段階は更に質を高め、発展的な内容が示されている。〔共通事項〕や「内容の取扱い」については項目として触れることができなかったが、解説書を参考にしていただきたい。

今回の改訂により、小学校学習指導要領との関連性をもたせて作成されたことや、目標や分野が新設され、育成を目指す資質・能力を捉える視点や指導内容等が明示されたことにより、音楽科においても、音楽の特質を生かしながら、「どのように学ぶか」が求められ、教師の専門性が期待されている。

（山本久美子）

知的障害者である児童生徒に対する教育を行う特別支援学校

6 【小学部】図画工作

1 - 図画工作科の改訂の要点

①教科の目標について

目標は従前の「初歩的な造形活動によって，造形表現についての興味や関心をもち，表現の喜びを味わうようにする。」を改め「表現及び鑑賞の活動を通して，造形的な見方・考え方を働かせ，生活や社会の中の形や色などと豊かに関わる資質・能力を次

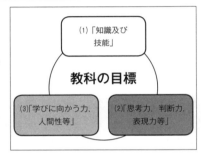

のとおり育成することを目指す。」として次の三つの柱から整理して示している。(1)形や色などの造形的な視点に気付き，表したいことに合わせて材料や用具を使い，表し方を工夫してつくることができるようにする（知識及び技能），(2)造形的なよさや美しさ，表したいことや表し方などについて考え，発想や構想をしたり，身の回りの作品などから自分の見方や感じ方を広げたりすることができるようにする（思考力，判断力，表現力等），(3)つくりだす喜びを味わうとともに，感性を育み，楽しく豊かな生活を創造しようとする態度を養い，豊かな情操を培う（学びに向かう力，人間性等）。

②各段階の目標について

各段階の目標は，教科の目標を受け，児童の表現や鑑賞の特性を考慮し，その実現を図るための具体的な目標である。学校や児童の障害の状態や生活年齢に応

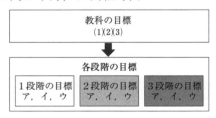

じ，弾力的な指導を重視する観点から３段階で示している。各段階において，必要な経験などに配慮しながら，それぞれにふさわしい内容を選択して指導計画を作成し，目標の実現を目指すことになる。

２ー 内容の改訂の要点

内容は従前の「表現」「材料・用具」「鑑賞」の構成を「Ａ表現」「Ｂ鑑賞」及び〔共通事項〕の構成に改めている。「Ａ表現」と「Ｂ鑑賞」は本来一体である内容の二つの側面として，図画工作科を大きく特徴付ける領域である。〔共通事項〕はこの二つの領域の活動において共通に必要となる資質・能力であり指導事項として示している。学校や一人一人の児童の実態に応じ，様々な表現に対応した弾力的な指導を重視する観点から，内容を３段階に分けて示している。

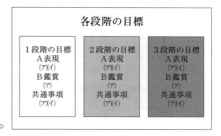

①「Ａ表現」及び「Ｂ鑑賞」について

「Ａ表現」は，児童が進んで形や色，材料などに関わりながら，つくったり表したりする造形活動を通して，「知識及び技能」や「思考力，判断力，表現力等」の育成を目指すものである。解説には各段階で使用が考えられる材料・用具についても記載がされている。「Ｂ鑑賞」は，児童が自分の感覚や体験などを基に，身の回りにあるものや自分たちの作品などを見たり，自分の見方や感じ方を深めたりする鑑賞活動を通して，「思考力，判断力，表現力等」の育成を目指すものである。

②〔共通事項〕について

〔共通事項〕は表現及び鑑賞の活動の中で共通に必要となる資質・能力であり「知識」や「思考力，判断力，表現力等」の育成を目指すものである。〔共通事項〕の共通とは「Ａ表現」と「Ｂ鑑賞」の２領域及びその項目，事項の全てに共通するという意味である。同時に「知識及び技能」，「思考力，判断力，表現力等」に共通して必要となるという意味である。児童は，材料

に触れて形の感じや質感を捉えたり，材料を見つめながら色の変化に気付いたりするなど，直観的に対象の特徴を捉え，理解している。同時に対象や自分の行為などに対して自分なりのイメージをもっている。そしてこれらを基に資質・能力を働かせて，具体的な活動を行っている。このような，形や色などの造形的な特徴を理解したり，イメージをもったりする資質・能力は，表現及び鑑賞の活動の基になるとともに，形や色などを活用したコミュニケーションの基盤となる。

3- 目標と内容の重層構造

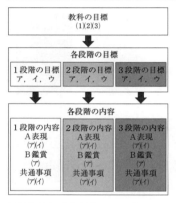

①教科の目標

図画工作科の目標は(1)「知識及び技能」や(2)「思考力，判断力，表現力等」(3)「学びに向かう力，人間性等」の三つの柱で構成されている。

②各段階の目標

教科の目標を受けて児童実態に応じた三つの段階の目標が設定されている。各段階にも教科の目標と同じく三つの柱で構成された目標がある。教科の目標(1)は段階の目標アに，(2)はイに，(3)はウに対応している。

③各段階の内容

各段階の目標を受けその目標を目指した活動内容と指導内容である。

A表現は(ア)(イ)，B鑑賞は(ア)の項目で構成。(ア)は「思考力，判断力，表現力等」，(イ)は「知識及び技能」の技能の部分を表している。

共通事項は(ア)(イ)で構成され，(ア)は「知識及び技能」の知識の部分を，(イ)は「思考力，判断力，表現力等」を表している。

4- 指導計画の作成と内容の取扱いの要点

指導計画の作成の配慮点として，児童の主体的・対話的で深い学びの視点

からの授業改善を図ることや他教科や特別活動等との関連を図り，総合的に活動することで，指導の効果を高めることなどを示している。内容の取扱いについては，造形活動において，材料や用具の安全な使い方について指導することや，活動場所を事前に点検するなどして，事故防止について徹底すること，学校や地域の実態に応じて，校外に児童の作品を展示する機会を設けることなどを示している。これらのことに留意しながら指導計画を作成していくことが重要である。項目の概要のみ抜粋して紹介するが，指導計画作成時には必ず目を通しておきたい部分である。

①指導計画の作成

指導計画作成に当たっての，6つの配慮項目が記載されている。

指導計画作成の6つの配慮事項（概要）
ア　主体的・対話的で深い学びの実現
イ　「B鑑賞」の独立した指導に当たって
ウ　〔共通事項〕の指導に当たって
エ　共同してつくりだす活動
オ　「B鑑賞」の指導に当たって
カ　他教科や特別活動等との関連を図ること

②内容の取扱いについて

内容の取扱いについては9つの配慮事項が記載されている。

内容の取扱い9つの配慮事項（概要）
ア　事故防止の徹底について
イ　学習活動や表現活動に幅をもたせることについて
ウ　「A表現」の指導に当たって
エ　よさや個性などを認め尊重し合うことの重要性について
オ　用具の扱い方の指導について
カ　学習したことを社会や生活の中で生かせるように指導することなどについて
キ　情報機器の利用について
ク　地域の身近にある材料について
ケ　作品の展示について

※本概要は著者が表記の都合上まとめたものである。

（三上　宗佑）

知的障害者である児童生徒に対する教育を行う特別支援学校

7 【小学部】体育

1 – 改訂のポイント

今回の改訂の主なポイントを以下にまとめる。
①新たな教科目標とそれを達成するための三つの柱から目標が設定された。
②各段階の目標が設定された。
③内容が六つの運動領域と保健領域で示された。
④新たな領域として「保健」が示された。

上記4点が主な改訂のポイントとなるが,「目標」「内容」「内容の取扱い」の三つの観点から以下に解説する。

2 –「体育科」としての目標の示し方について

今回の改訂において,教科の目標「体育や保健の見方・考え方を働かせ,課題に気付き,その解決に向けた学習過程を通して,心と体を一体として捉え,生涯にわたって心身の健康を保持増進し,豊かなスポーツライフを実現するための資質・能力を次のとおり育成することを目指す。」を達成するために,以下の三つの柱から育成するように示されている。

「知識及び技能」として,「遊びや基本的な運動の行い方及び身近な生活における健康について知るとともに,基本的な動きや健康な生活に必要な事柄を身に付けるようにする。」と示された。体育・保健に関する知識や技能等の獲得「何を学ぶか」が目標として明確になっている。今回の改訂では,具体的な技能や日常生活に必要な知識などを習得することが達成目標の中心に据えられたと考えられる。発達段階や個々の実態に合った各運動領域の技能

や，健康を保持増進するための知識を，計画的・段階的に身に付けることができるように指導することがこれからの授業展開に求められるようになる。

「思考力，判断力，表現力等」として，**「遊びや基本的な運動及び健康についての自分の課題に気付き，その解決に向けて自ら考え行動し，他者に伝える力を養う。」**と示された。これは，体育科の中でも主体的・対話的で深い学びを通して，質の高い理解を図ったり，自ら考え活動する力を獲得したりすること，「どのように学ぶか」が求められている。運動や健康に関する自分の課題に気が付き，どうすれば解決できるか試行錯誤を重ね，主体的・対話的で深い学びの過程を繰り返し行う。このような質の高い学習過程を実践できるようにするための指導力が求められることになる。

「学びに向かう力，人間性等」として，**「遊びや基本的な運動に親しむことや健康の保持増進と体力の向上を目指し，楽しく明るい生活を営む態度を養う。」**と示され，体育科の目標にある豊かなスポーツライフを実現するための資質や能力と大きく関係していると思われる。小学部の段階から運動に慣れ親しみ，「する」だけではなく，見たり，知ったり，応援したりなど，運動やスポーツを生活の一部として捉えられるようにすること，「何ができるようになるか」も獲得する力として重要になってくる。運動に対する苦手意識をもつ児童や積極的に取り組むことができない児童に留意し，指導方法を工夫するなどして，遊びや運動に親しむ，楽しむことがまず重要なポイントとなる。更には，将来的に運動を習慣化したり，余暇活動に取り入れたりするなど，運動・スポーツを生活の一部とし，健康の保持増進や体力を向上できるようにすることがねらいとなっている。

育成を目指す資質・能力を明確にするために，段階ごとの目標も新たに設定された。児童の実態把握を的確に行い，個々の児童にどの段階の目標を設定することがふさわしいかを見極める必要がある。また，各運動領域の指導に当たっては，段階をまたいで指導する必要があるなど様々なケースが考えられるため，指導者の専門性が求められることになる。

3 - 「体育科」としての内容の示し方について

　従前の特別支援学校学習指導要領小学部体育科の内容では，①「基本的な運動」，②「運動遊び」ならびに「いろいろな運動」，③「きまり」ならびに「きまり・安全」の3観点で示されてきた。今回の改訂では，内容をこれまでの3観点から構成するのではなく，六つの運動領域と保健領域から内容を示し，指導する内容がより明確に分かりやすく示されている。これは小学校体育科の内容との連続性・関連性を踏まえ，小学部段階の目標を達成しているなどの特に必要性がある場合は，小学校学習指導要領の目標や内容を参考に指導することができるように取扱いに柔軟性をもたせることができると考えられる。

4 - 内容の取扱いについて

　内容については，「体つくり運動系」「器械運動系」「陸上運動系」「水泳運動系」「ボール運動系」「表現運動系」の六つの運動領域と「保健」の保健領域から構成されている。従前との相違点として，小学部段階から「保健」を取り扱うことが示されており，更に「体つくり運動系」とともに，6学年にわたって取り扱うこととされている。「保健」は従前の生活科で示されていた「健康・安全」のうち「健康管理」の内容を取り扱うこととなった。そのため，生活科の「基本的生活習慣」や「安全」，日常生活の指導などとの関連を図り，指導効果を高めることが重要になってくると考えられる。

　それぞれの運動領域のポイントは以下のとおりである。

【体つくり運動系】　体を動かす楽しさや心地よさを味わう運動で，楽しめる簡単な運動や遊び，他の運動領域では扱いにくい体の動きを行う運動である。仲間との交流，様々な動きの獲得，体力を高めることなどが行われ，6学年にわたって取り扱う内容となっている。

【器械運動系】　器械・器具を使う運動で，いろいろな技に挑戦し，できたことに喜びを感じられる運動である。様々な器械・器具を活用するためいろい

ろな動きを経験することが重要になってくる。安全に運動するための配慮も必要である。

【陸上運動系】 気持ちよく走ったり，友達と競い合ったりしながら心地よさを味わうことができる運動である。運動の中心は「走る」「跳ぶ」であり，それぞれの動きを楽しみながら，友達に競い勝つ経験をだれもが積めるようにすることが必要になってくる。

【水泳運動系】 水の特性に触れ，浮いたり潜ったりなど他の運動領域では経験できない活動を中心として取り組み，水に対する不安感を取り除きながら，遊ぶ経験をたくさん積むことが重要になってくる。命に直接関わる場合もあることから，健康管理や安全確保が重要な課題となってくる。

【ボール運動系】 競い合う楽しさや友達と協力して運動する楽しさを感じることができるようにすることが重要である。児童が理解しやすいようにルール設定し，ルールやきまりの理解を深めるようにすることも必要となる。また，フェアプレイや勝敗に対して正しい行動や態度がとれるようになることも大切である。

【表現運動系】 音楽が流れている場所で自由に体を動かし表現することで，楽しさや喜びを味わう領域である。児童の実態に合った題材を用い，興味・関心を高めながら指導することが大切である。

　小学校学習指導要領体育科と関連性をもたせながら作成されているため，今回の改訂により内容の例示は，これまでよりも詳しく示された。児童の実態や発達段階に合った内容であれば，例示を参考に指導計画の中に組み込むことができるが，児童の実態や発達段階に合う内容が例示に存在しない場合は，指導者が実態や発達段階に合わせた指導内容を計画し実践する必要がある。なによりも，児童の実態や発達段階に即した内容を取り扱い，段階目標，更には教科目標を達成させることができる指導力が必要になってくる。

〈増田　知洋〉

知的障害者である児童生徒に対する教育を行う特別支援学校

8 【中学部】国語

1 改訂の要点

　これまで，知的障害者である児童生徒に対する教育を行う特別支援学校の国語科は，「知的障害のある児童生徒の学習上の特性や生活との関連を踏まえ」て，小・中学校等の国語科とは異なる構造で目標や内容が設定されてきた。しかし，今回の改訂では，目標や段階ごとの内容が小・中学校学習指導要領の示し方に準じて示された。これは，各部，各段階，幼稚園や小・中学校とのつながりに留意し，学びの連続性を重視した結果である。特別支援学校の学習指導要領を習得した児童生徒が小・中学校の学習指導要領を参考にした指導を受ける際にも，小・中学校との共通性が大いに役立つ。

　また，国語科においても，「知識及び技能」，「思考力，判断力，表現力等」，「学びに向かう力，人間性等」の三つの柱で目標構成の整理が行われた。小学部はこれまでと同様の3段階であるが，中学部には生徒の実態に応じた丁寧な指導のために，2段階が新設された。国語科では，各段階に児童生徒の姿が示され，発達の段階に応じた指導の重点を捉えることができるようになった。

　内容の領域の分け方，項立ては，小・中学校の国語科とほぼ共通している。異なっているのは，小・中学校の国語科では，「A話すこと・聞くこと」であるのに，特別支援学校の国語科では，児童生徒が国語を獲得していく過程も重視していることから「A聞くこと・話すこと」と「聞くこと」が先に置かれていることや「知識及び技能」，「思考力，判断力，表現力等」に示す各段階の内容は，「児童生徒の日常生活や社会生活に関連のある場面や言語

活動,行動と併せて示しているため,知的障害者である児童生徒の国語科では,小・中学校国語科のように言語活動例は示されていない」こと等である。

2 ― 目標及び内容

教科の目標は,

> 言葉による見方・考え方を働かせ,言語活動を通して,国語で理解し表現する資質・能力を次のとおり育成することを目指す。
> (1) 日常生活や社会生活に必要な国語について,その特質を理解し適切に使うことができるようにする。
> (2) 日常生活や社会生活における人との関わりの中で伝え合う力を高め,思考力や想像力を養う。
> (3) 言葉がもつよさに気付くとともに,言語感覚を養い,国語を大切にしてその能力の向上を図る態度を養う。

に改められた。中学部の国語では,日常生活と社会生活に視点を置いた目標設定が行われている。これは,従前の目標の「日常生活に必要な国語についての理解を深め,伝え合う力を高めるとともに,それらを活用する能力と態度を育てる。」が,小学部までの学習を踏まえ,生徒の生活の広がりに即して改められたものである。中学部では,地域や社会における事物や人との関わりや将来の職業生活で必要とされる国語で理解し表現する資質・能力を具体的な活動を通して,育むことが重要である。

3 ― 各段階の目標及び内容

① 1段階の目標と内容

1段階の生徒は,「身近な事物や人だけでなく,地域や社会における事物や人との関わり」が増える中で,「様々な言葉に触れ」,「言葉には,事物の内容を表す働きや,経験したことを伝える働きがあることに気付いたり,知

っている言葉や新たに獲得した言葉の使い方に気を付けることで，様々な事象や気持ちに関して多くの相手と伝え合うことができるようになるに気付いたりする段階」である。このため，国語科の指導においては，「生徒の生活の広がりに伴う事物や人との関わりの中で，言葉で様々な情報を得たり人の思いや考えに触れたりする経験や，自分の思いや考えをまとめたり相手に分かりやすく伝えたりする経験を積み重ねることを通して，日常生活や社会生活に必要な国語を身に付ける」ように目標・内容の設定がされている。1段階では，「簡単なメモ」を取ったり相手に質問したりして聞いたことを理解し，「指示や説明に応じる」こと，「丁寧な言葉を使う」こと，「相手に伝わりやすく内容をまとめる」こと，「一文の意味が明確になるように語と語の続き方を考える」こと，「文や文章が中心となる物語や紀行文，詩，短い劇の脚本をその様子を豊かに想像しながら読む」こと，「印象に残ったフレーズ等を選んだり，文章全体の印象や文章の内容に対する思いを自分なりの言葉で表現したりする」こと等が内容として示されている。1段階では，生活の広がりに伴って広がった様々な人との関わりの中で，学びを広げることが重視される。様々な相手に自分の思いや考えが伝わったという実感や言葉を用いた関わりを通して自分の考えが広がったり，深まったりしたことに気付かせることが必要であり，学びの過程を振り返る指導の工夫が重要である。

②2段階の目標と内容

　2段階の生徒は「地域や社会における事物や人との関わりを広げ，繰り返しながら，様々な言葉に触れることで，言葉には，考えたことや思ったことを表す働きがあることに気付いたり，相手や目的に応じて工夫をしながら伝え合おうとしたりする段階」である。このため，国語科の指導では，「事物や人との関わりの中で，言葉を用いて伝えたいことを明確にして伝えたり，対話の経験を積み重ねたりすることを通して，高等部での職業教育などを意識しながら，将来の職業生活に必要な国語を身に付ける」ための目標・内容設定がされている。2段階では，「日常生活や社会生活における人や事物と

の関わりの中で必要とされる国語に加え」、「職業生活や家庭生活を送るために、社会人や職業人として必要な言葉」に学習の範囲が広がっている。「年齢にふさわしいいろいろな文章に接し」たり、「言葉を使ってどのように伝えるかを考えたり、いろいろな言葉の中からよりよい言葉を選び使ったりする」ことが設定されている。2段階の内容には、「言葉には、思考や感情を表す働きがあることに気付く」、「文章全体として何が書かれているかを大づかみに捉えたり、登場人物の行動や気持ちの変化などを大筋で捉えたりしながら、音読する」、「話の内容や話し方に関心をもって事柄の順序や要点を書き留める」、「具体的な相手や話す目的を意識して、伝えるために必要な事柄をまとめる」、「必要に応じて理由や事例を付け加えながら、相手に伝わるように伝える順序や伝え方の工夫をする」、「簡単な役割をもって話し合いを行い、考えをまとめる」、「事実と自分の考えを書き分ける」、「中心となる語句や文を明確にする」、「一人一人の感じ方に違いがあることに気付く」等が示されている。2段階では、「情緒的な面の広がり」と「高等部での職業教育」への意識から、相手や目的に応じて表現を工夫することが重視されている。このため、2段階では、様々な相手に自分の思いや考えが分かりやすく伝わったという実感や相手や自分の表現のよさに気付かせることが必要であり、効果的な表現方法について検討することや相手を尊重して、事柄や考え、気持ちを共有することの指導の工夫が重要である。

(樋口普美子)

知的障害者である児童生徒に対する教育を行う特別支援学校

9 【中学部】社会

1 - 今回の改訂を理解するためのポイント

新学習指導要領は，大幅な改訂となっている。その構成を知ることが，理解の手掛かりとなる。「目標」には，「何ができるようになるか」，「内容」には，「何を学ぶか」，「指導計画の作成と内容の取扱い」には，「どのように学ぶか」が示されており，次のような構成を理解して読んでいただきたい。

また，今回は，発達段階を考慮して，目標と内容を2段階に分けて示しているのも大きな特徴である。

目標	・社会的な見方・考え方 ・資質・能力の三つの柱	何ができるようになるか
内容	・5項目から6項目に変更 ・小学部の生活科や高等部の社会科との連続性	何を学ぶか
指導計画の作成	・主体的・対話的で深い学び	どのように学ぶか

2 - 目標（何ができるようになるか）

今回の改訂においては，小・中学校の学習指導要領に合わせ，「社会的な見方・考え方」という表現が入った。社会科においては，この社会的な見方・考え方を働かせ，三つの資質・能力を育成する学習の中で，この見方・考え方を鍛え，深めていくことが求められている。そのため，育成すべき資質・能力を(1)～(3)に具体的に示している。更に，生徒が，社会との関わりを意識し，具体的な活動や体験を通して，地域社会の一員として生きていくために，従前の「社会生活に必要な基礎的な能力と態度」を，「自立し生活を

豊かにするとともに，平和で民主的な国家及び社会の形成者に必要な公民としての資質・能力」と改めた。

> 1 目標
> 　社会的な見方・考え方を働かせ，社会的事象について関心をもち，具体的に考えたり関連付けたりする活動を通して，自立し生活を豊かにするとともに，平和で民主的な国家及び社会の形成者に必要な公民としての資質・能力の基礎を次のとおり育成することを目指す。
> (1) 地域や我が国の国土の地理的環境，現代社会の仕組みや役割，地域や我が国の歴史や伝統と文化及び外国の様子について，具体的な活動や体験を通して理解するとともに，経験したことと関連付けて，調べまとめる技能を身に付けるようにする。　　　　　　　　　　　　　　＜知識及び技能＞
> (2) 社会的事象について，自分の生活と結び付けて具体的に考え，社会との関わりの中で，選択・判断したことを適切に表現する力を養う。
> 　　　　　　　　　　　　　　　　　　　　　＜思考力，判断力，表現力等＞
> (3) 社会に主体的に関わろうとする態度を養い，地域社会の一員として人々と共に生きていくことの大切さについての自覚を養う。
> 　　　　　　　　　　　　　　　　　　　　　＜学びに向かう力，人間性等＞

各段階における目標も同様に資質・能力の三つの柱で構成されている。

3 - 内容（何を学ぶか）

　今回の改訂においては，内容は，5つの項目から，より具体的な内容を設定できるように6つの項目に再構成された。また，1段階は小学部生活科とのつながり，2段階は高等部社会科への連続性を考慮して設定してある。今回の6つの観点とその変更理由をまとめると次の表のようになる。

6項目	変更理由等	各項目の配慮事項
社会参加ときまり	集団社会のルール等を学ぶことによって自立と社会参加を目指す観点を明確にした。	集団生活を送る上で必要とされる人との関わりやきまりを守ることについて理解できるようにするとともに，主体的に社会参加するための基礎的な力を養うこと。
公共施設と制度	公共施設や公共物だけを示すのでなく，そこで提供される行政サービス等も含めた。小学部生活科の「社会の仕組みと公共施設」とのつながりを踏まえた。	身近な公共施設を取り上げ，その役割や利用できる制度を知ることで，よりよい社会生活を送ることができるようにすること。
	新たに観点として加えた。	地域の実態に応じて，地震災害，津波災害，

地域の安全		風水害,火山災害,雪害などの中から取り上げ,地域や自分自身の安全を守るために自分たちにできることなどを考えたり選択・判断したりできるようにすること。
産業と生活	小学部生活科の「手伝い・仕事」を発展させ,生産や販売,消費生活等も含めた。	身近な仕事を通して生産や販売について関心をもつこと。また,生活を支える事業について取り扱うことで,節水や節電の必要性を感じて取り組もうとすること。
我が国の地理や歴史	身近な地域の地理的環境,歴史,伝統や文化に触れ,地域社会の一員としての自覚を養うために。	地図の取扱いに慣れるようにすること。また,主な文化財や年中行事の中から具体的事例を取り上げ,その特色が大まかに分かるようにすること。
外国の様子	従前どおり。	我が国や諸外国には国旗があることを理解し,それを尊重する態度を養うようにすること。

 また,新学習指導要領の内容を読み解くときには,次の表のように,項目ごとに第1段階と第2段階を表にしてまとめることをお勧めする。比較して読むことで,各段階で求めている内容がより理解しやすくなる。

項目	1段階	2段階
ウ　地域の安全	(ア) 地域の安全に関わる学習活動を通して,次の事項を身に付けることができるよう指導する。 　㋐ 地域の安全を守るため,関係機関が地域の人々と協力していることが分かること。 　㋑ 地域における災害や事故に対する施設・設備などの配置,緊急時への備えや対応などに着目して,関係機関や地域の人々の諸活動を捉え,そこに関わる人々の働きを考え,表現すること。	(ア) 地域の安全に関わる学習活動を通して,次の事項を身に付けることができるよう指導する。 　㋐ 地域の関係機関や人々は,過去に発生した地域の自然災害や事故に対し,様々な協力をして対処してきたことや,今後想定される災害に対し,様々な備えをしていることを理解すること。 　㋑ 過去に発生した地域の自然災害や事故,関係機関の協力などに着目して,危険から人々を守る活動と働きを考え,表現すること。

 今回,新設された「地域の安全」を例にすると,この項目の内容は,小学部生活科の「イ　安全」と関連するものであり,第1段階では,「地域」は,自分の住んでいる市区町村までの範囲だが,第2段階では,自分の住んでいる都道府県までを範囲としており,学習の広がりが意図されている。
 そして,「関係機関が地域の人々と協力していることが分かる」とは,「火災については,消防署を中心に警察署,市役所,病院,放送局,学校,水・電

気・ガスを供給している機関などが普段から施設・設備の整備や点検，訓練，広報活動などに取り組み，火災の予防に努めていることや地域の人々が消防署への通報，避難訓練の実施，地域の消防団による防災を呼びかける活動などの火災予防に協力していることなどを基に，地域の安全を守る働きについて理解することである。」と，指導内容が具体的に示されている。また，解説には他の観点においても，「例えば」や「実際の指導に当たっては」という表現で，指導内容を具体的に例示しているので，この言葉にマーカーを引いて読めば，内容を，具体的事例に照らして理解するのに役立つと思われる。

4 指導計画の作成（どのように学ぶか）

　中学部の社会科における「主体的・対話的で深い学び」とは，どのような学びなのか。「指導計画の作成と内容の取扱い」に「生活に即した具体的で分かりやすい内容を取り上げ，社会的事象の見方・考え方を働かせ，事象の特色や意味などを考え，説明したり表現したりするなど，自ら意欲的に取り組むことのできる活動の充実を図ること。」と示されている。

　主体的な学びを実現するためには，事前学習の中で，生活経験を通して対象に対する関心を高め問題意識をもつような指導を行ったり，学習の初めに予想や学習計画を立てたり，学習したことを振り返り，その成果に気付かせたり，学んだことを生活に生かすなどの工夫が必要である。

　対話的な学びを実現するためには，生徒相互の話合いや討論などの活動や実社会で働く人々から話を聞く活動の充実が求められる。

　対話的な学びから深い学びに導くには，教師の考えさせる発問の工夫や生徒の話し合いを板書し共有する等の工夫が必要である。

　この主体的・対話的で深い学びは，必ずしも1単位時間の授業の中で全てが実現されるものではなく，単元などの中で，学習を振り返る場面，教師や友達と対話する場面を計画的に設定するのが望ましい。

　更に，主体的・対話的で深い学びを実現するためには授業改善を継続的に，そして，組織的に行うことが望まれる。

（上杉　忠司）

知的障害者である児童生徒に対する教育を行う特別支援学校

10 【中学部】数学

1 - 中学部数学科の目標及び内容に関する枠組み

中学部数学科では，従前の1段階を二つの段階に分けて示すとともに，各段階を四つの領域で構成している。

表1

1段階	「A数と計算」	「B図形」	「C測定」	「Dデータの活用」
2段階	「A数と計算」	「B図形」	「C変化と関係」	「Dデータの活用」

1段階については，中学校の枠組みにある「A数と式」「C関数」を，「A数と計算」「C測定」としており，小学校1～3年までの枠組みと同様になっている。

2段階については，中学校の枠組みにある「A数と式」「C関数」を，「A数と計算」「C変化と関係」としており，小学校4～6年までの枠組みと同様になっている。

なお，従前の「実務」における内容のうち，金銭に関することは，中学部の内容として示されていない。小学部「3　指導計画の作成と内容の取扱い」において，小学部の2段階・3段階「A数と計算」の指導に当たって，金銭の価値に親しむことを取り扱うことが示されている。時計に関することは，時計の仕組みや日時，分に関することを小学部3段階に移行している。また，新たに，時間の単位（秒）について知ること，時刻や時間を求めることを，中学部1段階の「C測定」に示している。

2 - 中学部数学科における目標及び内容の示し方

①**段階ごとに，かつ，領域ごとに目標を示す**

特別支援学校学習指導要領においては，段階ごとに目標を示し，かつ，その示し方については，領域ごととしている。領域ごとに目標が示されることにより，教師は，「生徒にとって何のための学習なのか」「生徒は何を学習するのか」ということに対する理解を深められるようになるので，障害の状況や特性を踏まえた指導方法の一層の工夫を考えたり，生徒にとって分かりやすい授業を組み立てたりする上で役立つ。

②**三つの柱に沿って内容を示す**

内容の示し方については，以下のようになっている。

表2

三つの柱	内容の示し方
○知識及び技能	・指導事項のまとまりごとに示す
○思考力，判断力，表現力等	・指導事項のまとまりごとに示す
○学びに向かう力，人間性等	・教科の目標及び各段階の目標において，全体としてまとめて示す

③**思考力，判断力，表現力等について明確に示す**

「思考力，判断力，表現力等」がこれまで十分に示されていなかったことから，これを追加するとともに，「知識及び技能」と「思考力，判断力，表現力等」とに分けて記述している。記述に当たっては，生徒がどのように数学に関わるかという視点から，「数学的な見方・考え方」に焦点を当てて，例えば，「～に着目して」や「関連付けて」「考察して」などという文言を使い分けて表現している。

3 - 中学部数学科における内容配列

特別支援学校学習指導要領では，小学部算数科や小学校算数科との連続性や関連性を重視し，内容の系統性を見直し，全体的に整理している。特別支援学校小学部・中学部の内容を概観すると，表3のようになっている。小学校算数科との関連については，小学部では小学校1年又は2年までの内容と，中学部では小学校4年の範囲までの内容と関連する内容がある。

表3

小学部												中学部									
1段階				2段階				3段階				1段階				2段階					
A数量の基礎	B数と計算	C図形	D測定	A数と計算	B図形	C測定	Dデータの活用	A数と計算	B図形	C測定	Dデータの活用	A数と計算	B図形	C測定	Dデータの活用	A数と計算	B図形	C変化と関係	Dデータの活用	特別支援学校のみに示す内容	
●	●	●	●	●	●	●	●	●												小学校学習指導要領	1年に関連
				●				●	●	●	●										2年に関連
									●	●	●	●	●	●							3年に関連
															●	●	●		●		4年に関連
																●	●	●			5年に関連
																					6年に関連

　1段階では，小学部3段階からの系統性に立った内容の配列となるようにしており，「A数と計算」では小学校1年・2年の内容と，「B図形」「Dデータの活用」では小学校2年の内容と，「C測定」では小学校2年・3年の内容と関連した内容を主として配列している。

　2段階では，1段階からの系統性に立った内容の配列となるようにしており，「A数と計算」では小学校2年〜4年の内容と，「B図形」「Dデータの活用」では小学校3年・4年の内容と，「C変化と関係」では小学校4年と関連した内容を主として配列している。

4- 各段階における内容と留意点

① 1段階における内容

　1段階では，①整数の表し方（A数と計算，ア），②整数の加法及び減法（同，イ），③整数の乗法（同，ウ），④図形（B図形，ア），⑤量の単位と測定（C測定，ア），⑥時刻や時間（同，イ），⑦身の回りにあるデータを簡単な表やグラフで表したり，読み取ったりすること（Dデータの活用，ア）について指導する。

②2段階における内容

2段階では，⑧整数の表し方（A数と計算，ア），⑨整数の加法及び減法（同，イ），⑩整数の乗法（同，ウ），⑪整数の除法（同，エ），⑫小数の表し方（同，オ），⑬分数の表し方（同，カ），⑭数量の関係を表す式（同，キ），⑮図形（B図形，ア），⑯面積（同，イ），⑰角の大きさ（同，ウ），⑱伴って変わる二つの数量（C変化と関係，ア），⑲二つの数量の関係（同，イ），⑳データを表やグラフで表したり，読み取ったりすること（Dデータの活用，ア）について指導する。

③小学校算数科との連続性や関連性

上述の①〜⑳に関連する記述が，小学校学習指導要領にある（表4）。

表4

中学部																					
1段階							2段階														
A			B			C	A							B			C		D		
①	②	③	④	⑤	⑥	⑦	⑧	⑨	⑩	⑪	⑫	⑬	⑭	⑮	⑯	⑰	⑱	⑲	⑳	記述の関連学年
●																				小学校〔第1学年〕
●	●			●							●									小学校〔第2学年〕
			●	●	●														●	小学校〔第3学年〕
									●	●		●		●	●	●	●	●	●	小学校〔第4学年〕

④主な留意点

学習指導要領「3　指導計画の作成と内容の取扱い」において，計画的な指導と適切な反復による学習を進めることが示されている。ここでの計画的な指導とは，数量や図形についての基礎的な能力の維持や向上を図るために，数学の時間で既習事項の定着を図ったり，他の学習の中で既習事項を活用する場面を設けたりすることである。数学の時間であっても，他の学習の中であっても，既習事項の定着を図る際には，発展的な繰り返しを意識して，課題を設定することが大切である。定着を図りながら問題解決能力を高め，解決できた満足感や成就感を生徒が味わうことができるよう，生活年齢や経験，興味・関心に配慮して，課題に対してつまずきはあるが少し努力すれば乗り越えられるような課題を，繰り返して設定していくことに留意したい。

（髙橋　　玲）

知的障害者である児童生徒に対する教育を行う特別支援学校

11 【中学部】理科

1 - 理科の改訂の要点

①目標の改訂の要点

　中学部の理科では，小学部における生活科の目標や内容との関連を考慮し，生徒の日常生活に関係の深い自然の仕組みや働き，事物や事象を対象として内容を示してきたところである。

　今回の改訂においては，目標について，「知識及び技能」，「思考力，判断力，表現力等」，「学びに向かう力，人間性等」の三つの柱で整理して示した。

1　目　標

　自然に親しみ，理科の見方・考え方を働かせ，見通しをもって，観察，実験を行うことなどを通して，自然の事物・現象についての問題を科学的に解決するために必要な資質・能力を次のとおり育成することを目指す。

(1)　自然の事物・現象についての基本的な理解を図り，観察，実験などに関する初歩的な技能を身に付けるようにする。

(2)　観察，実験などを行い，疑問をもつ力と予想や仮説を立てる力を養う。

(3)　自然を愛する心情を養うとともに，学んだことを主体的に日常生活や社会生活などに生かそうとする態度を養う。

---

②内容の改訂の要点

　内容の区分は，特別支援学校がこれまで実践を積み重ねてきた理科の内容について整理し，更に学びの連続性の観点を踏まえ，「生命」，「地球・自然」，「物質・エネルギー」の3つの区分に整理した。

各区分の内容として，「生命」は，身の回りの生物や人の体のつくりと運動，動物の活動や植物の成長と環境との関わりについてである。「地球・自然」は，太陽と地面の様子や雨水の行方と地面の様子，気象現象，月や星についてである。「物質・エネルギー」は，物の性質やゴムの力の働き，光や音の性質，磁石の性質，電気の回路，水や空気の性質についてである。

2 － 各段階の目標及び内容

　1段階は小学部生活科とのつながりを，2段階は高等部理科への連続性を考慮して設定されている。

① 1段階の目標
A　生命
　ア　身の回りの生物の様子について気付き，観察，実験などに関する初歩的な技能を身に付けるようにする。
　イ　身の回りの生物の様子から，主に差異点や共通点に気付き，疑問をもつ力を養う。
　ウ　身の回りの生物の様子について進んで調べ，生物を愛護する態度や学んだことを日常生活などに生かそうとする態度を養う。
B　地球・自然
　ア　太陽と地面の様子について気付き，観察，実験などに関する初歩的な技能を身に付けるようにする。
　イ　太陽と地面の様子から，主に差異点や共通点に気付き，疑問をもつ力を養う。
　ウ　太陽と地面の様子について進んで調べ，学んだことを日常生活などに生かそうとする態度を養う。
C　物質・エネルギー
　ア　物の性質，風やゴムの力の働き，光や音の性質，磁石の性質及び電気の回路について気付き，観察，実験などに関する初歩的な技能を身に付けるようにする。

イ　物の性質，風やゴムの力の働き，光や音の性質，磁石の性質及び電気の回路から，主に差異点や共通点に気付き，疑問をもつ力を養う。

　ウ　物の性質，風やゴムの力の働き，光や音の性質，磁石の性質及び電気の回路について進んで調べ，学んだことを日常生活などに生かそうとする態度を養う。

② 2段階の目標

A　生命

　ア　人の体のつくりと運動，動物の活動や植物の成長と環境との関わりについての理解を図り，観察，実験などに関する初歩的な技能を身に付けるようにする。

　イ　人の体のつくりと運動，動物の活動や植物の成長と環境との関わりについて，疑問をもったことについて既習の内容や生活経験を基に予想する力を養う。

　ウ　人の体のつくりと運動，動物の活動や植物の成長と環境の関わりについて見いだした疑問を進んで調べ，生物を愛護する態度や学んだことを日常生活や社会生活などに生かそうとする態度を養う。

B　地球・自然

　ア　雨水の行方と地面の様子，気象現象，月や星についての理解を図り，観察，実験などに関する初歩的な技能を身に付けるようにする。

　イ　雨水の行方と地面の様子，気象現象，月や星について，疑問をもったことについて既習の内容や生活経験を基に予想する力を養う。

　ウ　雨水の行方と地面の様子，気象現象，月や星について見いだした疑問を進んで調べ，学んだことを日常生活や社会生活などに生かそうとする態度を養う。

C　物質・エネルギー

　ア　水や空気の性質についての理解を図り，観察，実験などに関する初歩的な技能を身に付けるようにする。

　イ　水や空気の性質について，疑問をもったことについて既習の内容や生

活経験を基に予想する力を養う。
　ウ　水や空気の性質について見いだした疑問を進んで調べ，学んだことを日常生活や社会生活などに生かそうとする態度を養う。

3 ― 指導計画の作成と内容の取扱い

(1)指導計画の作成に当たっては，次の事項に配慮するものとする。
ア　単元など内容や時間のまとまりを見通して，その中で育む資質・能力の育成に向けて，生徒の主体的・対話的で深い学びの実現を図るようにすること。その際，理科の学習過程の特質を踏まえ，理科の見方・考え方を働かせ，見通しをもって観察，実験を行うなどの，問題を科学的に解決しようとする学習活動の充実を図ること。
イ　各段階で育成を目指す思考力，判断力，表現力等については，当該段階において育成することを目指す力のうち，主なものを示したものであり，実際の指導に当たっては，他の段階で掲げている力の育成についても十分に配慮すること。
(2)内容の取扱いについては，次の事項に配慮するものとする。
ア　実験を行うに当たっては，身の回りのことや生活に関わる簡単なものを取り扱うこと。
イ　生物，天気などに関する指導に当たっては，自然に親しむ活動や体験的な活動を多く取り入れるとともに，生命を尊重し，身の回りの自然環境の保全に寄与する態度を養うようにすること。
ウ　天気などに関する指導に当たっては，災害に関する基礎的な理解が図られるようにすること。
エ　理科で学習することが様々な職業などと関係していることにも触れること。
オ　博物館や科学学習センターなどと連携，協力を図ること。
(3)観察，実験などの指導に当たっては，事故防止に十分留意すること。また，環境整備に十分配慮すること。
　　　　　　　　　　　　　　　　　　　　　　　　　　　（細谷　忠司）

知的障害者である児童生徒に対する教育を行う特別支援学校

12 【中学部】音楽

1- 音楽科の改訂の要点

音楽科の改訂の要点は次のようにまとめられる。
①音楽科の目標については，育成を目指す資質・能力を「生活や社会の中の音や音楽，音楽文化と豊かに興味や関心をもって関わる資質・能力」と規定し，新たに三つの柱，ア「知識及び技能」，イ「思考力，判断力，表現力等」，ウ「学びに向かう力，人間性等」について示した。
②各段階の目標が三つの柱で整理され，新設された。
③内容構成については，「A表現」（「歌唱」，「器楽」，「身体表現」，「音楽づくり」の4分野），「B鑑賞」の二つの領域及び〔共通事項〕で構成された。「A表現」の中に「音楽づくり」が新設された。
④指導計画の作成においては，〔共通事項〕は各領域及び分野における事項との関連を図り，十分な指導が行われるよう配慮事項に明記された。
⑤内容の取扱いについては，取り扱う教材の観点や言語活動の充実を図るための配慮事項として示された。

上記5点が主な改訂の要点であるが，「目標」「指導内容」「内容の取扱い」についてポイントを述べる。

2- 教科の目標の改善のポイント

今回の改訂においては，解説書によると，次のように示された。
　表現及び鑑賞の幅広い活動を通して，音楽的な学習が行われることを前提とし，音楽的な見方・考え方を働かせた学習活動によって，生活や社会の中

の音や音楽,音楽文化に関わる資質・能力を育成することを目指すとしている。その際,「音楽的な見方・考え方を働かせる」ことが重要とされた。

　それは,音や音楽のよさを価値あるものと感じる音楽に対する感性を豊かにすることや,音楽を形づくっている要素や要素同士の関連が生み出す特質や雰囲気を感受すること,更にそれらと自己のイメージや感情の動きや,生活や社会,伝統や文化と関連付けることと示された。また,「生活や社会の中の音や音楽」が加わったことで,くらしの中にある様々な音や音楽等,その多様性を捉え,理解し,尊重することを通して,生徒が生涯にわたり,音や音楽,音楽文化に主体的に関わり,豊かな生活を営むことにつながることが期待できる。更に,三つの柱から育成する目標が以下のように示された。

　「知識及び技能」の習得として,「曲名や曲想と音楽の構造などとの関わりについて理解するとともに,表したい音楽表現をするために必要な技能を身に付けるようにする。」と示された。従前の学習指導要領では主体的に経験することが目標の中心になっていたが,今回の改訂により,「曲想と音楽の仕組みの関わり合いを理解すること」と「思いや意図に合った表現をするために必要な技能の習得」が中心に示された。技能の指導に当たっては,生徒が技能習得の必要性を感じることができるような働きかけの工夫が必要とされる。

　「思考力,判断力,表現力等」の育成として,「音楽表現を考えることや,曲や演奏のよさなどを見いだしながら,音や音楽を味わって聴くことができるようにする。」と示された。「音楽表現を考える」とは歌唱,器楽,音楽づくりの学習において,様々な音楽表現を試みる中で,曲想や曲の特徴にふさわしい音楽表現を考えたり,実際に音を出して音楽のまとまりを考えたり,どのように表現するかについて思いや意図をもち,主体的に表現したり,聴いたりする学習過程を想定することが重要となる。

　「学びに向かう力,人間性等」の涵養として,「進んで音や音楽に関わり,協働して音楽活動をする楽しさを感じるとともに,様々な音楽に親しんでいく態度を養い,豊かな情操を培う。」と示された。自分から学校内外の様々

な音や音楽に積極的に関わっていく態度を養い,生徒が友達や教師と音や音楽を通してコミュニケーションを楽しみ,演奏を通して一体感を味わい,生涯にわたって音楽を楽しむことができるような指導の工夫が重要となってくる。

　更に,従前の中学部の目標は１段階で示されていたが,新たに２段階が新設され,各段階の目標が明確に示された。生徒の障害の状態や発達の段階に合った目標の設定や評価の目安がもちやすく設定された。

3−学習内容の改善・充実

　今回の改訂で,「Ａ表現」では,「歌唱」,「器楽」,「身体表現」と新たに「音楽づくり」の４分野が示され,「知識」,「技能」,「思考力,判断力,表現力等」の各事項で示した。「Ｂ鑑賞」では,「知識」「思考力,判断力,表現力等」の各事項で示され,三つの柱で整理した。内容のポイントは以下のとおりである。

【歌唱】　歌唱の活動をして,曲を聴いたり,歌詞を学んだりする中で,その曲に対して受けた印象や「このように歌いたい」という思いや意図がもてるように,また,歌詞やリズム,音の高さ,呼吸及び発声の仕方など自分自身の表現のどこに注意を向けるのか気付くように指導する必要がある。

【器楽】　打楽器や旋律楽器を使って,簡単な楽譜などを見て,友達と一緒に音を合わせて演奏する分野である。音色全体の響きと音楽の仕組みを意識し,友達とリズムや速度を合わせて,自分がどのように演奏したいか思いや意図がもてるように指導することが大切である。様々な楽器を用いて友達と一緒に演奏するときに,楽器の組み合わせなどを工夫し,その音色や響きが変化することに気付き,表現することを目指している。

【音楽づくり】　音楽づくりを通して,どのように音楽をつくるのかを,自分で考え,主体的に思いや意図をもてるように指導することやいろいろな音の響きの特徴やリズム・パターンや短い旋律のつなげ方の特徴に気付かせることが大切である。発想を生かした表現をするために,音を選択したり組み合

わせたりして表現する技能や音楽の仕組みを生かして，簡単な音楽を即興的につくる技能を教師や友達と試行錯誤しながら習得できるようにすることが重要である。

【身体表現】　身体表現は音色やリズムなどを身体全体で感じ取った思いを，自発的に出てくる動きで表現することであり，曲の雰囲気と音楽の構造，曲名や歌詞と体の動きの関わりに気付かせることが大切である。自分の意図する動きで表現するために，リズムの特徴や曲の雰囲気を感じ取りながら，師範を見て体を動かすことや友達と動きを合わせて表現するなど，〔共通事項〕との関連を図り，楽しく進めることが大切である。

【鑑賞】　鑑賞についての知識を得たり生かしたりしながら，曲想とリズムや速度，旋律の特徴などの関連に気付き，曲や演奏のよさを見いだせるように指導することである。感じたことを教師や友達に伝えようとする気持ちを育てることや一人一人の感じ方のよさに気付いて認め合うことが大切である。

　内容の取扱いにおいて，歌唱の共通教材については，小学校，中学校の共通教材と同じ曲が設定されている。生徒の実態を考慮しながら，各段階で1曲以上選択して扱い，交流，共同学習，地域等の行事に参加する場合等，様々な学習場面で活用していただきたい。

　今回は，小学校，中学校のカリキュラムとの連続性，関連性を重視した大幅な内容の改訂がなされ，目標や分野が新設され，育成を目指す資質・能力を捉える視点や指導内容等が明らかに示された。そのことを踏まえて，実際の指導場面においては従前のとおり個々の生徒の障害の状態や発達段階等に応じて，教師が適切な目標を立て，柔軟に対応していくことが大切である。解説書において，改訂の要点や新設された内容の具体的な例示が多く示された。例示を参考に，教師が個々の生徒の目標を達成するための適切な指導内容を選択することが重要である。

（山本久美子）

知的障害者である児童生徒に対する教育を行う特別支援学校

13 【中学部】美術

1 美術科の改訂の要点

①目標の改訂の要点

・教科の目標について

　従前の「造形活動によって，表現及び鑑賞の能力を培い，豊かな情操を養う。」を改め，目標に「表現及び鑑賞の活動を通して，造形的な見方・考え方を働かせ，生活や社会の中の美術や美術文化と豊かに関わる資質・能力を次のとおり育成することを目指す。」と示し，美術は何を学ぶ教科なのかを明確にするとともに，育成を目指す資質・能力を次の三つの柱から整理して示している。

(1)「知識及び技能」

　「造形的な視点について理解し，表したいことに合わせて材料や用具を使い，表し方を工夫する技能を身に付けるようにする。」

(2)「思考力，判断力，表現力等」

　「造形的なよさや面白さ，美しさ，表したいことや表し方などについて考え，

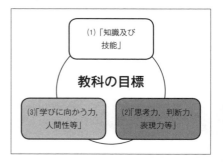

経験したことや材料などを基に，発想し構想するとともに，造形や作品などを鑑賞し，自分の見方や感じ方を深めることができるようにする。」

(3)「学びに向かう力，人間性等」

　「創造活動の喜びを味わい，美術を愛好する心情を育み，感性を豊かにし，

心豊かな生活を営む態度を養い,豊かな情操を培う。」
　教科の目標の実現に向けては,これらの(1),(2),(3)を相互に関連させながら育成できるよう確かな実践を一層推進していくことが求められる。

・**各段階の目標について**
　各段階の目標は,教科の目標の実現を図るため,生徒の発達の特性や生活年齢を考慮し,2段階の具体的な目標として示している。各段階において,生徒の発達や必要な経験などに配慮しながら,それぞれにふさわしい学習内容を選択して指導計画を作成し,目標の実現を目指す必要がある。

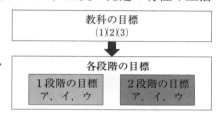

②**内容の改訂の要点**
　内容は従前の「表現」「材料・用具」「鑑賞」の内容構成を「A表現」及び「B鑑賞」の2領域と〔共通事項〕の内容構成に改めている。また,学校や一人一人の生徒の実態に応じ,様々な表現に対応した弾力的な指導を重視する観点から,内容を2段階に分けて示している。

・**「A表現」及び「B鑑賞」について**
　「A表現」及び「B鑑賞」の各項目は,それぞれ「活動を通して,次の事項を身に付けることができるよう指導する」と示し,項目と事項の関係を明確にするとともに,「A表現」及び「B鑑賞」の活動を通して生徒の資質・能力を育成することを示している。なお,中学部の美術においては,「B鑑賞」に(イ)として造形的な見方や感じ方を広げたり,深めたりする内容が加わっている。「A表現」は,生徒が進んで形や色彩,材料などに関わりながら,つくったり表したりする活動を通して,「知識及び技能」や「思考力,判断力,表現力等」の育成を目指すものである。「B鑑賞」は,生徒が自分の感覚や体験などを基に,自分たちの作品や美術作品などを見たり,自分の見方や感じ方を広げたりする鑑賞活動を通して,「思考力,判断力,表現力等」の育成を目指すものである。

・〔共通事項〕について

〔共通事項〕は表現及び鑑賞の活動の中で，共通に必要となる資質・能力であり「知識」や「思考力，判断力，表現力等」の育成を目指すものである。〔共通事項〕の共通とは「A表現」と「B鑑賞」の2領域及びその項目，事項の全てに共通するという意味である。同時に「知識及び技能」，「思考力，判断力，表現力等」に共通して働くという意味である。「A表現」及び「B鑑賞」の指導においては，〔共通事項〕がどのような学習場面にも含まれている事項として捉え，指導や評価を具体化する必要がある。

③目標と内容の重層構造

・教科の目標

美術科の目標は(1)「知識及び技能」や(2)「思考力，判断力，表現力等」(3)「学びに向かう力，人間性等」の三つの柱で構成されている。

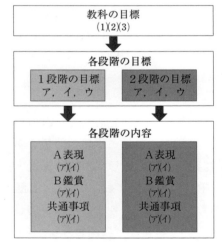

・各段階の目標

教科の目標を受けて生徒実態に応じた二つの段階の目標が設定されている。各段階にも教科の目標と同じく三つの柱で構成された目標がある。項目はア「知識及び技能」，イ「思考力，判断力，表現力等」，ウ「学びに向かう力，人間性等」で構成されている。

・各段階の内容

各段階の目標を受け，その目標を目指した活動内容と指導内容である。A表現の(ア)は「思考力，判断力，表現力等」，(イ)は「知識及び技能」の「技能」について示している。B鑑賞の(ア)(イ)の項目はともに「思考力，判断力，表現力等」について示している。共通事項の(ア)は「知識及び技能」の「知識」，(イ)は「思考力，判断力，表現力等」について示している。

④指導計画の作成と内容の取扱いの要点

　指導計画の作成の配慮点として，生徒の「主体的・対話的で深い学び」の視点からの授業改善を図ることや，社会に開かれた教育課程の実現を図る観点から，生徒や学校の実態に応じて，地域の美術館を利用したり連携を図ったりすることなどを示している。

　内容の取扱いについては，材料や用具の安全な使い方や学習活動に伴う事故防止の徹底，映像メディアの活用，校外に生徒の作品を展示する機会を設けることを示している。

　項目の概要と事項の1部分のみ抜粋して紹介するが，指導計画作成時には必ず目を通しておきたい部分である。

- **指導計画の作成**

　指導計画作成に当たっての6つの配慮すべき内容が記載されている。

- **内容の取扱いについて**

　内容の取扱いについては，8つの配慮事項が記載されている。

指導計画作成の6つの配慮事項（概要）

- ア　主体的・対話的で深い学びの実現
- イ　「A表現」及び「B鑑賞」の指導の関連を図ること
- ウ　〔共通事項〕の指導に当たって
- エ　共同してつくりだす活動
- オ　「B鑑賞」の指導に当たって
- カ　地域の美術館の利用や，連携を図ること

内容の取扱い8つの配慮事項（概要）

- ア　事故防止の徹底について
- イ　学習活動や表現活動に幅をもたせることについて
- ウ　「A表現」の指導に当たって
- エ　よさや個性などを認め尊重し合うことの重要性について
- オ　作品や用具の扱い方の指導について
- カ　情報機器の利用について
- キ　地域の身近にある材料について
- ク　作品の展示について

※本概要は著者が表記の都合上まとめたものである。

（三上　宗佑）

知的障害者である児童生徒に対する教育を行う特別支援学校

14 【中学部】保健体育

1 — 改訂のポイント

今回の改訂の主なポイントを以下にまとめる。
①新たな教科目標とそれを達成するための三つの柱から目標が設定された。
②新たに第2段階が設定され，更に各段階の目標が設定された。
③内容が七つの運動領域と保健領域で示された。
④新たな運動領域として「武道」が示された。

上記4点が主な改訂のポイントとなるが，「目標」「内容」「内容の取扱い」の三つの観点から以下に解説する。

2 — 「保健体育科」としての目標の示し方について

今回の改訂において，教科の目標「体育や保健の見方・考え方を働かせ，課題を見付け，その解決に向けた学習過程を通して，心と体を一体として捉え，生涯にわたって心身の健康を保持増進し，豊かなスポーツライフを実現するための資質・能力を次のとおり育成することを目指す。」を達成するために，以下の三つの柱から育成するように示されている。

①知識及び技能

「各種の運動の特性に応じた技能等及び自分の生活における健康・安全について理解するとともに，基本的な技能を身に付けるようにする。」と示された。従前の学習指導要領では，いろいろな運動・スポーツをすること，経験することが目標の中心となっていたが，今回の改訂より，「理解すること」「技能の習得」が目標の中心に据えられた。これは，運動技能の向上や健康

管理に必要な知識などだけを指すものではなく，社会生活を生きて働き，楽しめるようにするために必要な知識や技能の習得を目指すものと考えられる。小学部段階で獲得した技能や知識を段階的に関連させながら，より高度な技能や知識の獲得を目指すことが重要となる。教師は「何を学ぶか」を指導計画で明確にし，計画的に学習を進めることが求められるようになる。

②思考力，判断力，表現力等

「各種の運動や健康・安全についての自分の課題を見付け，その解決に向けて自ら思考し判断するとともに，他者に伝える力を養う。」と示された。学習を進める中で自分の課題を見付け，意欲的に課題解決に向けて取り組む態度を育成することが大切になってくる。小学部段階で培ってきた学び方を段階的に進めるために，例えば，自分の学習過程を振り返り，課題を見直す時間を作るなど，様々な工夫を行いながら指導することで，主体的・対話的で深い学び「どのように学ぶか」の学習過程を実現することが重要となってくる。

③学びに向かう力，人間性等

「生涯にわたって運動に親しむことや健康の保持増進と体力の向上を目指し，明るく豊かな生活を営む態度を養う。」と示された。自ら運動に取り組む態度を育てることが大切になってくる。そのためには，小学部段階で運動に親しみ楽しむ力を身に付け，更に段階的な発展として，生徒が興味・関心をもったり意欲的に活動したりするための指導の工夫が重要となってくる。例えば，一般的なルールを簡易化したり基準を下げたりするなどの指導の工夫が求められる。

更に，従前の中学部の目標は１段階で示されていたが，新たに第２段階が新設され，よりきめ細かい評価を実施できるように変更されている。また，各段階において育成を目指す資質・能力を明確にするために，段階ごとの目標も設定された。

３ー「保健体育科」としての内容の示し方について

これまでの特別支援学校学習指導要領中学部の保健体育科の内容では，①「いろいろな運動」，②「きまり」，③「保健」の３観点で示されてきた。今回の改訂では，七つの運動領域と保健領域から内容を示し，指導する内容がより明確に分かりやすく示されている。これは中学校保健体育科の内容との連続性・関連性を踏まえ，中学部段階の目標を達成しているなどの特に必要性がある場合は，中学校学習指導要領の目標や内容を参考に指導することができるように取扱いに柔軟性をもたせることができる。

4 内容の取扱いについて

　内容については，「体つくり運動」「器械運動」「陸上運動」「水泳運動」「球技」「武道」「ダンス」の七つの運動領域と「保健」の保健領域から構成されている。これまでと異なり，「体つくり運動」と「保健」は各学年において指導することと示された。

　新たに内容として示された「武道」は，各学校の施設や生徒の実態等を踏まえ，安全上の配慮を十分に行い，計画的に実施することが求められる。

　それぞれの運動領域のポイントは以下のとおりである。

【体つくり運動】　自他の心と体に向き合い，体を動かす楽しさ心地よさを味わいながら，柔らかさ，巧みな動き，力強い動きなど，体の動きを高めることを学ぶ領域となる。この領域は３年間にわたって取り扱うことになる。

【器械運動】　器械・器具を使う運動で，いろいろな技を身に付けたり挑戦したりし，楽しさや喜びを味わうことができる領域である。中学部では，技の組み合わせや，自分から演技の構成を考えるなどの学習内容を取り入れることも考えられる。安全に運動するために自ら点検するなどの指導も必要である。

【陸上運動】　「走る」「跳ぶ」を中心として心地よい動きを身に付け，友達と競い合ったり記録に挑戦したりするなど，楽しさや喜びを感じることができる領域である。自分で自己の能力に合った課題や記録を目標として設定し，試行錯誤しながら目標を達成するなどの指導が大切になってくる。

【水泳運動】 様々な方法で水に浮いたりもぐったりして楽しさや喜びを感じることができる領域となる。自己やグループの課題を明確にし，練習方法の工夫や話し合いなどで課題を克服していけるように指導することが大切である。健康管理や安全確保に十分に注意を払いながら指導内容や指導体制，監視体制の整備が重要な課題となってくる。

【球技】 ルールや作戦を工夫し，友達と協力して競技する楽しさや喜びを味わうことができる領域である。ゲーム中の状況判断やルール理解，フェアプレイなどを大切にしながら指導することが重要となってくる。

【武道】 武道の基本動作や基本となる技を身に付け，攻防で競い合う楽しさや喜びを感じることができる領域である。礼に代表される伝統的な考え方や相手を尊重する気持ちなどが大切な指導内容となってくる。生徒の実態を考慮し，技の習得の指導をメインに攻防を行わないなどの配慮も考えられる。

【ダンス】 踊りや表現を通して，友達とコミュニケーションを豊かにすることができる領域となる。また，友達と踊ることや自由に表現することなどで，楽しさや喜びを感じることができる。生活年齢や実態に合わせて題材を工夫することが大切である。

　また，スキーやスケートなど，自然との関わりの深い運動の指導は，地域性を考え積極的に実施するとされている。

　更には，オリンピック・パラリンピックを見据え，運動・スポーツを「すること」だけではなく，「知ること」，「見ること」，「応援すること」などの多様な関わり方を取り扱うことが求められている。

　実際の指導内容は，従前どおり教師が生徒の実態や発達段階等と照らし合わせながら内容を考えていくことになるが，解説にはこれまでよりも具体的な指導内容の例示が示されると思われる。これは，あくまで例示であるため，指導する教師が例示を参考に内容を考え，目標に沿った内容を的確に設定することが必要となってくる。

（増田　知洋）

知的障害者である児童生徒に対する教育を行う特別支援学校

15 【中学部】職業・家庭

1 - 改訂の要点

　目標や内容は,「育成を目指す資質・能力」の三つの柱に基づき,特別支援学校小学部や高等部との「指導の系統性」や,小・中学校との「学びの連続性」を踏まえて改訂された。新たに職業分野と家庭分野を設けるとともに,内容構成を,職業分野は,「A職業生活」,「B情報機器の活用」,「C産業現場等における実習」,家庭分野は,「A家族・家庭生活」,「B衣食住の生活」,「C消費生活・環境」に改め,内容を示した。

　職業・家庭科で「育成を目指す資質・能力」とは,①家庭生活や職業生活に係る基礎的な知識及び技能,②家庭生活や職業生活に必要な事柄を見いだして課題を設定し解決する力（思考力,判断力,表現力等）,③よりよい家庭生活や職業生活の実現に向けて,生活を工夫し考えようとする実践的な態度（学びに向かう力,人間性等）を指している。目標の達成に向けて,各分野の「見方・考え方」を働かせながら,基礎的な知識及び技能を実際的・具体的に学ぶことや,家庭生活や職業生活の中の課題を見いだし,既習の知識や技能を活用しながら解決策を考え,実践を評価・改善し,自分の考えを表現するなどして解決を図る経験を積み重ねること,自分の生活と地域社会とのつながりや,自分が社会に参画し貢献できる存在であることに気付き,よりよい生活や社会の実現に向けて主体的に物事に取り組む態度を養うことが要点となる。

2 - 職業分野の目標と内容

　目標は，職業分野で育成を目指す資質・能力を段階別に示している。
　１段階では，職業に関することに体験的に触れ，作業を成し遂げたり，自分の役割を果たしたりすることで十分に達成感を感じられるように配慮し，作業を通して他者の役に立とうとする気持ちを育むことを重視する。また，２段階では，活動の場を地域に広げるなどして，取り組んでいる作業や実習が将来の働く活動につながることや，働くことが社会に貢献することにつながること等の理解を促すことを大切にする。
　内容について，Aの「職業生活」では，働くことの目的を知り，望ましい勤労感や職業観の基礎を育む。作業などを通して働く喜びや集団の一員として役割を果たすことの手応えを感じながら，働いて物を作ったり育てたりすることが社会に役立つことなどを実感することが大切である。また，仕事の内容が分かり，服装を整え，安全や衛生に気を付けて作業ができること，必要なコミュニケーションが行えること等，仕事をする上で必要で基礎的な知識や技能を身に付ける。更に，自分のよさを生かし，希望する仕事に就くために，どんな力を伸ばしたらよいかを考えたり，自分の行動や生活を見直したりするなど，具体的に課題を解決する力の育成を目指している。
　Bの「情報機器の活用」では，タブレットを含んだコンピュータ等の情報機器，固定電話やスマートフォンなどの携帯電話，ファクシミリ，コピー機などの事務機器の基礎的な使い方を身に付ける。１段階では実際に触れ初歩的な操作の仕方を知ること，２段階では情報機器を活用して調べたり，資料を作成したり，発表したりすることで，実際の生活で使用できるようになることを目指している。あわせて，インターネット利用上のルールやマナー，人権侵害の防止，危険回避などについて具体的に指導することが大切である。
　Cの「産業現場等における実習」は，生徒が一定期間事業所等での仕事や職業生活を体験する活動である。職場で求められる知識や技能，態度，将来の自立した生活の実際等について具体的に学ぶとともに，日々の生活に生か

すよう計画する。また、実習先で生産した物やサービスが社会で活用されること等を知るとともに、学習の振り返りや対話を通して自分のよさや適性に気付き、将来の進路選択につながるように指導することが大切である。

3 家庭分野の目標と内容

目標は、家庭分野で育成を目指す資質・能力を段階別に示している。

指導に当たっては、1段階では、家庭生活に関わることを実際の体験や実践を通して学びながら、自分の役割や家族と自分との関係に気付き、家族や地域の人々とやりとりしながら主体的に取り組む態度を養うことを重視する。また、2段階では、1段階の学びを踏まえ、自分の存在や役割を理解し、家族や地域の人々と関わりながら、よりよい生活の実現に向けて自ら考え、判断し、表現することを大切にする。

内容について、Aの「家族・家庭生活」の「自分の成長と家族」においては、「服をきれいに畳めるようになった」など具体的に自分の成長に気付き、「もっとやってみたい」という意欲をもつとともに、自分の成長を支えている家族の存在について知り、感謝の気持ちを育むことが大切である。

また、「家庭生活と役割」においては、家庭内で自分のできる役割を考え、実際の取組を通して、家庭の中での役割を果たすことが家族の役に立つことを実感できるようにする。

「家庭生活における余暇」の指導に当たっては、一人で行う余暇や家族と過ごす団らん、友達や地域と関わって過ごす余暇など、有益で多様な余暇活動の経験と主体的に余暇を選択する経験を大切にする。

1段階のみ設定される「幼児の生活と家族」では、絵本の読み聞かせなどの幼児と実際に触れ合う活動を通して、幼児期の特徴を知り、思いやりの気持ちを育み、適切な関わり方を身に付けるよう指導する。

また、2段階のみ設定される「家族や地域の人々との関わり」では、実際の交流を通して、近隣の人々や身近な環境との関わりを大切にすることが、よりよい生活の実現につながることに気付くよう指導を工夫することが大切

である。

　Bの「衣食住の生活」では、「食事の役割」の指導において、規則正しい食事や栄養バランスが、心身の健康や成長に大きく関わることを理解し、自分の食事を見直し課題を解決する方法を見いだせるよう指導する。また、2段階では、1食分の献立を立てる学習を通して、栄養や主食、副食、汁物の組み合わせ等を考えた食事について指導する。

　「調理の基礎」では、必要な材料や調理器具、調理の手順を考えて、準備から片付けまでの一連の活動に見通しをもって手際よくできるよう指導する。あわせて、生の食品の扱いや保存方法などについて安全で衛生的な取扱いができるよう指導することが大切である。

　「衣服の着用と手入れ」では、活動内容に応じた衣服の着方や、季節や気温に応じた衣服の選択、汚れた衣服の始末や洗濯、身だしなみを整えることなどを指導する。

　「快適な住まい方」では、窓や換気扇、照明器具やカーテンなどの役割が分かり適切に使用できること、家庭内の事故を予防するために、整理・整頓や清掃が大切であること、防犯のために施錠や訪問者への対応方法を知ること、災害時に身を守ることや避難の仕方など、実際の災害に際して自立して行動できるように指導することが大切である。

　Cの「消費生活・環境」では、「身近な消費生活」において、買い物の仕方や物の選び方が分かり、予算や用途を考えて無駄のない買い物ができるよう指導する。

　また、「環境に配慮した生活」では、ごみの分別の仕方やリサイクルの役割を実際的な学習や見学等を通じて指導する。エコバッグの活用など、実際の生活において物を大切に使ったり、無駄なく使い切ったり、再利用したりするなどの工夫を具体的に考えられるようにすることが大切である。

（佐藤　圭吾）

知的障害者である児童生徒に対する教育を行う特別支援学校

16 【中学部】外国語

1 - 外国語科の改訂の要点

　外国語科は，生徒や学校の実態を考慮し，各学校の判断により必要に応じて設けることができる教科である。今回の改訂では，学部段階で共通して育成すべき資質・能力を明確にし，小学部で新設した外国語活動から高等部の外国語まで一貫した目標を設定することとした。また，生徒の実態により設けることができる教科としての位置付けは従前通りとし，段階も設けていない。これらを踏まえ，以下の点において改善が行われた。

①目標構成の改善
○資質・能力の三つの柱「知識及び技能」「思考力，判断力，表現力等」「学びに向かう力，人間性等」に目標を整理した。ただし，知的障害のある生徒の実態が多様であることや学習の特性等を踏まえ，これらの目標の下に5領域による指標形式の目標は示さず，個別の指導計画に基づき，単元などの指導計画を作成する際に適切に目標を定めるようにした。

②内容構成の改善
○目標で示す三つの資質・能力を確実に身に付けることができるように，「知識及び技能」「思考力，判断力，表現力等」の2点で内容を整理した。
○「知識及び技能」として「英語の特徴等に関する事項」を，「思考力，判断力，表現力等」として「情報を整理しながら考えなどを形成し，英語で表現したり，伝え合ったりすることに関する事項」を位置付けた。「言語活動及び言語の働きに関する事項」を位置づけ，「知識及び技能」及び「思考力，判断力，表現力等」を身に付けるための具体的な言語活動，言語の

働き等を整理した。
○言語活動については，「聞くこと」「話すこと［発表］」「話すこと［やり取り］」「書くこと」「読むこと」の５領域を設定した。
○内容は，知的障害のある生徒の学習の特性を踏まえ，育成を目指す資質・能力が確実に育まれるよう，生徒が興味・関心のあるものや日常生活及び社会生活と関わりがあるものなどを重視した。

2 - 外国語科の目標及び内容

①外国語科の目標

　中学部の外国語科の目標「コミュニケーションを図る素地となる資質・能力」の育成は，小学部で新設された外国語活動と同様に，高等部の段階における外国語科の学習で育む資質・能力の素地を育むことを意図している。したがって，中学部段階の外国語科では，小学部までの外国語活動の学習経験の有無や既習事項を踏まえながらコミュニケーションを図る素地となる資質・能力を育成するため，外国語に親しんだり，外国の言語や文化について関心をもったりすることに重点を置いて取り組む必要がある。そして，高等部段階の外国語教育に円滑に接続され，育成を目指す資質・能力を生徒が身に付けることができるよう工夫する必要があるとしている。

　「外国語の音声や基本的な表現に触れる活動を通して」育成するとは，生徒の障害の状態によっては聞くこと，話すことの言語活動が困難である場合もあるため，外国語や外国の文化に触れることを通して育成するという視点が大切であり，音声によらない言語活動等の工夫が必要ということである。

　ネイティブ・スピーカーとの触れ合いや外国語の文字で書かれたものや外国語の単語が添えられたものの写真やイラスト，実物などを見ること，外国語の歌を歌ったり，身近な語や語句を聞いたり真似たりすることなどが例として挙げられているが，こういった，一人一人の状態に合わせた指導の工夫により，聞くこと話すことの言語活動が困難な生徒の，コミュニケーションを図る素地となる資質・能力の育成が図られるようにすることが大切である。

外国語教育においての「外国語によるコミュニケーションにおける見方・考え方」は，外国語によるコミュニケーションの中でどのような視点で物事を捉え，どのような考え方で思考していくのかという，物事を捉える視点や考え方として，「外国語で表現し伝え合うため，外国語やその背景にある文化を，社会や世界，他者との関わりに着目して捉え，コミュニケーションを行う目的や場面，状況等に応じて，情報を整理しながら考えなどを形成し，再構築すること」と整理している。知的障害のある生徒が外国語で他者とコミュニケーションを行う場合は，単に語などに関する知識及び技能を扱うのではなく，実際に起こっている身近な出来事や人との関わりの中で事象を捉えたり，外国語やその背景にある文化について体験的に理解したりしていくことが重要である。また，小学部段階からの関わる相手や経験の範囲の広がりに応じて，伝え合う目的や相手を意識したり，既に身に付けている行動や体験を手掛かりに考えたりしながら，自分の思いや考えを表現し伝え合うことを生徒が実感できるようにすることも大切にしたい。

　生徒が外国語に興味・関心をもったり，外国語の音声に慣れ親しんだりするためには，生徒の日常生活に関わりのある初歩的な外国語の歌，ゲーム，クイズ，ネイティブ・スピーカーなどとの関わりなどを通して聞いたり見たりする「外国語を用いた体験的な活動」などの工夫や配慮が必要である。また，挨拶に関する表現，文字，数字，食べ物やスポーツ，生活用品などの名称など，生徒がこれまでの生活場面の中で日常的に見たり聞いたりしてきたものや事柄，人を表す語句や表現など「身近な生活で見聞きする外国語」を用いた体験的な活動を通して，生徒の興味・関心を高めていくことも大切である。

　外国語の音声や基本的な表現を聞いたり話したりする体験的な活動を通して，生徒が日本語と外国語の音声などの違いに気付くことができるようにすることも大切である。日本語の使用だけでは気付きにくい日本語の音声の特徴や言葉の仕組みに，外国語を用いたコミュニケーションを通して気付けるようにすることは，日本語についての資質・能力の向上につながるとし，ひ

いては外国語についての資質・能力の向上にも資するものとしている。このことからも，国語科の知識及び技能として，中学部１段階での「言葉には，事物の内容を表す働きや，経験したことを伝える働きがあることに気付くこと。」や２段階での「言葉には，考えたことや思ったことを表す働きがあることに気付くこと。」など，国語科と関連を図った指導が大切となる。

　また，小学部では，伝え合う力の素地を外国語に触れることを通して養うとしているが，中学部においてはコミュニケーションの目的や相手，場面などがより明確な「聞く」，「話す」言語活動を行うことが示されている。この点においては，生徒の障害の状態に応じて，自分の考えや気持ちを伝え合うための具体的な方法も一人一人異なることを踏まえながら指導することが大切である。

②内容・言語活動及び言語の働きに関する事項

　実際に英語を用いた場面や状況等における言語活動では，生徒の障害の状態や小学部での学習経験の有無などに応じて，言葉によらないジェスチャー・表情・サインなどを用いてのやり取りも大切である。また，基本的な表現や語句を知識及び技能として教えることに終始しないように，実際のコミュニケーションや体験的な活動を通して身に付けていくようにすることが重要である。知的障害のある生徒の場合，簡単な表現の練習を十分に行った後に具体的な活動場面で伝え合う活動を行うなど，相手を意識した意味のあるコミュニケーションが図れるように具体的な課題を設定することが大切になる。また，表現する楽しさや伝わる喜びを感じることも大切なコミュニケーションの素地となることから，言語活動を行う際には生徒の実態や経験等を考慮して，生徒がその場面を想定できるようにし，表現しようとする意欲や自信を維持しながら活動を行えるようにすることも大切にしたい。

（日下奈緒美）

知的障害者である児童生徒に対する教育を行う特別支援学校

17 特別の教科　道徳

1 -「特別の教科　道徳」の改訂のポイント

○「道徳の時間」を要として学校の教育活動全体を通じて行うという道徳教育の基本的な考え方を，適切なものとして今後も引き継ぐ。
○児童生徒の発達段階をよりいっそう考慮して，問題解決的な学習を取り入れるなどの指導方法の工夫をする。

2 -「特別の教科　道徳」の目標，内容

○目標：自己の生き方を考え，主体的な判断の下に行動し，自立した人間として他者と共によりよく生きるための基盤となる道徳性を養うことである。
○内容：児童生徒一人一人の知的障害の状態，生活年齢，学習状況や経験等に応じた指導の重点を明確にし，具体的なねらいや指導内容を設定することが重要である。その際，児童生徒の学習上の特性から，生活に結び付いた内容を具体的な活動を通して指導することが効果的であることから，実際的な体験を重視することが必要である。

3 -「特別の教科　道徳」に求められる配慮

　第一は，障害による学習上又は生活上の困難を改善・克服して，強く生きようとする意欲を高めることにより，明るい生活態度を養うとともに，健全な人生観の育成を図ることの必要性である。健全な人生観の育成とは，道徳教育の目標である道徳性の育成を指すものといえる。特別支援学校に在籍する児童生徒の中には，障害があるということで，自己の生き方について悩ん

だり，ときには自信を失ったりして，何ごとに対しても消極的な態度になりがちな者も見られる。こうしたことから，特別の教科道徳（以下，「道徳科」という。）を含め，学校の教育活動全体を通じ，日常の様々な機会を通して，児童生徒が自己の障害についての認識を深め，自ら進んで学習上又は生活上の困難を改善・克服して，強く生きようとする意欲を高めるよう留意して指導する必要がある。

　第二は，経験の拡充を図ることによって，豊かな道徳的心情を育て，広い視野に立って道徳性が養われるように指導することの必要性である。特別支援学校に在籍する児童生徒については，個々の障害の状態により，結果として様々な経験の不足が課題となることがあることから，道徳科における指導においても，各教科，外国語活動，総合的な学習の時間，特別活動及び自立活動の指導との関連を密にしながら，経験の拡充を図ることについて，特に留意する必要がある。

　第三は，知的障害者である児童生徒に対する教育を行う特別支援学校における配慮事項である。知的障害者である児童生徒に対する教育を行う特別支援学校小学部及び中学部においては，道徳科の内容を指導する場合においても，他の各教科等の内容の指導と同様に，個々の児童生徒の知的障害の状態，生活年齢，学習状況や経験等を考慮することが重要であることから，今回新設されたものである。このことについては，視覚障害者，聴覚障害者，肢体不自由者又は病弱者である児童生徒に対する教育を行う特別支援学校において，知的障害を併せ有する児童生徒に対して指導を行う場合も，同様に配慮することが大切である。

　小学部又は中学部の道徳科の目標等の取扱いについては，小学校学習指導要領又は中学校学習指導要領に準ずることが示されている。改訂によって，内容項目のまとまりが児童生徒にとっての対象の広がりに即して整理され，順序が改められた。このことも踏まえ，知的障害の特性から鑑み，自立活動や他の教科等の目標・内容を関連付けて指導計画を設定していく必要がある。

（小川　純子）

知的障害者である児童生徒に対する教育を行う特別支援学校

18 外国語活動

1 — 外国語活動新設の趣旨

　今回，中央教育審議会の答申を踏まえ，小学校の中学年に外国語活動が導入された。これは，中学年から「聞くこと」「話すこと」を中心とした外国語活動を通じて外国語に慣れ親しみ，高学年から文字を「読むこと」及び「書くこと」を加えた総合的・系統的な教科学習を行い，中学校への接続を図ることを重視することが求められたからである。そして，小学校中学年に外国語活動を導入するに当たり，次のような目標の改善を図った。

○「知識及び技能」，「思考力，判断力，表現力等」，「学びに向かう力，人間性等」の三つの資質・能力を明確にし，小学校・中学校・高等学校の一貫した目標を設定した。

○三つの資質・能力として，外国語を用いた体験的な活動を通じて，言語や文化について体験的に理解を深め，外国語の音声や基本的な表現などに慣れ親しませ，コミュニケーションを図る素地を養うことを位置付けた。また，より弾力的な指導ができるよう，2学年を通した目標とした。

○外国語活動の三つの資質・能力の下に，英語の目標として言語能力の「聞くこと」「話すこと［やり取り］」「話すこと［発表］」の三つの領域を設定した。

　また，内容構成では，外国語教育において育成を目指す三つの資質・能力を確実に身に付けられるように，体系的に構造を整理した。

○「知識及び技能」として「英語の特徴等に関する事項」を位置付けた。

○「思考力，判断力，表現力等」として「情報を整理しながら考えなどを形

成し，英語で表現したり，伝え合ったりすることに関する事項」と「言語活動及び言語の働きに関する事項」を位置付け，具体的な言語活動や言語の使用場面，働き等を整理した。

　知的障害のある児童においても，「例えば，外国語の歌詞が一部含まれている歌を聞いたり，外国の生活の様子を紹介した映像を見たりするなど，日常生活の中で外国の言語や文化に触れる機会が増えてきている」ことから，今回の小学校外国語活動の改善を踏まえ，外国語活動を教育課程に位置付けることとなった。対象は，小学校と同様，小学部３学年以上の児童とし，国語科の３段階の目標及び内容を学習する児童が学ぶことができるように目標及び内容を設定している。

　なお，知的障害のある児童の学習の特性等を踏まえ，以下の配慮がなされている。

○「聞くこと」「話すこと」の領域別の目標は示さない。これは，言語活動や行動などを指標とした目標を一律に設定することが知的障害のある児童の実態や学習の特性にそぐわないことから，指導計画を作成する際に適切な目標を設定することができるようにしたものである。

○小学校の「話すこと」のうち［やり取り］と［発表］とを総合的に扱うこととし，「聞くこと」「話すこと」の二つの領域の言語活動を設定した。これは，実際のコミュニケーションの場面では，音声以外の方法でやり取りをすることもあるが，外国語を通したコミュニケーションという特有の方法を踏まえてのことである。

○内容の設定に当たっては，知的障害のある児童の興味・関心のあるものや日常生活と関わりがあるものを重視した。「身近で簡単な事柄」として，児童がよく知っているものや事柄，人のうち，簡単な語などで表すことができるものを示している。具体的には，身の回りの物，学校や家庭での出来事や身近な日常生活で起こること，学校の友達や先生，家族などコミュニケーションを図っている相手などである。

2- 外国語活動の目標及び内容

①外国語活動の目標

　小学部の外国語活動の目標である「コミュニケーションを図る素地となる資質・能力の育成」は中学部の外国語科と同じであるが，これは高等部の外国語科の目標につながると考えられる。「外国語や外国の文化に触れることを通して」育成するとは，児童が障害の状態によっては聞くこと，話すことの言語活動が困難である場合もあるため，音声によらない言語活動などの工夫が必要だということである。また，外国語で相手とコミュニケーションを図る素地として，外国語でコミュニケーションを行っている様子を直に見たり，好きな歌やダンスなどを通して外国語の音声を聞いたりするなど，身近な出来事や人との関わりを通して外国語や外国の文化について体験的に理解していくようにすることが，外国語で他者とコミュニケーションを行う上で重要となる。知的障害のある児童の場合，興味・関心のあることや日常親しんでいる相手，繰り返し体験し目的やすることを既に理解している場面などを手掛かりにしながら，思いを伝え合うことを児童が実感できるようにすることが重要である。このような身近で簡単な事柄に関する音声を聞いたり，外国語によるやり取りを見聞きしたりしながら，自分の要求や思いなどの気持ちを伝え合う体験を図っておくことが，中学部における外国語で聞いたり話したりして自分の考えや気持ちなどを伝え合う力の素地につながる。

　小学部の外国語活動では「言語への関心を高め」としているが，外国語活動では学習対象である外国語などの固有の言語だけでなく，日本語も含めた言語の普遍性について理解を深めることが重要であることからである。このような言語への関心を高め，言語としての共通性や固有の特徴への気付きを促していくことは，外国語だけでなく，日本語によるコミュニケーションの意欲につながるとしている。

②内容

　「知識及び技能」では，言語を用いてコミュニケーションを図る楽しさや，

英語の音声やリズムに慣れ親しむこと，日本と外国の生活や違いを知ること等を示している。児童が日常生活で体験している日本の文化と異文化との比較により，その違いを体験的な活動を通して知ることを重視している。例えば，児童の障害の状態によっては，音声による意思の伝達が難しい場合，児童が既に身に付けている語句や表現，ジェスチャーや動作等の非言語や実物や絵カードといった手掛かりを活用するなどの工夫をしながらコミュニケーションの楽しさを実感できるようにする。また，児童が日常生活で繰り返し使用している言葉や国語科の学習で覚えた言葉など他教科等の学習で身に付けている語など，日常生活に馴染みのある語などを用いて，外国語のもつ音声やリズムなどに親しむことも大切である。その際，多くの表現を覚えたり，細かい文構造などに関する抽象的な概念について理解したりすることを目指すものではないことに留意する必要がある。

「思考力，判断力，表現力等」では，身近で簡単な事柄について，見聞きしたり相手の働きかけに応じようとしたりするなど，伝え合う目的や必然性のある場面でのコミュニケーションを重視している。児童の実態によっては発話ではなく表情や動作などで応じる場合も考えられるが，このような相手の働きかけに応じようとするコミュニケーションも大切にし，児童が外国語によるやり取りの様子を見聞きする機会の設定が大切であるとしている。

③言語活動及び言語の働きに関する事項

聞くことや話すことでは，「既に経験している活動や場面」や「既に知っている物や事柄」など児童にとって身近でなじみのある活動を設定することが大切である。その際，国語科における言語の使用やコミュニケーションの様子など児童の実態や経験，興味・関心などを考慮し，知識として語句や表現を与えるのではなく，音声と事物を結び付ける体験的な活動をとおして，児童自身がその意味を理解し語句や表現に慣れ親しんでいくことが求められる。

（日下奈緒美）

知的障害者である児童生徒に対する教育を行う特別支援学校

19 総合的な学習の時間

1 総合的な学習の時間の目標

　目標は，育成を目指す資質・能力の三つの柱である「知識及び技能」「思考力，判断力，表現力等」「学びに向かう力，人間性等（主体的に学習に取り組む態度）」の視点から次のように改訂された。

> 　探究的な見方・考え方を働かせ，横断的・総合的な学習を行うことを通して，よりよく課題を解決し，自己の生き方を考えていくための資質・能力を次のとおり育成することを目指す。
> (1) 探究的な学習の過程において，課題の解決に必要な知識及び技能を身に付け，課題に関わる概念を形成し，探究的な学習のよさを理解するようにする。
> (2) 実社会や実生活の中から問いを見いだし，自分で課題を立て，情報を集め，整理・分析して，まとめ・表現することができるようにする。
> (3) 探究的な学習に主体的・協働的に取り組むとともに，互いのよさを生かしながら，積極的に社会に参画しようとする態度を養う。

　総合的な学習の時間は，探究的な学習を通してよりよく課題を解決し，自己の生き方を考えていくための資質・能力を育て，各学校の教科等横断的なカリキュラム・マネジメントの鍵となるものである。

　特別支援学校についても，基本的な方針は小・中学校と同じである。知的障害者である生徒に対する教育を行う特別支援学校においては，中学部において適切な授業時数を定め実施することになる。

2 — 学習内容の改善・充実

課題を探求する際，実態に応じて次のような活動が行われるようにしたい。
- 協働して課題を解決しようとする学習活動
- 言語等により分析し，まとめたり表現したりする学習活動
- コンピュータ等を活用して，情報を収集・整理・発信する学習活動
- 自然体験やボランティア活動などの体験等，地域の人材や資源，教材や学習環境を積極的に取り入れた学習活動

3 — 特別支援学校における内容の取扱い

特別支援学校では，目標や内容の取扱いについては小学校，中学校に示すものに準ずるほか，特に次の3点に配慮が必要である。

(1) 児童又は生徒の障害の状態や発達の段階等を十分考慮し，実態に応じ，補助用具や補助的手段，コンピュータ等の情報機器を適切に活用するなど，学習活動が効果的に行われるようにする。

(2) 自然に関わったり，職場やボランティアなどでの社会と関わったり，ものづくりや生産，文化・芸術に関わったりする様々な体験活動に当たっては，児童生徒，教職員，外部の協力者などの安全確保，健康や衛生等の管理に十分配慮すること，また，小・中学校との交流及び共同学習での体験活動の一層の充実を図ることが必要である。

(3) 知的障害者である生徒に対する教育を行う特別支援学校中学部において探究的な学習を行う場合には，生徒の学習上の特性から，各教科等での学習で培われた資質・能力を明確にし，それらを総合的に関連付けながら，個別の指導計画に基づき，生徒一人一人の具体的な指導内容を設定していくことが大切である。また，生徒が主体的・協働的に取り組めるよう，個々の生徒の知的障害の状態，生活年齢，学習状況や経験等を考慮しながら，単元等を設定し，生徒が自らの課題を解決できるよう考慮する必要がある。

（横山　孝子）

> 知的障害者である児童生徒に対する教育を行う特別支援学校

20 特別活動

1 − 原則は小学校，中学校の特別活動と同じ

　特別活動は学級活動，児童会活動（生徒会活動），クラブ活動（小学校のみ），学校行事で構成される。構成の異なる集団での活動を通して，特別活動全体としては以下の目標の達成を目指すものである。

> (1) 多様な他者と協働する様々な集団活動の意義や活動を行う上で必要となることについて理解し，行動の仕方を身に付けるようにする。
> (2) 集団や自己の生活，人間関係の課題を見いだし，解決するために話し合い，合意形成を図ったり，意思決定したりすることができるようにする。
> (3) 自主的，実践的な集団活動を通して身に付けたことを生かして，集団や社会における生活及び人間関係をよりよく形成するとともに，自己の生き方についての考えを深め，自己実現を図ろうとする態度を養う。

　学校は児童生徒にとって最も身近な社会である。その中で学級や同学年の集団，児童会（生徒会）の異学年の集まり，学校全体の大集団など構成メンバーが異なる集団で，よりよい学校生活を目指して様々な活動を展開していく。その過程で人間関係を築き高める（人間関係形成），社会に主体的，積極的に関わろうとする（社会参画），自分自身を理解して高めていこうとする（自己実現）の三つの視点に関わる資質・能力を高めていくのである。

2 ─ 特別支援学校における内容の取扱い

特別支援学校では次の事項に十分配慮して内容を取り扱う必要がある。
(1) 学級や学年を合わせて，少人数からくる制約を解消し，できるだけ活発な集団活動が行われるようにする。
(2) 小学校または中学校の児童生徒と交流及び共同学習を行ったり，地域の人々と活動を共にしたりする機会を積極的に設ける。
(3) 知的障害特別支援学校においては，児童生徒の個々の知的障害の状態，生活年齢，学習状況及び経験等に応じて，適切に指導の重点を定め，具体的に指導する。

上記のうち(3)の項目については，視覚障害，聴覚障害，肢体不自由，病弱の特別支援学校においても，知的障害を併せ有する児童生徒に対しては同様の配慮が大切である。

3 ─ 内容の改善・充実

(1) 学級活動では，総則において特別活動が学校教育全体を通して行うキャリア教育の要となることが示されたことを踏まえ，小学校段階から内容に「(3)一人一人のキャリア形成と自己実現」が新たに設けられたほか，中学校の内容，学習の過程などいくつかの項目について整理がなされた（年間標準授業時数35単位時間は変更なし）。
(2) 児童（生徒）会活動では，児童生徒が主体的に組織を作ることが明記されたほか，ボランティア活動等の社会参画が重視されている。
(3) 学校行事では，小学校における自然の中での集団宿泊活動，中学校における職場体験等を引き続き重視することとしたほか，健康安全・体育的行事の中で，事件や事故，災害から身を守ることについて明示されている。

（佐伯　英明）

知的障害者である児童生徒に対する教育を行う特別支援学校

21 【小学部・中学部】指導計画の作成と各教科全体にわたる内容の取扱い

1 - 指導目標及び指導内容の設定上の留意点

　個々の知的障害の状態だけでなく，「生活年齢」と「学習状況」の文言が追加され，より一層一人一人の状況を丁寧に把握した上で，指導計画を作成するように強調されている。小学部では6年間，中学部では3年間を見通して，更に高等部卒業時点の育成を目指す資質・能力についても明確にした上で，指導目標と指導内容を設定することが重要になってくる。特に，生活年齢については，次のことに留意したい。知的障害があったとしても，その生活年齢だからこそ必要なことがあることを意識して目標を設定する。例えば，中学部の生徒が電車に乗って映画を見にいく場合を想定すると，電車は大人料金，映画は学生料金を支払うことになる。利用するものによって，料金体系が違ってくる場合がある。したがって，中学部段階で金銭を取り扱う場合には，4桁の数字を扱うことを意識して指導目標を設定するようにする。仮に4桁の計算が難しかったとしても，4桁の数字に見合った金額を出せるように目標を設定する。自分の生活年齢をまず理解した上で，自分自身がどの料金体系に属するかを理解し，見合った金額を支払うことで，豊かな生活が実現できる。深い学びへつながったことで，実際の生活でいかすことができる。学習状況の留意点については，小学校の特別支援学級から特別支援学校中学部に入学してくる生徒がいると，小学校でどのような学習をしてきたのか丁寧に把握し，指導目標を設定することで学びの連続性を担保することにもなる。全体計画の中でもし小学校のときと学習内容が重なる場合には，本人の状況をきちんとアセスメントし，目標をより高めたり，指導内容を増や

したりして，個に応じた目標や内容を工夫する必要がある。

2 − 効果的な指導方法の工夫

　各教科等ついて，段階別に目標が定められたことから，育成を目指す資質・能力を明確にし，まず教科等の目標達成のためにどのような内容を取り扱うか考える必要がある。教科等を単独で指導するよりも，教科等を合わせて指導を行うことが，子供たちの実態からみて目標が達成しやすい場合には，教科等を合わせて指導を行う工夫が必要になる。合わせた指導ありきではないところに留意することが大切である。例えば，生活単元学習を計画する場合，その中で児童生徒の育成を目指す資質・能力は何かを明確にした上で，指導目標・内容を選定し，学習活動を設定することになる。また，教科指導の中では関連した内容を同じ時期に取り上げることで指導効果が期待できる。

3 − 生活に結び付いた効果的な指導

　生活に結び付いた効果的な指導を行うことは従前から示されていたが，児童生徒が意欲をもって主体的に学習活動に取り組むことが追記されている。これは，なるべく児童生徒の興味関心に即して，これなら意欲的に自主的に取り組める内容になるということを工夫することである。例えば，天気の学習をするときに，単にテレビや新聞の天気予報から天気を知るだけでなく，雨の降水確率や予想気温を知り，出かけるときの傘の準備や服装選びにつなげたりすると，学んだ知識が生活で生きた知識に変わるのである。自分から自主的に天気予報を見たり読んだりして，深い学びへと発展する。

4 − 特別の教科　道徳

　道徳が特別の教科に位置付けられたが，学校の教育活動全体を通じて行うものであり，各教科等の時間の中で，それぞれの特質に応じて，児童生徒の発達段階や知的障害の状態を考慮して，適切に指導していくことが求められており，これは従前と変わっていない。その場合，主に生活科や特別活動，

自立活動を指導する際に，小学校や中学校の道徳科で示されている内容項目と関連を図りながら指導していくことが効果的である。

5 安全・安心な学習環境

この項目は，従前通りで変更はないが，大切なポイントを示す。学習内容や指導形態によって，安全に最大限考慮し，効果的な学習が成立するよう適切な学習環境を整える必要がある。例えば，自閉症のある児童生徒が多く在籍している学級では，不必要な刺激を極力避け，見て分かる環境を整えて指導すると児童生徒自身が安心して学習に取り組めるようになり，結果として安全にも配慮した環境にもなる。

6 自立と社会参加に向けた取組

追加された項目の一つで，今回の改訂の柱とも言える。小学部段階では6年間を見通し，中学部段階では3年間を見通して，育成を目指す資質・能力を整理し指導計画を作成することが重要である。今回の特別支援学校学習指導要領総則の中でキャリア発達を促すキャリア教育の充実を図ることが示されているが，関連することは言うまでもない。将来の自立と社会参加に向けてどのような資質・能力が必要なのかを十分検討し，指導目標を設定することになる。例えば，知的障害の程度が重たい児童にとっては，まず小学部の低学年段階では自分の身の回りのことについて生活科の内容を中心に，自分の果たす役割を理解してライフスキルを高めることが目標になるだろう。そして，高学年段階では，今度は学級の中での仕事や人のためになる役割活動を身に付けることで，人から喜ばれる体験を積み重ねることができる。更に，中学部段階では校内で学校のためになる仕事を経験させることで，少しずつ働く喜びにつなげていく。それが，高等部での職場体験や実習に発展していく基盤になっていくと考えられる。このような体験的な活動を学校の教育活動全体にどのように位置付けるかを検討し，PDCAサイクルを踏まえて指導計画を作成し，必要に応じて修正していくことが大切である。

7 学校・家庭・地域との連携

　知的障害教育において，学校と家庭との連携は古くから言い尽くされており，その重要性について疑う余地はない。しかし，実際の連携協力となるとなかなか上手くいかない現状もあるのではないだろうか。児童生徒本人からの発信が難しい場合は，教師と保護者が学習内容や学習成果を情報共有し，どうやって同じベクトルで指導できるかが鍵になる。それには，学校でできたことが，家庭や地域で同じようにできるかを丁寧に情報発信して，その場面を保護者に実体験してもらうことが一番の近道である。そうすることで信頼関係が結ばれ，保護者からの情報も得られるようになり，同じ方向性をもって指導ができるようになる。

8 教材・教具や補助具等支援機器の活用

　すでにどこの特別支援学校にもコンピュータが導入され，学習や教材として有効活用が図られている。しかし，それは限られた時間と場所のみでしかない。今は，情報端末（タブレットPCやスマートフォン等）を持っていればいつでもどこでも必要な情報を入手し，支援機器として活用ができるようになった。近い将来，学校においても一人一台情報端末機器が配布され活用することになるであろう。したがって，学校において学習のツールとして利用し，いろいろな学習を効果的に成立させるためにどんな使い方ができるか考えていく必要がある。また更に，情報端末機器としてどうやって使うことが，一人一人の豊かな生活につながる支援機器になるのかを考えることが重要である。すでに，コミュニケーションが苦手な児童生徒にとって，情報端末の絵のアイコンをタップすれば，自分の言いたいことを情報端末が代わりに発信してくれるソフトはいくらでもある。コミュニケーションの補助具として活用できるのである。ただし，児童生徒にとっては依存性も高いので，使い方については児童生徒によって注意と配慮が必要である。

（小林　靖）

3章 「自立活動」のポイントと解説

1 「自立活動」の目標

1 - 特別支援学校の目的

> 特別支援学校は，視覚障害者，聴覚障害者，知的障害者，肢体不自由者又は病弱者（身体虚弱者を含む。以下同じ。）に対して，幼稚園，小学校，中学校又は高等学校に準ずる教育を施すとともに，障害による学習上又は生活上の困難を克服し自立を図るために必要な知識技能を授けることを目的とする。　　　　　　　　　　　（学校教育法　第72条）

　特別支援学校の目的は，学校教育法第72条において「学校は，視覚障害者，聴覚障害者，知的障害者，肢体不自由者又は病弱者（身体虚弱者を含む。以下同じ。）に対して，幼稚園，小学校，中学校又は高等学校に準ずる教育を施すとともに，障害による学習上又は生活上の困難を克服し自立を図るために必要な知識技能を授けることを目的とする。」と示されているように，小・中学校等と原則同一の教育を行うことを目的としているが，それだけでなく，障害による学習上又は生活上の「困難」を克服し自立を図るために必要な知識技能を授けることも目的としている。

　ここでは，「学習上又は生活上の困難」となっている点と，必要な「知識技能を授ける」となっている点に着目して説明してみる。

　病気や事故等により運動機能や感覚機能，認知機能等が低下した場合には，治療やリハビリテーション等の医療上の対応，自宅での生活や学校での取組等より，それぞれの機能障害が改善したり，治癒できたりすることがある。

　しかし，特別支援学校に在籍する子供については，障害の重度・重複化，

多様化により，必ずしも機能障害を改善・克服できる子供ばかりではない。また，在学中に機能障害が改善されたとしても，子供の身体への負担が過重である場合には成人期以降に二次障害が起きることがある。そのため，主たる機能障害への対処的な取組ではなく，心身の発達の諸側面について総合的に取り組んでいくことが必要なのである。

すなわち，特別支援学校には，在学中に顕在化している機能障害だけに対する指導だけでなく，将来にわたって，自立していく上で必要とされる知識技能を身に付けることができるよう指導することが求められている。

また，平成23年（2011）に，障害者基本法に第2条第1号の条文を新たに設けて，「身体障害，知的障害，精神障害（発達障害を含む。）その他の心身の機能の障害（以下「障害」と総称する。）がある者であつて，障害及び社会的障壁により継続的に日常生活又は社会生活に相当な制限を受ける状態にあるもの」を障害者と定義されたことを理解しておく必要がある。

これは，障害者の権利に関する条約の批准に向けた関連法令が整備される中で定義されたものであり，平成13年（2001）にWHOにおいて採択されたICF（国際生活機能分類：International Classification of Functioning, Disability and Health）の考え方を踏まえ加えられたものである。

ICFは，疾患や妊娠等を含む日常生活上での機能，障害及び健康に関する国際的な分類であり，それらは健康状態と，環境因子や個人因子との相互作

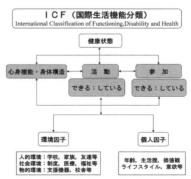

用として捉えることを求めている。

このような国際的な障害の考え方や，特別支援学校に在籍する子供の障害の重度・重複化，多様化などを踏まえて，平成19年（2007）に学校教育法が改正・施行され，「施し，併せてその欠陥を補うために，」となっていた箇所を「施すとともに，障害による学習上又は生活上の困難を克服し自立を図るために」と改められた。「学習上又は生活上の困難」とは，障害により日常生活や学習等の諸活動における様々な困難や不自由な状態のことである。

2- 自立活動

特別支援学校の小学部・中学部や高等部の学習指導要領，幼稚部の教育要領（以下，「学習指導要領等」という。）で示されている自立活動は，小・中学校や高等学校，幼稚園（以下，「小・中学校等」という。）にはない指導領域であり，個々の幼児児童生徒（以下，「子供」という。）が自立を目指し，障害による学習上又は生活上の困難を主体的に改善・克服しようとする取組を促す教育活動であり，特別支援学校の目的の後段にある「障害による学習上又は生活上の困難を克服し自立を図るために必要な知識技能を授ける」ことは，主として自立活動で行われることになる。

自立活動は，自立活動の時間の指導を中心にして，学校での学習活動全般をとおして行われるものである。そのため，自立活動の時間での指導だけでなく，その他の各教科等の指導においても，自立活動の目標や内容を理解して取り組む必要がある。

3- 自立活動の目標

> 個々の児童又は生徒が自立を目指し，障害による学習上又は生活上の困難を主体的に改善・克服するために必要な知識，技能，態度及び習慣を養い，もって心身の調和的発達の基盤を培う。

自立活動の目標は，平成19年（2007）に学校教育法に示されている特別支

援学校の目的が改正されたことを踏まえて，平成21年（2009）の特別支援学校の学習指導要領等において，「障害に基づく種々の困難」と示されていた箇所を，「障害による学習上又は生活上の困難」に改められた。

「自立」とは，個々の子供の実態（障害の状態や発達の段階，特性等）や周囲の環境等に応じて，主体的に自己の力を可能な限り発揮し，よりよく生きていこうとすることを意味している。「障害による学習上又は生活上の困難を主体的に改善・克服する」とは，子供の実態や生活環境・学習環境等に応じて，日常生活や学習場面等の諸活動において，障害によって生ずるつまずきや困難を自ら軽減しようとしたり，障害があることを受容したり，つまずきや困難の解消のために努めたりすることを意味している。

「改善・克服する」という点については，進行性疾患や重度・重複障害などのある子供にとっては適切ではないという意見を聞くことがある。しかし，学習指導要領等で示されている目標は，教員が，子供が達成できるよう指導することを求めているのであって，全ての子供に達成を義務付けているものではない。つまり，「困難」を改善・克服するための知識，技能，態度，習慣を養うように指導することを教員に求めているのであって，全ての子供に対し障害の状態を改善・克服することを求めているのではない。「障害の状態」ではなく，「困難」となっていることに留意する必要がある。

また，例えば，進行性疾患のある子供が，病状が進行して音声で話すことができなくなり「コミュニケーションが困難」になった場合，音声で話すことに取り組むよりも，身振り手振りや絵カード，情報機器等を活用してコミュニケーションをとる方が効果的ならば，そのような代替え手段を身に付けさせる方が，将来の自立に向けた指導としては適切である。このように，音声で話すことができないという障害の状態ではなく，「コミュニケーションが困難」となっている状況を改善・克服するために必要な知識・技能を養うように指導することが求められているのである。

「心身の調和的発達の基盤を培う」とは，心身の発達の諸側面について総合的に取り組むこと，例えば，個々の子供の発達の遅れや不均衡を改善した

り，発達の進んでいる側面を伸ばすことによって遅れている側面の発達を促したりして，全人的な発達を促進することを意味している。

4 - 個々の指導目標

このような自立活動の目標を理解した上で，個々の子供の実態等に応じて，個別に指導目標を設定し，具体的な指導内容を決定していくことが必要である。

適切な指導目標を設定するためには，個々の子供の実態を適切に把握する必要がある。実態把握には，心理検査やチェックリスト等の活用，保護者や主治医からの聞き取り，行動観察など様々な方法がある。それらで得た情報を包括的に捉えて指導目標を設定することもできるが，情報を自立活動の内容で示されている六区分に整理した上で，指導目標を明確にしていくことも有効な方法である。

5 - 自立活動の内容

自立活動の内容は，「人間としての基本的な行動を遂行するために必要な要素」と「障害による学習上又は生活上の困難を改善・克服するために必要な要素」とを抽出し整理されたものである。これらの項目は，特別支援学校の子供の実態や社会の変化等に応じて変更されてきており，今回の改訂では六区分27項目が示されている。

個々の子供の実態等に応じた具体的な指導内容は，各区分で示されている項目を相互に関連付けて決定していく必要がある。この関連付けることについては，今回の学習指導要領等解説自立活動編で多くの事例が示されているので，それを参考にしてもらうことにし，ここでは学習指導要領等で示されている自立活動の内容の理解を図るために，六つの区分（1　健康の保持，2　心理的な安定，3　人間関係の形成，4　環境の把握，5　身体の動き，6　コミュニケーション）ごとに説明する。

（丹羽　　登）

表 自立活動の内容

健康の保持	心理的な安定	人間関係の形成	環境の把握	身体の動き	コミュニケーション
1 生活のリズムや生活習慣の形成に関すること。	1 情緒の安定に関すること。	1 他者とのかかわりの基礎に関すること。	1 保有する感覚の活用に関すること。	1 姿勢と運動・動作の基本的技能に関すること。	1 コミュニケーションの基礎的能力に関すること。
2 病気の状態の理解と生活管理に関すること。	2 状況の理解と変化への対応に関すること。	2 他者の意図や感情の理解に関すること。	2 感覚や認知の特性についての理解と対応に関すること。	2 姿勢保持と運動・動作の補助的手段の活用に関すること。	2 言語の受容と表出に関すること。
3 身体各部の状態の理解と養護に関すること。	3 障害による学習上又は生活上の困難を改善・克服する意欲に関すること。	3 自己の理解と行動の調整に関すること。	3 感覚の補助及び代行手段の活用に関すること。	3 日常生活に必要な基本動作に関すること。	3 言語の形成と活用に関すること。
4 障害の特性の理解と生活環境の調整に関すること。		4 集団への参加の基礎に関すること。	4 感覚を総合的に活用した周囲の状況についての把握と状況に応じた行動に関すること。	4 身体の移動能力に関すること。	4 コミュニケーション手段の選択と活用に関すること。
5 健康状態の維持・改善に関すること。			5 認知や行動の手掛かりとなる概念の形成に関すること。	5 作業に必要な動作と円滑な遂行に関すること。	5 状況に応じたコミュニケーションに関すること。

2 区分(1) 健康の保持

　健康の保持では，日常生活を行うために必要な健康状態の維持・改善を身体的な側面を中心として図る観点から内容が整理されている。本区分に含まれるのは次の5項目である。

> ①生活のリズムや生活習慣の形成に関すること
> ②病気の状態の理解と生活管理に関すること
> ③身体各部の状態の理解と養護に関すること
> ④障害の特性の理解と生活環境の調整に関すること
> ⑤健康状態の維持・改善に関すること

　本区分に含まれる項目，例えば，「②病気の状態の理解と生活管理に関すること」の項目に関する取組では，病気の状態の変化や治療の見通し等を理解した上で，子供の不安を解消し，室温の変化に応じた衣服の着脱ができるようにすることが必要なので，「(2)心理的な安定」や「(4)環境の把握」の区分に含まれる項目と関連させて具体的な指導内容を設定するなど，他の区分と関連させて指導に当たることが必要である。

1 - 生活のリズムや生活習慣の形成に関すること

　健康状態の維持・改善に必要な生活のリズム及び適切な食事量や食事時間，定期的な排泄などの生活習慣の確立，室温の変化に応じた衣服の調節，換気，感染症予防のための清潔の保持などを，自ら行ったり周囲の人に依頼したりして，子供が主体的に健康な生活環境を形成することができるように指導することを意味している。

重度・重複障害のある子供や，精神疾患等のため日内変動（体温・心拍数等の1日内での変動）が激しい子供には，生活リズムや生活習慣の形成が難しいことがある。また，障害に伴う様々な要因（例えば，感覚過敏や感覚鈍麻など）により環境の変化が理解できず，生活のリズムや生活習慣を確立することが難しいことがある。例えば，夏季の室温が高いときに，暑さを感じないため急に熱中症で倒れる，冬季に体温が34度以下になり反応が乏しくなる，SpO_2（酸素飽和度）が80以下になり朦朧とするなど，命に関わることがあるので，本項目に関する指導はとても重要なことである。

　人工呼吸器等による生命維持が必要な子供や，病状が急速に悪化する子供などについては，状態の変化を的確に把握しておくことが必要である。定期的なバイタルチェック（意識・体温・脈拍・酸素飽和度等の確認や測定）とともに，覚醒と睡眠のリズム，てんかん発作の有無，薬の種類と服薬時間，食事と水分補給の回数と量，排泄の時間と回数，下痢や便秘，嘔吐の有無などの情報を必要に応じて入手する必要がある。また，子供本人が生活状況を把握できる場合には，例えば，日々の体調や起床時刻・就寝時刻をメモしたりして，体調を自己管理できるように指導することも大切である。

2 － 病気の状態の理解と生活管理に関すること

　子供が病気の状態を理解し改善を図り，病気の進行の防止に必要な生活様式についての理解を深め，生活の自己管理ができるように指導することを意味している。

　例えば，てんかん発作には，全身が激しく痙攣するものだけでなく，短時間意識を失うもの，同じ行動を繰り返すものなど様々なものがあり，周囲の人にも分からないことがある。そのため発作が疑われる場合には，専門の医師に相談する必要がある。てんかん発作は，多くの場合は定期的な服薬により発作をコントロールできるので，子供には定期的な服薬の必要性について理解させるとともに，睡眠時間の確保や適度な運動と食事，ストレスの発散，服薬，水分補給などの生活管理を自ら行い，規則正しい生活を送ることで，

発作をコントロールできるという安心感を得られるように指導することも重要である。その際，服薬や睡眠時間等を忘れないようにするために，必要なことを書いて，机や自宅の壁に貼るのも有効である。

3- 身体各部の状態の理解と養護に関すること

　病気や事故等による神経・筋・骨等の身体各部の状態や状態の変化等を理解し，部位を保護する，治療を受ける，症状の進行を防止する，部位を改善する等の取組を主体的に行えるように指導することを意味している。

　なお，本項目は医療に関連することがあるので，必要に応じて専門の医師等の助言を得ることも重要である。

　例えば，筋ジストロフィーの子供の場合，小学校の入学前後に動きがぎこちなくなり分かることが多い。しかし，保護者の中には診断を受けていても子供に伝えていないことがあるので，疾患名の取り扱いには特に注意する必要がある。子供が疾患名を聞いていなくても，徐々に筋力が低下し歩いたり作業することが難しくなったりする中で，子供は病気の進行に不安を覚えていく。このような子供に対しては，不安に対する心のケアを行いつつ，筋肉に過度の負担をかけない，心肺機能が低下しない程度の運動にするなどの自己管理ができるように指導する必要がある。筋ジストロフィーであることを知っている場合には，病気の経過，進行の予防，適切な運動方法等について理解させた上で，自己管理できるように指導する必要がある。

　また，知的障害等のある子供にも，ボディーイメージが確立していなくて足をドアの角に頻繁にぶつける子供がいるので，身体各部の状態を理解しボディーイメージを確立するのは重要なことである。

4- 障害の特性の理解と生活環境の調整に関すること

　今回，新たに加えられた項目である。子供が自分の特性を理解した上で，体調や周囲の状況に応じて対応できるように指導することを意味している。

　自発的に自分の行動（自傷・他傷等）や感情をコントロールする，落ち着

ける場所に移動する，友達に協力を求める，学習や生活がしやすい環境を整えるのは，とても重要なことである。障害特性を周囲の人が理解し対応するだけでなく，子供が自分のことを理解し自ら対応していくことは，将来の自立を考える上で，とても重要なことである。

例えば，自閉症のある子供が授業中に，休み時間中のことを思い出し，大声で友達を責めたり机の上の物を投げたりする場合に備えて，子供本人があらかじめ友達に，声の大きさや行動の激しさを図や絵などで伝えてもらうように依頼しておき，それを見て声を小さくしたり，怒りをコントロールしたり，自ら落ち着ける場所に移動したりできるように指導するのは大切なことである。

5 健康状態の維持・改善に関すること

本項目は，障害による運動量の低下や体力低下などを防ぐために，子供本人が健康管理を主体的にできるように指導することを意味している。

運動量や体力の低下，四肢体幹の変形や拘縮による心肺機能や運動機能の低下などは，重度・重複障害のある子供に生じやすいが，知的障害のある子供でも徐々に運動量が低下し，肥満になり体力が低下することがある。

例えばプラダー・ウィリ症候群の子供の場合，学年進行とともに，過食と運動不足が目立つようになる。手足が小さいため体のバランスが悪く，知的障害があることも多く，自ら運動をしたり，食事を制限したりすることが難しい。運動不足と過食傾向が大きな課題であり，栄養のバランスと食事量の管理がとても重要である。それができていれば，肥満化を予防することも可能なので，子供に病気のことを理解できるように説明した上で，日々の食事をコントロールできるように指導することが重要である。また，体力低下を防ぐために，運動意欲を高めたり，毎日適度な運動を習慣化させたりするなどして，普段の生活の中で自己の健康管理ができるように指導することが必要である。

(丹羽　　登)

3 区分(2) 心理的な安定

　心理的な安定では，ソワソワしたり，自信がなくて落ち込んだりといった，自分の感情の変化を理解し，それらをコントロールすることにより変化する状況に適切に対応できるようにするという観点と，障害による学習上又は生活上の困難を主体的に改善・克服していく意欲を高めるという観点から内容が示されている。本区分に含まれるのは次の３項目である。

> ①情緒の安定に関すること
> ②状況の理解と変化への対応に関すること
> ③障害による学習上又は生活上の困難を改善・克服する意欲に関すること

1 - 情緒の安定に関すること

　落ち着きがない，イライラする，不安でビクビクする，窓の外が気になる，雑音が気になり教室に居ることができない，興味が度々変わるため授業に集中できないなど，気持ちや感情の起伏が著しいために学習場面や生活場面で困難を感じている子供が，気持ちをコントロールすることにより，安定して学校生活を送ることができるよう指導することを意味している。

　人と話をする，好きな物を食べる，音楽を聴くなど，情緒の安定を図るには様々な方法がある。しかし，子供は，大人と同じ方法で情緒の安定を図ることが難しいことがある。例えば，小学校段階には話し言葉による意思疎通が苦手な子供がいるが，そのような子供に対してカウンセリングは効果的でない。そのような場合には，遊びをとおして不安なことに気付かせるのも有

効な手段の一つである。

2 — 状況の理解と変化への対応に関すること

　状況や状況の変化を理解できない子供が，状況やその変化を理解して心理的抵抗を自ら軽減できる，又は状況を理解して適切に対応できるように指導することを意味している。例えば，自閉症の子供の中には，日々の学習活動や生活の中では，決まった場所決まった時間に活動することで安定して過ごすことができている人がいるが，慣れない場所に出かけたり，予定外に活動内容を変更されたりすると，状況や状況の変化を理解できなくて不安になり，その場にうずくまったり，自分の頭を叩いたり隣の人の腕を引掻いたりすることがある。このような場合には，例えば，行く場所や予定の変更等について，あらかじめ写真や動画等を活用して視覚的に分かるように伝える。慣れない場所で，視覚や聴覚からの刺激に過剰に反応する場合には，落ち着ける場所をあらかじめ探しておき，そこへ避難するのも有効である。

3 — 障害による学習上又は生活上の困難を
　　改善・克服する意欲に関すること

　特別支援学校に在籍する子供の中には，障害の状態を改善・克服するよりも，障害の状態の維持・改善を図りつつ，「障害による困難」を改善・克服することを目指す方が適切なケースがある。障害者の権利に関する条約やICF（国際生活機能分類）における「障害のとらえ方」や，障害者基本法等における「障害者の定義」を踏まえて，指導に当たる必要がある。

　学校教育では，成長過程にある子供の障害の改善・克服を目指すのは大切なことである。しかし，本項目は，「困難を改善・克服」する意欲を求めており，「障害の改善・克服」ではない。そのため，例えば子供の実情に応じて，子供が機器・ツール等の活用を求めたり，環境整備等を求めたりできるように指導するのも重要なことである。

（丹羽　　登）

4 区分(3) 人間関係の形成

　自己と他者との違いを理解するとともに他者の気持ちや感情の変化を感じ取り他者の視点からも物事を把握することにより，友達等との対人関係を円滑にし，学級等の集団へ参加できるようにするための基盤を養うという観点から内容が示されている。本区分に含まれるのは次の４項目である。

> ①他者とのかかわりの基礎に関すること
> ②他者の意図や感情の理解に関すること
> ③自己の理解と行動の調整に関すること
> ④集団への参加の基礎に関すること

　本区分は，平成21年の改訂の際に新たに示されたものである。現在，知的障害の特別支援学校に在籍する子供の半分以上が自閉症を併せ有していることから，自閉症の障害特性を踏まえた自立活動の内容についても検討が進められるとともに，改訂前に別の区分に含まれていた項目についても再検討される中で，本区分を新たに設けて，再編整備されたのが上記の４項目である。特別支援学校は視覚障害，聴覚障害，知的障害，肢体不自由，病弱（身体虚弱を含む）の５つの障害種を対象として設置されており，自閉症の子供や情緒障害の子供は対象にはなっていない。本区分は特別支援学校に在籍する子供が必要とするものとして示されているのであり，自閉症等を併せ有する子供が増加している現状を踏まえて，設けられたものである。そのため，自閉症を併せ有する知的障害のある子供への自立活動の指導に当たっては，知的障害の障害特性を踏まえた指導とともに，自閉症の障害特性を踏まえた指導も必要である。このように特別支援学校に在籍する子供の状態の変化に応じ

て，自立活動の内容を再整理したものである。本区分に関する指導は，人とのかかわりが困難又は少ない子供を対象とすることが多いと思われる。そのため子供と教員との意思の疎通がうまく取れないことが想定されるが，どのような指導場面でも，子供の自己選択・自己決定を重視し，それができる力の育成を進めていくことが重要である。

1 - 他者とのかかわりの基礎に関すること

　他者を人として認識し信頼するとともに，他者からの声掛けや他者からの身体接触（触られること）に驚いたり拒否したりすることなく，それらを受け入れて適切に反応できるように指導することを意味している。

　例えば，重度・重複障害のある子供の中には，人の動きを目で追ったり表情を理解することが難しかったり，音に敏感に反応したり，触れられることを嫌がったりする子供がいる。そのような子供に対して，急に大きな音や声を出さない，驚かさないように触れる前に声をかける，抱いてやさしく揺する等の快の刺激（心地よいかかわり）となるよう配慮するなどして，子供が安心して他者と関わることをとおして，他者と関わる基礎を養っていくことが大切である。また，自閉症を併せ有する子供の場合は，話し言葉だけではコミュニケーションをとることが難しい場合があるので，必要に応じて感情や要求（○○が欲しい等）を伝えるために絵カードや記号，文字カード等を活用して，子供が自分の気持ちを伝えたり，他者の気持ちを理解したりできるようにするのも大切である。

2 - 他者の意図や感情の理解に関すること

　他者との触れ合い，遊び，学習活動等をとおして，他者の意図や感情を理解し，場に応じた行動がとれるように指導することを意味している。

　基本的な信頼感は，親子の愛着関係の形成を通して育まれ，発達の段階に応じて様々な人と関わる中で対象を広げていく。しかし障害の状態や生活環境等によっては，親子の愛着関係が形成できていなかったり，他者からの働

きかけを嫌がったり，反応が乏しかったりすることがある。

　子供が働きかけを嫌がったり反応が乏しかったりする場合には，教員や保護者等が声をかけたり，一緒に活動しようとしたりすることが少なくなることがある。そのため意識して計画的に働きかけることを検討する必要がある。その際，子供が嫌がらない不快に思わない関わり方を模索することが重要である。子供の障害の状態は多様であり，必要とする支援や配慮も個々に異なる。別の子供に有効であった方法が，そのまま目の前の子供にも有効であるとは限らない。しかし，子供の身近にいる教員が，子供のニーズに応じた関わり方を摸索する中で，少しずつ安定した人間関係を築き，他者の意図や感情を理解できるようになることを目指すのは共通したことである。

　その際に，具体物や写真，絵カード等を活用して分かりやすくしたり，意思の表出が難しい子供の場合には二択や三択の選択カード等を準備し子供が自分で選択して意思を伝えさせたりすることも大切である。好きなことや行いたいことが教員に伝わっていると実感させることをとおして，信頼関係を築いていくことも大切である。また，自閉症のある子供の場合，話の内容を言葉どおりに理解してしまい，相手の意図や感情を理解して行動するのが難しいことがある。そのような子供の場合，抽象的な表現や曖昧な指示は子供を混乱させることになる。そのため具体物を示したり，具体的に指示したりするとともに，相手の言葉や表情，仕草などから，相手の考えていることを推測できるように指導することも大切である。

3 - 自己の理解と行動の調整に関すること

　自分の得意なことや不得意なこと，自分の行動の特徴などを理解し，集団の中で状況に応じた行動ができるように指導することを意味している。

　障害のある子供は，障害のない子供に比べると，街中での経験が少ないことが多く，経験に基づいた教科等の学習で理解できなかったり，失敗したりすることがある。それが繰り返されると，自己を肯定的にとらえることが難しくなり，自信の消失，消極的な思考，活動や集団からの逃避へとつながる

ことがある。そこで，指導に当たっては，達成感・成就感を得ることができるようにスモールステップで課題を与えたり，達成したときはタイムリーに褒めたりして（後から褒めても，子供には理解できない），自己肯定感を高めることが重要である。しかし，それだけでなく，子供が自分自身の障害特性や得手不得手等を理解し，相手や状況に応じた行動ができるように指導することも必要である。例えば，友達と話していると友達の些細な言葉が気になり激高することが繰り返されるのであれば，アンガーマネジメント等を取り入れて，怒りのピークをずらすなどの調整をすることも有効である。

また，ADHDのある子供の場合，衝動的な行動を抑制することが難しかったり，自分の感情の起伏や注意が散漫になっている状況を理解できていなかったり，注意が移り変わって教員の話を聞くことができていない等の自分の状態を理解できていないことがある。そのような場合には，例えば，子供の行動をビデオで録画して，子供自身が見ることで自分の行動特性等を理解して，自ら適切な行動を選択し調整する力を育てていくことが大切である。

4− 集団への参加の基礎に関すること

集団の雰囲気に合わせたり，集団でのきまり等を理解したりして，遊びや集団活動などに積極的に参加できるように指導することを意味している。

人とのコミュニケーションが苦手だったり，きまり（ルール）が理解できなかったり，一つのことに固執していたり，相手の思いを理解できなかったり，相手の立場に立って考えたりすることが難しい子供は，学級等の集団の生活に適応できないことがある。そのような場合は，あらかじめ集団に参加する際のきまり（ルール）や必要な情報を子供が理解できる手段で伝えるとともに，実施の場面を想定して，どのように対応すればよいのか考えながら練習するなどのソーシャル・スキル・トレーニングを取り入れるのも有効である。

（丹羽　登）

5 区分(4) 環境の把握

　視覚，聴覚，触覚，味覚，嗅覚の五感や前庭覚（平衡感覚），固有覚（運動感覚）等を上手く活用しつつ，空間認知能力や時間認識能力を働かせて，周囲の状況を的確に把握する又は周囲の環境と自己との関係を理解することにより，状況等に応じた行動がとれるように指導するという観点から示されている。本区分に含まれるのは，次の5項目である。

> ①保有する感覚の活用に関すること
> ②感覚や認知の特性についての理解と対応に関すること
> ③感覚の補助及び代行手段の活用に関すること
> ④感覚を総合的に活用した周囲の状況についての把握と状況に応じた行動に関すること
> ⑤認知や行動の手掛かりとなる概念の形成に関すること

　障害者基本法や障害者差別禁止法では，本人が社会的障壁の除去や合理的配慮の要請を行うことを原則としている。そのため子供本人が学習環境や生活環境を的確に把握し必要とする支援や配慮を周囲の人に要請できる力を育成することが必要となる。そこで，「④感覚を総合的に活用した周囲の状況についての把握と状況に応じた行動に関すること」の項目に関する指導とともに，意思を表明する又は合理的配慮を要請できるようにするために「(6)コミュニケーション」の区分に含まれる「④コミュニケーション手段の選択と活用に関すること」又は「⑤状況に応じたコミュニケーションに関すること」と関連させながら指導することが重要である。

　今回の改訂では，自己の理解を深め，主体的に学ぶ意欲を一層伸長するな

ど，発達の段階を踏まえた指導を充実するために，従前の「②感覚や認知の特性への対応に関すること」の項目を「……特性についての理解と対応に関すること」とするとともに，感覚を総合的に活用して周囲の状況を把握し，把握したことを踏まえて，的確な判断や行動ができるようにすることを明確にするために，「④感覚を総合的に活用した周囲の状況の把握に関すること。」の項目を「……周囲の状況についての把握と状況に応じた行動に関すること」と改められている。

1 ─ 保有する感覚の活用に関すること

視覚，聴覚，触覚，味覚，嗅覚の五感や前庭覚，固有覚，温冷覚，痛覚等を十分に活用できるように指導することを意味している。

重度・重複障害のため自らの意思で運動することが困難な子供の中には，抹消部位の血行不良や手足の拘縮，意思の伝達困難といったことに加えて，触覚過敏又は触覚鈍麻のため物を握ったり触れたりすることが苦手であったり，温冷覚・痛覚の鈍麻により体温上昇や火傷，褥瘡，壊死等になったりすることがある。そのため例えば冬季に炬燵に長時間入り，低温火傷を負うことがある。そこで，足湯やホットタオル等により抹消部位の血行を良くし血液が流れる感覚を味わわせた上で，乾布摩擦をしたり手足の拘縮を緩めたりすることにより，触覚や固有覚を促進させ，触れているものを認識し手足を動かしたりできるようにすることも大切である。

なお固有覚とは筋肉や関節の動きなどによって生じる身体の情報を受け取る感覚のことであり，主に力の加減や動作等に関係している。

2 ─ 感覚や認知の特性についての理解と対応に関すること

子供の障害特性，特に感覚の過敏・鈍麻，認知の偏りなどについて子供自身が理解し，適切に対応できるように指導することを意味している。

認知とは，「感覚を通して得られる情報を基にした，主として大脳の諸機能をとおして行われる情報処理の過程であり，記憶，思考，判断，選択，決

定，推理，イメージなどを形成する心理的な活動」のことである。

　例えば，自閉症のある子供の場合，視覚や聴覚，触覚等が過敏なことが多く，刺激が津波のように襲ってくるように感じて，うずくまったり，その場から逃げ出したり，大きな声を上げたりすることがある。そのため日頃から過剰な刺激を自ら避けるようにするとともに，感覚刺激が強すぎる場合には，教員等に伝えた上でその場から避難する，落ち着くための方法を身に付けるなどして，混乱した状態にならないようにすることが重要である。

　また，ADHDのある子供の場合，注視する所が分からない，注意が変わりやすい，すべきことができない，注意持続時間が短いなどの特性がある。そのような障害特性を理解した上で，例えば，注視箇所が分かるような表示を教員に依頼する，注視箇所にマーカー等で色を付ける，ToDoリスト等を活用し今することを確認するなど自ら対応できるようにすることが大切である。

3- 感覚の補助及び代行手段の活用に関すること

　保有する感覚を活用することが困難な場合に，必要に応じて補助機器や代行手段を的確に活用できるように指導することを意味している。例えば自閉症のある子供の場合，先に述べたように音や光が津波のように襲ってくるように感じることがあるので，苦手な音や強い光刺激を極力避けるようにするとともに，必要に応じてイヤーマフ等の機器を使用して音量を調整する，外出時にサングラスをかけることで対応できることがある。弱視のある子供が単眼鏡や拡大読書器を活用する，難聴のある子供がテレビの字幕表示機能を活用する，文字の認識が難しい子供がデジタル教科書等でのルビ機能を活用するなど，感覚や認知を補助する機器や代行手段を活用することも重要である。

4- 感覚を総合的に活用した周囲の状況についての把握と状況に応じた行動に関すること

　様々な感覚や認知，補助機器等の活用を含めた補助的手段や代行手段

(Augmentative & Alternative）等を総合的に活用して情報収集や環境把握した上で，的確な判断や行動ができるように指導することを意味している。

例えば，知的障害や学習障害のある子供の中には，ボディーイメージやボディーシェマが確立しておらず，よく失敗したり，不器用だったり，ものにぶつかったり，動作模倣が難しかったりすることがある。そこで粗大運動をとおして自分のボディーイメージを意識する，微細運動をとおして巧緻性を高めるように指導することも有効である。その際に例えば，「(1)健康の保持」の区分に含まれる項目と関連付けながら具体的な指導内容を設定することも有効であろう。

5 ― 認知や行動の手掛かりとなる概念の形成に関すること

時間や空間，物等の概念の形成を図ることをとおして，認知や行動の手掛かりとして活用できるように指導することを意味している。

概念は，個々の事物や事象に共通する性質を抽象し，まとめることによって形成されるもので，認知過程や行動する際に重要な役割を果たしている。概念は経験等をとおして育まれていくが，障害のある子供の場合，経験が不足していたり，誤って学習していたりするため概念形成が適切にできていないことがある。

例えば，就学前に複雑な心臓手術を繰り返し行った子供の場合，入院期間が長く，生活や遊び等の学習に必要な経験をしていないことがある。そのため可能な限り実体験を増やし，ARやVR等の疑似体験により概念が適切に形成されるように指導することが必要となる。その際，病状に応じて実施可能な体験を検討する必要があるので，「(1)健康の保持」の区分に含まれる項目と関連付けながら具体的な指導内容を設定することが大切である。

（丹羽　　登）

6 区分(5) 身体の動き

　日常生活や作業に必要な基本動作を習得し，日常生活の中で適切な身体の動きができるように指導する観点から内容が示されている。本区分に含まれるのは，次の5項目である。

> ①姿勢と運動・動作の基本的技能に関すること
> ②姿勢保持と運動・動作の補助的手段の活用に関すること
> ③日常生活に必要な基本動作に関すること
> ④身体の移動能力に関すること
> ⑤作業に必要な動作と円滑な遂行に関すること

　例えば，これらに取り組むことによる血流や心肺機能の向上，拘縮予防などは「(1)健康の保持」の区分と，動作ができたことによる達成感等は「(2)心理的な安定」の区分に含まれる項目と関連付けて指導することが重要である。

1 — 知的障害等のある子供にも必要な項目

　知的障害のある子供の中に，転びやすい，箸やハサミなど生活に必要な用具を使用できないなどの身体の動きに関する課題が見られることがある。また，外見からは円滑な操作が可能に見えるが実際は操作できないということもある。大きな運動だけでなく，巧緻性や目と手の協応動作，ボディーイメージ等についても把握した上で指導に当たることが重要である。

2 — できることを伸ばす視点

　身体の動きに関しては，困難な点やできないことに着目しがちであるが，

それだけでは子供が成果を実感することは難しい。スモールステップで少しずつ達成できるようにしたり，今できる運動・動作を伸ばして改善の実感を味わわせ，自己肯定感を高めることも重要である。

3 ― 姿勢と運動・動作の基本的技能に関すること

　動作の基本となる姿勢保持，上肢・下肢の運動・動作の改善や習得，筋力の維持・強化，関節の拘縮や変形の予防，などの運動・動作の基本的技能に関することができるように指導することを意味している。

　学校での基本的な姿勢は小・中学校等では椅子座位である。しかし特別支援学校の子供の障害の状態等は様々なため，仰臥位（仰向け）や側臥位（横向け），伏臥位（うつ伏せ）が基本的な姿勢の人や，車椅子での座位が基本的な姿勢の人もいる。また，あぐらやとんび座り（ぺたん座り）の方が安定する人や，短時間しか立位を保つことができない人など様々である。これらの姿勢は，運動・動作の基礎になっており，姿勢の保持が安定していないと運動・動作も不安定になるので，姿勢の保持は，広い意味では動作の一つと言うことができる。このような基本動作は，姿勢保持，姿勢変換，移動，四肢の粗大運動・微細運動に分けることができる。

　本項目に関する指導を効果的にするには，乳幼児期の反射（原始反射）について理解しておくことが重要である。例えば，長時間特定の方向に顔を向けて仰臥位でいる子供の場合，非対称性緊張性頸反射（ATNR）により，逆の肘関節の拘縮，反り返り，側弯，下肢の筋緊張の亢進等につながることがある。そこで，逆の方向に顔を向けるように促すことで，これらの予防・改善につなげることも大切である。知的障害や自閉症，学習障害のある子供の中には，ボディーイメージが未確立で，ドアの角に足をぶつけやすい，動きを模倣することが苦手，身体の部位を円滑に動かすことが難しいことがある。このような子供には，基本的な動きの指導から始め徐々に複雑な動きにつなげていく，鏡やタブレット端末等を活用して自分の運動・動作を確認し，自ら修正したりアドバイスを受けたりしながら，必要な運動・動作が身に付

くよう指導することも重要である。

4 - 姿勢保持と運動・動作の補助的手段の活用に関すること

姿勢の保持や運動・動作が困難な場合に，補助機器（学習指導要領の解説では補助用具）等を含む様々な補助的手段を活用して，これらを実現できるように指導することを意味している。

例えば，運動機能に障害があるため，歩行や立位での作業が困難な場合に，それらの機能を高められるように指導することも重要であるが，補助的手段を活用して，広範囲での移動を可能にしたり，負荷のかかる立位作業を可能にできるように指導したりすることも重要である。これは，運動機能に障害がない人が，健康増進や運動機能低下予防のために適度な距離を歩行することは大切だが，遠方の職場や学校に行くために電車や車，自転車等の移動手段を使うこともあるように，二律背反することではない。

補助機器には，肘掛け付きの椅子，カッティングテーブル，歩行器，松葉杖，クラッチ，電動車椅子，歩行アシスト機器，コミュニケーション支援機器，入出力支援機器，操作しやすいように工夫された自助具等があり，状況に応じて適宜活用できるように指導することが重要である。

5 - 日常生活に必要な基本動作に関すること

食事，排泄，衣服着脱，入浴などの身辺処理，書字や描画等の学習のための動作などの日常生活に必要な基本動作を身に付けることができるように指導することを意味している。日常生活動作（ADL：Activities of Daily Living）は，障害者や高齢者が福祉サービスを受ける際の重要な指標である。自立活動の指導においても，日常生活に必要な基本動作を身に付けることは，学校卒業後に生活していくためにも極めて重要なことである。

基本動作の獲得には，安定した姿勢を確保することが重要である。身体の揺れや視線の不安定は基本動作の遂行困難につながる。例えば，アテトーゼ型脳性麻痺のように附随運動により基本動作が困難な子供の場合，固定した

バー等を作業しない方の手で掴むことにより，体の揺れや意図しない動きが軽減され，基本動作が可能になることがある。

6 ― 身体の移動能力に関すること

　自力歩行だけでなく，歩行器や電動車椅子等の補助的手段を活用した移動を含めた移動能力が，向上するように指導することを意味している。

　身体障害に含まれている内部障害の代表的なものとして心臓機能障害がある。このような心臓疾患のある子供の場合，心臓に過度の負担をかけないようにするため電動車椅子等の補助的手段を活用することがある。しかし，外見からは電動車椅子が必要には思われないため周囲の人から「さぼっている」と言われ悩んでいることがある。このような子供への指導では，「(1)健康の保持」や「(2)心理的な安定」「(6)コミュニケーション」に含まれる項目と関連付けながら具体的な指導内容を設定することが重要である。活動内容によって適切な移動手段を選択し，心臓に過度の負担をかけることなく移動の範囲が維持できるよう指導することが大切である。

7 ― 作業に必要な動作と円滑な遂行に関すること

　作業に必要な基本動作を習得し，巧緻性や持続性の向上を図り，作業を円滑に遂行する能力を高められるように指導することを意味している。

　作業を円滑に遂行する能力を高めるためには，両手の協応や目と手の協応の上に，正確さや速さ，持続性などの向上が必要である。更に，その正確さと速さを維持し，条件が変わっても持続して作業を行うことができるようにする必要がある。ADHDや学習障害のある子供の中には，両手の協応動作，目と手の協応動作，細かい作業，イメージどおりの体の動き，動作模倣等がうまくできないことがある。そこで，協応動作や巧緻性を高める取組等を行うとともに，身体をリラックスさせるために軽い運動やアイスブレーキング，ボディーイメージを育てる運動等を行った上で，基本的な生活動作に取り組むことも大切である。

（丹羽　　登）

7 区分(6) コミュニケーション

　場や相手に応じて，コミュニケーションを円滑に行えるように指導する観点から内容が示されている。本区分に含まれるのは次の5項目である。

①コミュニケーションの基礎的能力に関すること
②言語の受容と表出に関すること
③言語の形成と活用に関すること
④コミュニケーション手段の選択と活用に関すること
⑤状況に応じたコミュニケーションに関すること

　話し言葉によるコミュニケーションが代表的であるが，最近は，対面でのコミュニケーションが苦手な知的障害のある子供が，障害のない子供とメールやLINE，Instagramなどで連絡を取り合うことも増えている。スタンプ，いいねボタン，写真など多様なコミュニケーション方法が広がる中で，自立活動においても多様なコミュニケーション手段を効果的に活用しコミュニケーション力を高められるよう指導することは重要である。

1 - コミュニケーションの基礎的能力に関すること

　子供の障害の状態や発達の段階，興味・関心等に応じて，表情や身振り手振り，絵カード，スタンプ等を用いて意思の疎通を図り，コミュニケーションに必要な基礎的な能力が身に付くように指導することを意味している。意思疎通を図りたいという意欲につながる指導が大切である。

2 - 言語の受容と表出に関すること

話し言葉や文字や文字カード，記号や絵カード等を活用して，相手の意図を理解する，自分の考えを伝えるなど，言語を受容し表出することができるように指導することを意味している。ここでの記号や絵カード等は，①の基礎的能力のものとは異なり，言語による双方向の意思の伝達を目指したものである。そのため，記号や絵カードだけでなく話し言葉も併用して，話しかけながら指導することも大切である。

3 ― 言語の形成と活用に関すること

　話し相手からの言葉や身振り手振り等を，具体的な事物や現象に結び付けて理解し，自己の行動等に対応した言語概念の形成を図り，体系的な言語を身に付けることができるように指導することを意味している。例えば，重度・重複障害のある子供の場合，話し言葉よりもオノマトペ（擬音・擬声語等）を学習に取り入れて，音の変化やリズムを楽しみ，子供が同じような音を出そうとするように指導する方が効果的なことがある。

4 ― コミュニケーション手段の選択と活用に関すること

　話し言葉や文字や，記号等のコミュニケーション手段を適切に選択しコミュニケーションが円滑にできるように指導することを意味している。必要に応じて支援機器等を活用して意思の疎通を図ることも大切である。

5 ― 状況に応じたコミュニケーションに関すること

　コミュニケーションを円滑にするためには，伝える側と受け取る側との人間関係や，状況を的確に把握することが重要である。そのため相手や場の状況に応じてコミュニケーションできるように指導することを意味している。
　例えば，自閉症やADHDのある子供の中には，状況に応じた会話や「空気を読む」ことが苦手なことが多いので，状況に応じて，例えば「話を短くまとめる」「声を小さくする」などを文字カードで伝えて状況を理解できるように指導することも有効である。

（丹羽　登）

8 「自立活動」指導計画の作成と内容の取扱い

1 — 指導計画と個別の指導計画

　学習指導要領等における指導計画は，基本的には学級等の集団を対象としたもので，年間の指導計画や学期ごと，月ごと，週ごと，単位時間ごと，あるいは単元ごとや研究授業等における指導案など様々なものがある。

　自立活動の指導は，状況によっては，同じような課題や目標の子供が一緒に同じ場所で小集団で行われることもあるが，自立活動は個々の実態等に応じて実施されるものであるため，基本的には個別指導である。そのため，個々の障害の状態等を的確に把握した上で，適切な指導目標や指導内容，指導方法等を明記した個別の指導計画を作成して指導に当たる必要がある。

2 — 自立活動の時間の指導

　自立活動は，自立活動の時間の指導を中心にして，学校での学習活動全般をとおして行われるものであり，時間の指導だけではない。そのため，算数や国語，特別活動等の指導において，どのように自立活動に取り組むのかを意識して各教科等の指導計画を立てることが大切である。多くの場合，研究授業等の指導案に個別の配慮事項等が付記されているので，このような欄に該当教科等における自立活動の指導内容等を示しておくのもよいであろう。自立活動の時間の指導は，概ね①自立活動だけで実施，②概ね自立活動だけで実施，③各教科等を合わせて指導する中で実施，④概ね各教科等を合わせて指導をする中で実施の四つの指導形態が考えられる。視覚障害や聴覚障害，肢体不自由の特別支援学校では①の指導形態を，知的障害の特別支援学校で

は③の指導形態をとっている所が多く，病弱の特別支援学校では在籍する子供によって異なっている。個別の指導計画を作成するに当たっては，様々な指導形態をとることができることを理解した上で，個々の子供の実態等に即した指導形態を選択することが大切である。いずれの指導形態であっても，自立活動の個別の指導計画を作成する必要があることに留意する必要がある。

3 ─ 自立活動の個別の指導計画の作成と内容の取扱い

　新しい学習指導要領等では，自立活動の指導目標や具体的な指導内容，指導方法を明確にすることを求めており，実態把握から具体的な指導内容の設定までの手続きの中で「指導すべき課題」を明確にすることも求めている。具体的な手続きとしては，①障害の状態や特性，発達の段階，興味・関心，長所やよさ，得手不得手，意欲，可能性，周囲の環境等の情報を入手し，②入手した情報を，◎自立活動の内容の区分，◎学習上又は生活上の困難やこれまでの学習状況の視点，◎○○年後の姿の視点，などから整理しておき，③求められている「指導すべき課題」を明確化するために，整理された情報から課題を抽出し，④課題間の関連を整理して中心的な課題を導き出し，⑤それらを基にして指導目標を設定し，⑥指導目標を達成するために必要な項目を内容として示されている六区分27項目から選択し，⑦選択した項目と項目を相互に関連付け，⑧関連付けられたものを基にして具体的な指導内容を設定するという流れとなる。

　このような手続きについては，特別支援学校の学習指導要領等の解説（自立活動編）p.28～39，p.128～171で，多くの例を挙げながら詳述されているので，参照していただきたい。

　なお，このようにして作成された計画は，当初の仮説に基づいて立てたものであり，個々の子供にとって適切な計画かどうかは，実際の指導を行う中で明らかになるものである。そのため適宜，指導の成果を評価し，必要に応じて改善することが必要である。　　　　　　　　　　　　　　（丹羽　　登）

4章 これから求められる特別支援教育の実践

1 特別支援学校（知的障害）における「主体的，対話的で深い学び」に迫る授業

❖キャリア教育の視点に立ち，達成したい目標及び，そのための指導・援，評価の手立てから「生きる力」を育む授業づくりの仕組み（授業評価の視点）が必要である。

❖行動よりも内面に働きかける授業，内面の働く学びの過程を検討することが，「生きる力（確かな学力）」の育ちにつながる。

❖「学習評価」は，指導の在り方を分析的に検討することにより「結果として何が育つのか」を見定め，「知識の理解の質」を高める重要な視点である。

1 ― 本校の取組の概要

　本校では，平成20年度より，キャリア教育の視点から12年間の学校生活とその教育内容の見直しを図るとともに，授業づくりに主眼を置いた研究実践に取り組んできた。その経緯から得た重要な方策を以下に示し，「主体的・対話的で深い学び」との関連について，「2　授業実践」以降の実践事例の中で具体的に解説したい。

①「授業づくりの三つの柱」の設定

　キャリア教育の視点に立った授業を追究するための方策として，まず，A単元・学習内容設定の工夫，B学習環境・支援の工夫，C評価の工夫という「授業づくりの三つの柱」を設定した。このことは，教師自身が，それまで本校における課題でもあった「学習活動を通して何を育てるのか」を明確に捉えた学びを組み立てるための重要な視点である。

②「内面の働く確かな学び」のある授業づくり

　キャリア発達を促すためには,「子供が内面（意識・意欲・主体性）を働かせて課題を解決する確かな学び」が必要である。本校で子供に育てたい「内面の表れる姿」とは,「ア　人との関係の中で力を発揮しようとする姿」,「イ　思考を働かせて力を発揮しようとする姿」,「ウ　見通しをもって力を発揮しようとする姿」,「エ　正しい方法で力を発揮しようとする姿」,「オ　自分の役割を意識して力を発揮しようとする姿」, の5点である。これらは, 行動よりも内面に働きかける授業づくりを追究するための重要な視点である。

③**学習評価の視点**

　①・②に基づく授業が, 結果として, 子供に確かな力が育つ学びであったのかを見定め, ひいては教育課程の在り方を検討する上で重要であったのが「学習評価」である。最も意義が大きかったのは, それが評価のための評価にとどまらず, 授業における目標設定・指導・評価の手立てを分析的に見直す視点として機能することが実感できたことである。

2─ 授業実践

①**授業について**

　単元「オレンジハウス号でゲームコーナーを開こう～M幼稚園に出かけよう～」（生活単元学習）は, 中学部2年生6名の生徒が近隣の幼稚園に出向き, 二つのゲーム（魚釣り・射的）コーナーを運営・進行する活動である。ここでは,「射的ゲーム」で五つの的を全て射貫いた園児と, ボーナスゲームであるじゃんけん対決をする役割を受け持つAさんを事例に解説する。

②**Aさんの実態と目標の設定**

　Aさんは, 内容が分かり見通しがもてれば, 自信をもって活動に取り組もうとする一方で, ルールや勝敗へのこだわりが強く, 負けたときの感情や行動をコントロールできにくいところがあり, 自分の思いを素直な言葉や態度で表現することに苦手意識を抱えている。このようなAさんの, 将来にわたり豊かな地域生活を送るための内面（意識）の育ちを支援したいと考え,

「園児に丁寧な言葉や態度で応対する」ことを，本単元における目標（課題）として設定した。

③**課題解決のための手立てと活動の実際**
ア　主体的な学びの実現

　じゃんけん対決は，自分との挑戦権（パーフェクト賞）を得た園児とのボーナスゲームである。園児を，自分に勝つことで楽しませるという目的を理解しているＡさんであるからこそ，課題性があり学級集団のリーダーとしての誇りを感じることができる役割である。じゃんけん対決は，手ではなくカードを使ったじゃんけんとし，カードが相手から見えないボックス（写真１）を用意した。「後出し」や「相手からカードが見える」などルールの不公平性が残ることは，たとえ相手が園児であっても，Ａさんにとって不要なつまずきとなり，課題に集中できない要因となるからである。さらに，ボックスの右（利き手）側に，ハンドベル（写真２）を用意した。園児が勝った際には，ハンドベルで祝い，景品を手渡すという，行動の流れが分かりやすい環境を整えた。こうした環境的支援は，Ａさん自身が考え判断しながら，見通しをもって活動を進め，主体的に課題の解決に取り組むための手立てである。

写真１　じゃんけんボックス

写真２　ハンドベル

イ　対話的な学びの実現

　幼稚園の園児を対象としたことは，その手立ての一つである。しかも相手が勝って喜ぶことが，集団としての目的の達成につながるのである。Ａさんは，年長者（中学生）である自分が園児とどう向き合えばよいのかを思い，日常生活では，「負けない」ことに執着するがゆえに自制しにくい，自分自身の感情（内面）と対話することになる。「対話的な学び」は，人やもの，

事象との関わりを通して自分と向き合うことで、内面が磨かれた「よい自分」と出会う契機でもある。

ウ　深い学びの実現

　Ａさんは、じゃんけんに負けたにもかかわらず、自分に勝った園児に対し、ハンドベルを高々と掲げながら、「おめでとうございます。」と気持ちのよい祝福の言葉を掛けることができた（写真３）。偶然取材に来ていた新聞社の記者からインタビューを受けたＡさんは、「子供たち（園児）が、自分に勝って喜んでくれてうれしかった。」と答えている。Ａさんは、決して無理をして園児を祝福したのではない。自分に勝てば相手が喜び、またそれを一緒に喜んであげることが年長者らしい、自分にとっても誇らしく、望ましい行動であることを自然に意識したのである。

写真３　園児を祝福するＡさん

3 まとめ

　「生きる力」を育てる確かな学びとは、「生活」への向き合い方の変容につながる（単元）活動への向き合い方を、授業に具体化することである。内面（意識・意欲・主体性）の変容・育ちという視点なくして、その実現はあり得ないと考えている。

　本事例におけるＡさんは、「園児（年少者）には優しく丁寧に対応しなさい」と教えられてそうしたのではなく、自らの判断による行動とその結果を通して、相手に「丁寧な言葉や態度で応対することの大切さ」を体感的に理解したのである。このことは、知的障害のある子供にとっての「主体的・対話的で深い学び」の手立てであり、「知識の理解の質を高める」方策の、一つの到達点であると考えている。

　　　　　　　　　　　　　　　　　　　　　　　　　（加藤　公史）

2 特別支援学校(知的障害)における各教科・段階ごとの目標や内容を踏まえた指導

❖ 新しい学習指導要領は,「教科の指導の改革」が特色と言える。
❖ 各教科の目標を掲げ,更に(1)知識及び技能,(2)思考力,判断力,表現力等,(3)学びに向かう力,人間性等の三つの柱によって,教科の指導を通して育成を目指す資質・能力を示している。小学校や中学校との関連性,卒業後への学びを考慮して領域の見直しが図られた。
❖ 数学を例にとり,「A数と計算」「B図形」「C測定(1段階)」「C変化と関係(2段階)」「Dデータの活用」の領域の中から,具体的にどのような授業展開が考えられるか,考察する。

1 - 教えるべきことが具体的,明確になった新学習指導要領

中学部の数学は,これまで1段階で示されていた内容が2段階に分かれることになった。内容の違いを概観してみる(数と計算,図形のみ例示)。
内容の大きな変化に着目し,教師は認識を変えていきたい。

表 中学部(知的障害特別支援学校)における数学の内容の比較

内容	現行学習指導要領	★新学習指導要領
数と計算	おおむね3位数1000までの数。2位数以下の加法,減法,乗法,除法。乗法では2の段,3の段,5の段の九九を扱う。	【1段階】1000までの数,10,100のまとまりを使って十進位取り記数法の原理についての理解,数直線の活用。2位数の加法・減法,乗法の意味を知り,九九を日常生活で活用。 【2段階】4位数までの数の表し方や数の相対的な大きさの理解。3位数や4位数の加法・減法,乗法。小数や簡単な分数,数量を表わす式等を扱う。

図形	（図形・数量関係）直線，辺，直角の数や大きさを扱う。定規で直線を引いたり，三角定規を使って直角を探したりする。「上下」「前後」「左右」について基準点を押さえて指導。	【1段階】辺や頂点の数に着目し，図形を弁別。正方形，長方形，直角三角形を指導。直線，直角，頂点，辺及び面という用語を理解させ，要素をもとにして実際に図形を構成したりかいたりする。 【2段階】二等辺三角形，正三角形について，定規とコンパスなどを用いて作図。直線の平行や垂直の関係，円について中心，半径及び直径を知り，球についても直径を知る。 面積の単位（㎠，㎡，㎢）を知り，測定の意味，正方形・長方形の面積を求める。 角の大きさの単位（°）を知り，測定する。

このように，中学部段階では教える内容が大きく変わった。これは高等部への進学や中学校との関連性を意識した改革である。現場実習では，線を引くこともカッターで切ることも要求される。中学部段階で，これらのことを分かりやすくかつ着実に指導していくことが求められている。

2 授業実践　第1段階　長さを測ろう（C測定，Dデータの活用）

〈ねらい〉

①身の回りにあるものの長さに着目し，定規，ものさし，巻尺を使って身長や教室にあるものの長さを測る。

②測ったものを表にまとめ，特徴を考察し，表現する。

〈単元計画〉

①定規，ものさしを使って，文房具や，はがき，教科書等の長さを測り，長さ比べをする。

②巻き尺を使って，机や黒板，教室の辺の長さを測定する。

③両手を広げ，中指から中指までの長さ（ひろ）を測り，学級の生徒の測定結果を表に記載する。それぞれの身体測定の身長の記録と見比べ，気付いたことを話し合う。

④いろいろな長さを測るときに使う道具やその扱い方を知る。

〈第3時の具体的展開〉

・昔の人が使ってきた「寸」「つか」「あた」「ひろ」という測り方の中から，一人一人の「ひろ」について調べることにした。

①友達と協力し合い「ひろ」の長さを測り，紙テープを切る。

②白板に貼り付けた巻尺を使い，自分の「ひろ」の長さを測る。

③測定結果を示す表に，測定値を記入する。

・全員が測り終わったら，測定値で気付いたことを話し合う。

・身体測定で測った身長の値を隣に記入し，気付いたことを話し合う。

・「ひろ」の長さは，自分の身長とほぼ同じになるということを導き出し，教師は白板や教室の壁の長さも「ひろ」でおよそ測ることができることを伝える。次回は，巻尺で校舎内を測ることを予告し，終了。

紙テープで測る。

板書のイメージ

「ひろ」を協力して測ることは，当初は難しいと思われがちだが，うまくできていくペアを作ることにより，全員で測ることができる。測定値と身長を表で見比べるのが「Dデータの活用」にもつながる。

3 授業実践　第2段階　コンパスや定規を使った作図（B図形）

〈実践の概要〉　正三角形や二等辺三角形の作図は，小学校第3学年の算数の内容であり，中学部第2段階の生徒には，確実に身に付けさせたい。

　コンパスの扱いは，生徒が針を正確な場所に置くこと，針を刺して下に軽く押しながら，鉛筆の部分を回転させることがポイントである。コツをつかめた生徒には，コンパスを使っていろいろな円を描いて楽しむ活動をさせ，丁寧な指導が必要な生徒には，個別の指導を着実に行うことが肝要である。

　失敗談から話をする。研究授業で若手の教員が，教師用のコンパスを使って白板で作図の例示をした。完成形までしっかり見せて例示して「かいてごらん」と作図をさせたが，生徒は何をしていいか分からず，ほぼ全員に個別的な指導が必要になってしまった。他のクラスではその反省を生かし，作図の一つ一つの動作について，白板に示すごとに生徒に作業をさせ，全員が書けたところで次の作業指示をした。交点が書けたところで「先生，あとは結べばいいんでしょう」と生徒が気付き，その後の作図は円滑に進んでいった。

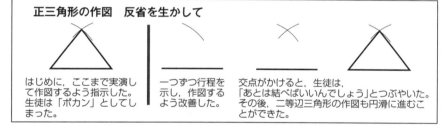

4-まとめ

　実践例は，筆者が勤務している軽度の知的障害生徒を対象とした高等部就業技術科（高等特別支援学校）の第1学年の数学の授業実践を参考に，中学部の新学習指導要領の内容に合わせて修正して例示したものである。

　中学部の数学の内容は，高等部の進学やその後の就労や社会参加を意識して改訂されている。数学等の教科で学んだことが，卒業後に生かされるよう，多様な実践が展開され，生徒の学びが深まることを強く願っている。

（朝日　滋也）

3 特別支援学校（知的障害）における各教科等を合わせた指導

❖ 生徒が主体となって目標を設定していくことの大切さ。生徒の目標とそれを問う教師のやり取りが主体的・対話的で深い学びにつながる。
❖ 地域での実際の体験の重要さ。社会に開かれた教育課程につながっていく。
❖ 各教科等の育成を目指す資質・能力を明確にしておくことの大切さ。年間を通したカリキュラム・マネジメントが重要。

1 - 作業学習の実際について

①単元名
「木工製品を作って，学校祭で販売しよう」

②実態について
中学部1年生8名（男子4名，女子4名）。中学部1段階及び小学部3段階程度の生徒である。今年度から木工製品に取り組んでいる。中学部からの入学の生徒が4名である。

③単元について
毎年，学校祭が11月に行われており，販売活動が実施可能である。昨年度までは，木工製品の販売は行っていなかったが，校外学習で木工製品が販売されていることを知り，生徒が製品を販売してみたいという思いから単元が構成されている。この段階では，販売をするということは経験していない。

④指導の工夫について
販売に向けての課題意識をもつことができるようにするために，地域の店

頭で販売する経験を取り入れた。また，生徒本人が目標を設定し，振り返りができるように時間を多く配分する。その中で何のために木工製品を作っているのかといった学びに向かう力を育むことができるようにした。

⑤**単元の目標**
・よりよい製品を作ることができる。
・任された作業や販売の流れを考える中で自分なりの工夫をして取り組むことができる。
・販売活動に向けて主体的に取り組むことができる。

⑥**単元計画**
第1次：学校祭に向けて計画を立てよう　（4単位時間）
第2次：地域のお店での販売を経験してみよう　（4単位時価)
第3次：学校祭に向けて製品の製作をしよう　（20単位時間）
第4次：販売準備をしよう　（10単位時間）
第5次：学校祭で販売しよう　（4単位時間）
第6次：販売の振り返りをして，次の計画を立てよう　（2単位時間）

⑦**各教科等との関連について**
　国語科「書くこと」，数学科「数と計算」，社会科「社会参加ときまり」，美術科「表現」，職業・家庭科「働くことの意義」，特別の教科道徳「主として人との関わりに関すること」，自立活動「コミュニケーション」（実態に応じて設定），特別活動「学級活動」等を念頭に置きながら実践していくこととした。

⑧**指導の実際**
　第2次の地域のお店での販売経験がその後の取組に大きな影響を与えた。それは，製品が売れ残ること，製品の完成度が高くないと購入されないこと，お客様のニーズがあること等，販売の視点から，挨拶をはじめとする接遇が必要なこと，金銭の取扱いを確実に行うこと，集団で行うので与えられた役割を果たすこと等を学んだことである。
　この経験から生徒たちは，もう一度学校祭までの計画や時間を教師と一緒

に対話をする中で見直しを行った。その中の三つを紹介する。

　一つは，どのようなものが欲しいかのニーズを保護者等から聞き取りを行ったことである。聞き取りのためには，聞き取る中身の検討，文章にすること等，国語の要素が大きく関係してきた。そのため，国語科の授業との関連を図った。聞き取りのまとめ方については，教師が二つのまとめ方を示し，生徒同士で話し合いを行い選択できるようにした。

　二つ目は，接遇についてである。基本的な挨拶の仕方や販売のやり取り等を学んだ。これらは，普段からできることも多く，日常生活に取り入れて行った。ここでは，生徒が挨拶をしっかりすることが必要だとか，もう少し学んでみたいという学びに向かう力が付いてきたことが大切である。

　三つ目は，お店の看板について工夫したことである。これは，教師が「お店の看板は店ごとに違うね」という問いから始まった。教師と生徒がやり取りする中で，どの看板がよいのか，どういう看板だったらお客様は来てくれるのかといった視点でいくつかの写真を提示し，生徒同士の話し合いで決定した。

　学校祭では，初めての体験ということもあり，多くの課題が出てきたが，単元の目標に近付くことができた。

⑨この単元を通しての成果

・目標設定を生徒自身が行ったことで，学びに対する意欲が高まった。ただ，生徒自身が自分で考えることは難しいこともあり，いくつか提示する中で選択する必要がある。そのときに，教師自身が，育成を目指す資質・能力の視点をもち，その視点の評価規準，本時の目標，本時の評価基準等を明確にしておく必要がある。

・地域での実際の経験が学びに向かう力となった。地域で経験すれば学びに向かう力になるのではなく，今回，大切だったのは，教師の問いであった。生徒同士の対話による主体的で深い学びにつながることが理想であるが，実際には難しいところもあり，教師が生徒同士をつなぐことも必要である。教師の問いによって学びが変わることを改めて感じた。製品のニーズにつ

いては，相手があるということに気付いたことだけでも大きな成長である。その後も，そのお店では定期的に経験をさせてもらい，学校での教育内容にも理解を示してくれている。

⑩この単元を通しての課題
・単元計画の時間数が足りなかったことである。この原因として，生徒の今までの学びの履歴を踏まえると販売までに学ぶべきことが多かったことである。時間には限りがあるので，他の授業と関連をもたせておくことが必要である。そのためには，カリキュラム・マネジメントの視点から，年間計画の中で，どのような内容を，どこで，どれくらいの時間が必要かということを計画的に行う必要がある。特に各教科等を合わせた指導において，生徒の主体性や課題解決力を培うことが必要なため，決められた時間数で上手くいかない場合があり，その柔軟性をいかにマネジメントできるかがこれからの課題である。

2 - まとめ

　各教科等を合わせて指導を行う際には，各教科等で育成を目指す資質・能力を明確にした上で，主体的・対話的で深い学びの実現に向けた授業改善に留意しながら，効果的に実施していくことができるようにカリキュラム・マネジメントの視点に基づいて計画－実施－評価－改善していくことが必要である。日々の授業改善の重要性は変わらないが，単元計画や年間指導計画も重要になってくる。各校の実態に応じた指導計画を発信していきたい。

　　　　　　　　　　　　　　　　　　　　　　　　　（村上　直也）

4 特別支援学校(知的障害)における学習状況の多面的評価と各教科の目標に準拠した評価

❖児童生徒からの発信を的確に受け止め,それを言語化させ,主体的に伝え合う力を養う。
❖伝えるために必要な言語力を生徒の実態に応じて適切に身に付けさせていく。

1 — 生活単元学習の授業実践
～学習指導略案を用いた授業の目標及び学習評価を通した授業改善～

①対象生徒及び実態

　今回授業実践を行った生徒T君は中学部3年生で,知的障害(自閉症)と聴覚障害(高度難聴:75dB)を併せ有しており,また,Tチューブを装着した医療的ケア対象の生徒である。そのため,T君の主なコミュニケーション方法は「文字」「カード」「ジェスチャー・手話」である。中学部に入学した当初,T君は自分の思いを伝える適切なコミュニケーション方法を十分に獲得しておらず,また,受容態度が十分育っていないため,机をバンバンと叩いて要求をしたり,物を投げたりする不適切行動がみられた。そこで,T君の伝えたい思いをいかに適切に表出させ,他者と円滑なコミュニケーションが取れるかを指導の重点に挙げ,様々な教科,場面で指導を行っていくことにした。

②指導に当たって～伝え合う力を伸ばすために～

　前述の通りT君に身に付けさせたい最重要項目は「表出と受容を柱に置いた適切なコミュニケーション能力の獲得」である。コミュニケーション能力

の獲得のためには，国語科の目標「言葉による見方・考え方を働かせ，言語活動を通して，国語で理解し表現する資質・能力を育成することを目指す」ことが深く関わってくる。T君においては，国語科1 目標「言葉による見方・考え方を働かせ，言語活動を通して，国語で理解し表現する資質・能力を次のとおり育成することを目指す。(2)日常生活や社会生活における人との関わりの中で伝え合う力を

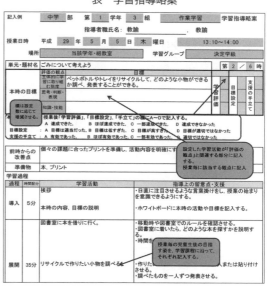

表　学習指導略案

高め，思考力や想像力を養う。」を指導の重点に置くことにした。正しい言語の習得を促しながら，適切な手段でコミュニケーションを行うことすなわち伝え合う力を伸ばすことである。この目標を達成させるためには，必然的に各教科間での指導のつながりが必要不可欠になってくる。指導に当たり，実態把握のための情報交換だけでなく，教科担任との各教科の目標の確認，本人に身に付けさせたい力の確認，現在の到達度等を教科担当者と日々話し合った。その際にはT君に対して適切な学習評価を行い，評価に対する振り返り，授業改善を日々行っていくことが大切であると再確認した。更に適切な学習評価を行うためには多面的かつ有効的な評価方法が必要であるため，本校で取り組んでいる学習指導略案を活用していくことにした。

2- 多面的評価のための学習指導略案

　本校教育研究部が作成し学校全体で活用している学習指導略案である。本時目標において，「知識・技能」「思考力・判断力・表現力」「主体的に学習

に取り組む態度」の3観点を意識して目標設定を行い，授業後に事後評価を行う様式となっている。多面的評価のためにはT1の指導者だけでなく指導者全員で本校の学習指導略案を用いて振り返りを行い，本時の学習に対する評価を観点別に行うことが重要であると考え，学習指導略案による学習評価を毎時授業後の振り返りで活用している。

3- 伝え合う力を伸ばすために～本校学習指導略案を使用して～

①生活単元学習～「進路学習」の振り返り～

高等部の先輩の学習の様子を見学することで進路について考えた。以下が，学習指導略案を活用した本時の目標である。

単元・題材名	進路学習						
本時の目標	評価の観点	目標	学習評価	目標設定	支援の手立て		
	知識・技能	しおり作成を通して，高等部の概要，見学のスケジュール，見学のマナーを知ることができる。	A	A	A		
	主体的に学習に取り組む態度	時間いっぱい学習の様子を見学することができる。	A	A	A		
	思考力・判断力・表現力	高等部作業学習の授業を見学して，見たことを二語文で作文する。	B	A	C		

評価の観点「思考力・判断力・表現力」では高等部作業学習の授業を見学して，見たことを二語文で作文するという目標を立てて指導を行った。指導に当たり，〔知識及び技能〕(ｱ)身近な大人や友達とのやり取りを通して，言葉には，事物の内容を表す働きや，経験したことを伝える働きがあることに気付くこと。(ｵ)主語と述語との関係や接続する語句の役割を理解すること。を重点的に指導を行った。また，より効果的に言語力の発達を図るためT君が興味・関心の深いICT機器を活用し，写真で見たことを電子黒板上に記入することで言葉を表出させていった。「新聞紙」や「牛乳パック」などといったなじみのある固有名詞は，文字数のヒントを示す支援を受け記入することができたが，動詞の言葉が出てこない。これは

T君がもつ述語に入る語彙力の少なさに起因することである。「二語文で作文する」という目標設定は適切であったが，学習評価がBという評価の原因は指導者がT君の言語力についての実態把握が不十分であったため，適切な支援ができなかったからである。そのため，支援の手立てはCとした。このような本時の目標に対する評価を踏まえ，日々の取組を以下のように改善した。

②帰りの会〜「今日の振り返り」〜

T君の「書く」「伝える」力を育てるために毎日の振り返りの場面で，「今日の学習活動」を自分なりの言葉で表出し書く活動を取り入れた。受容する態度を養うため，伝え合う場面では，相手の方を向いて視線を合わせる，相手に伝わる手話と動作をするよう意識させた。

③日常生活の指導〜行先カード〜

行きたい場所があれば勝手に行くというT君だったが，場所の写真カードを指導者に渡して伝える活動を取り入れた。指導者は，「わかりました」などと必ず返事をすることで，T君の一方的な意思表出とせず，双方向のコミュニケーションの機会としている。最近では，カードにない場所は自分で書いて伝えようとするようにもなり，T君のコミュニケーションの幅はどんどん広がりつつある。

伝え合う力が伸びると，生徒自身の伝えたい思いはより大きくなっていくだろう。そのときに，自分の思いを正確に言語化し，伝えたい思いを適切に表出させていくことが指導者に求められると考える。T君との関わりの中でも，その小さな発信を的確に受け止め，学習評価を行いながら，適切に表出させることができるよう言語環境を整えていきたい。　　　　（矢澤はるか）

5 特別支援学校（知的障害）における自立活動指導の実践
自己のからだの使い方の理解と日常生活動作の改善を目指した取組

❖ 知的障害特別支援学校における「自立活動専任」による指導事例。
❖「自立活動の実態把握のためのチェックリスト」をアセスメントツールとして活用。
❖ 自立活動の区分（「身体の動き」「健康の保持」「環境の把握」）を関連付けた指導。

1 - はじめに

本事例では，本校の自立活動指導部（専任部）が担当する「自立活動の時間における指導」において，動作不自由（右片マヒ）のある中学部生徒を対象に，自分のからだをスムーズに動かすための工夫について理解し，日常生活でも積極的に右手を使えるようになることを目指して取り組んだ授業実践について報告する。

2 - 実践事例

①アセスメント

「自立活動の実態把握のためのチェックリスト」［自立活動の内容（区分）や目標を設定するためのアセスメントツール］，姿勢写真及び重心の左右差の測定，行動観察，担任からの情報収集等から対象生徒のアセスメントを行った。チェックリストにより対象生徒の実態についてチェックした結果（抜粋）を図1に，姿勢状況を把握するため撮影した姿勢写真（坐位及び立位）と重心の左右差の測定結果を図2に示した。

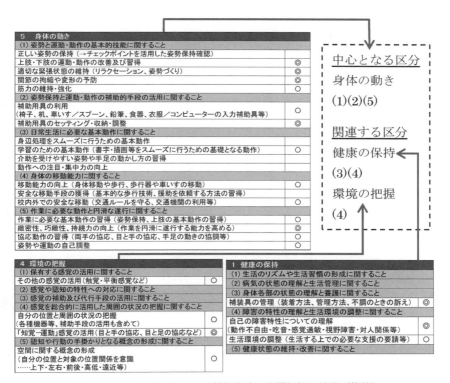

図1　チェックリストによる対象生徒の実態把握の結果（抜粋）

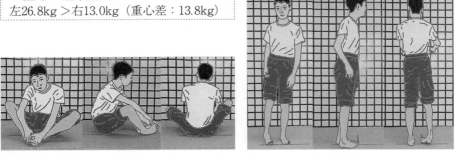

図2　姿勢写真（坐位・立位）及び重心の左右差の測定結果

②対象生徒の実態

　上記のアセスメントにより対象生徒の実態及び課題について以下のことが明らかになった。

(1) 坐位では，右股の緊張（屈方向）が強いため，重心が左に偏っている。
(2) 立位では，右足首の内反・尖足により，非常に緊張が強いため，重心が左に大きく偏っている。また，上肢は右側の緊張が顕著である。
(3) 右手指は，拇指の屈曲・伸展動作が難しく，操作の際は拇指球に余分な力が入るため，スムーズなつまみ動作ができにくい様子がみられている。
(4) 右足に短下肢装具を着用しているが，装具の着脱等の操作は右手指の操作が難しいため，左手のみで行っている。日常生活でも，右手を意識して使う様子はほとんどみられず，主に左手を活用して動作を行っている。

　以上のことから，左手・左足中心の使用により，緊張の左右差が大きくなり，姿勢の歪みが強くなることが予測されるため，上肢，股，足首，手指の十分なリラクセーション及び，右足での踏み締め動作の改善【身体の動き(1)】，右手指のコントロール力の向上【身体の動き(5)，環境の把握(4)】等の学習を通して，自分のからだをどのように動かせばスムーズな動作ができるのかを理解し，日常生活においても可能な範囲で右手を意識して使用できるようになること【健康の保持(4)】が課題である。

③指導の目標

＊上肢，股・腰，足首の十分なリラクセーションができる。
＊足裏で踏み締めて膝のまげ伸ばし動作ができる。
＊右手指の操作がスムーズにできる。
＊右手を日常生活の中で意識して使っていくことができる。

④学習内容

(1) リラクセーション学習（上肢，股・腰，足首，手指等）
(2) 動きのコントロール学習（手指・足裏での踏み締め等）
(3) 学部の自立活動の授業との連携（リラクセーション学習）
(4) 日常生活における右手指を活用した取組

⑤評価

　リラクセーション学習では，坐位で上体を前方に倒すことで股・腰の緊張を弛めることができる等，援助に合わせた力の抜き方が上手になってきた。

　動きのコントロール学習では，手指のまげ伸ばし動作課題を通して，右手の拇指と第２指（人差し指）を対向させる動作（つまむ動作）がスムーズにできるようになり，立体型はめパズルや手指を使ったゲームでも右手を補助的に使って課題に取り組む様子がみられるようになった。立位課題では，右足裏が床に着くよう足の外側を補助することで，右足裏で踏み締めた膝のまげ伸ばし動作ができるようになってきた。

　また，学部における自立活動の授業の中でも，専任部が行っている指導（股・腰の弛め，手指のコントロール等）を同様に行うことで，坐位姿勢の安定や手指操作の向上等，よりスムーズな身体の使い方ができるようになってきた。日常生活においても，休み時間に手指操作の向上を意識して担任と一緒にゲーム（右手を補助的に使うようにルールを設定）に取り組むことを本人が要求する，装具の着脱で右手を意識して使う，給食時に右手を添えて食事をする等，本人が意識的に右手を使っていく場面が増えてきた。

　これらの変容は，自立活動の指導において，股・腰のリラクセーションが進展し，また，足裏での踏み締め動作が向上したことにより，重心左右差が軽減し，上肢をスムーズに使えるようになってきたこと，右手指のコントロール力が向上し，どのように指を動かせばつまみ動作が楽にできるかが理解できてきたこと等が要因であると考えられる。これらの成功体験から，日常生活においても主体的に環境に働きかける場面が増えたと考えられる。

（清水　謙二）

6 社会的・職業的自立に向けたキャリア発達を促す授業

- ❖ ライフサイクルに関するすごろくゲームを通して、楽しみながら今までを振り返ったり、将来を考えたりする。
- ❖ 高等部進学に際し、見学をしたり、志望動機を考えたりすることで、主体的に自分の将来を考え、進路を選択する。
- ❖ 現場実習等を通して、社会生活場面における自己の特性を知り、肯定的に理解することで、自分らしい生き方を考える。

1 - 中学部の実践「人生すごろく」

　すごろくゲームを通して、誕生から幼児期、小学生の時期、中学部入学、高等部への進学、卒業、社会人への流れやライフイベントを疑似的に体験する。その中で、高等部への進学や学校卒業後など、自分で考え、どのような道に進むかを選ぶ局面があることを知り、「なぜ、その道を選んだのか」を考えることで、主体的に自分の生き方を考える素地を養う。

①導入
◆今までの成長やくらしを振り返る。
　⇒幼少期の写真を持ち合い、紹介したり、経験や成長したことを紹介し合う。
②展開
◆すごろくゲームを通して、今までの成長を振り返ったり、将来について考えたりする。
・順番を決め、一人ずつサイコロをふる。
・自分のコマを進め、止まったマスでのイベントについて、過去の出来事で

あれば，そのときの気持ちや感想を（例えば，小学部に入学したときの気持ちは？），将来のことであれば，そのイベントで期待したいことなどを発表する。
・複数の道があるマスに止まったら，どちらに進むかを自分で決め，なぜその道を選んだかについて理由を発表する。

③まとめ
◆今までの成長の過程をエピソードなどを通して仲間と共有して，人との違いも含めて肯定的に評価し合い，認め合う。
◆選択の場面で，選んだ道やその理由について振り返り，自分で考えたいろいろな理由があることを知り，認め合う。
◆将来の仕事を考えたときに，未知の仕事があることを知り，様々な仕事への関心を高め，身近な仕事を注意してみたり，調べたりしていくことにつなげていく。

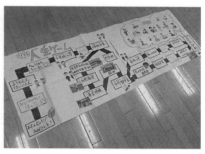

すごろくゲーム

2 中学部の実践「高等部への進学にむけて」

本校は，大学附属特別支援学校であり，高等部進学に際しては「入学選考」を受ける。また，地域の特別支援学校等に進学するという選択肢もある。これらも踏まえ，高等部見学や志望動機を考える学習を取り入れ，生徒が主体的に進学を考える学習とする。

①導入
・中学部卒業後について，何をしたいか，どのようにしたいかを発問する。
・いくつかの道があることを提示する。
・進学に際しては「入学選考」があることを知る。

②見学
・本校高等部の授業を見学したり，近隣の特別支援学校の見学会や説明会に

参加する。
- 見学や説明を聞いて，学習内容や行事など分かったことをまとめる。

③**将来の希望**
- 中学部卒業後，進学したい学校を考え，選び，「選んだ理由」や「高等部で楽しみなこと」などの志望動機を考える。
- 面接練習を行い，相手に自分の気持ちや考えを伝える練習をする。

◆自分で選ぶ学習を通して，選ぶためには「知ること」が大切であることも理解する。

3- 高等部の実践「自分のことを知り，自分の味方に伝えよう」

　自分をよく知り，その上で社会生活を送ることは，円滑な社会参加をする上で重要である。この題材では，現場実習やアセスメントによる社会との関わりや自己評価，他者評価をしながら自己理解を深め，将来なりたい自分を考えながら，支援者などの関係者に自分の希望や特性を伝えることを目指した。

①**自己への気付き**
　1年次から3年次までの合計7～8か所の現場実習での評価表（実習先の指導者が記載）の「挨拶・返事」や「正確さ」，「責任感」などの各項目における評価（A，B，C）の個数をカウントし，項目ごとに生徒自身が集計した。また，社会適応場面における自分の行動について，生徒自身，担任，保護者が回答したアセスメント結果から，「自分が考える自分」と「他者が考える自分」には違いがあることや，項目の多寡をみて評価された項目と課題として挙げられた項目に傾向があることに気付く。

②**自己の多面性の理解**
　評価の個数の多い少ないを比較し，評価された項目，課題であった項目を挙げ（赤と青の☆をつける），評価の傾向を考え，仲間や保護者，教員の意見も聞きながら自分のいろいろな側面に気付き，長所，短所の理解につなげる。また，実習日誌や評価表のコメントから具体的な場面を取り上げ，項目

と結び付けることで，日常生活上の具体的な行動を想起でき，的確な自己理解に結び付ける。

その中で，長所と短所の両方に目を向けるようにし，肯定的に自己を捉えられるような働きかけも重要である。

③**なりたい自分へ**

長所短所を整理し，その上で，将来つきたい職業や自分に合っていそうな仕事の仕方を考える。その際には，実習等で経験してきた複数の仕事の種類や仕事の特徴などを振り返り，自分の特性と結び付けて考えられるようにする。また，それらの適性も踏まえ，仕事面ではどのような働き方をしたいのか，生活面ではどのようなくらし方が希望なのか，余暇の面ではどのような楽しみ方，活動をしたいのかを考える。更に，そのために必要な「力」についても考え，「なりたい自分像」を描いていく。

④**自己開示と支援要請**

今までの学習を通して理解してきた「自分」についてまとめ，卒業後のステージで関わる支援者に移行支援会議を通して伝えていく。その中で自分の特性（長所や短所など）や将来の希望を述べ，配慮をしてほしいことを伝えていく。あわせて支援者との関係づくりも行っていく。

（尾高　邦生）

7 特別支援教育の視点を踏まえた カリキュラム・マネジメントの実践
広島県立庄原特別支援学校のカリキュラム・マネジメントと授業づくりの実際

❖ 広島県立庄原特別支援学校では，教科等横断的な視点をもって教育課程編成等を行うために独自の書式や検討組織等を整えている。
❖ 単元計画や指導略案の活用を中心に，学校教育目標や育てたい子供像と，児童生徒一人一人の教育的ニーズとの擦り合わせを行い，実際の授業づくりに生かしている。

1 - 学校教育目標を踏まえた教科等横断的な視点と教育内容の組織的配列

　広島県立庄原特別支援学校は，知的障害のある児童生徒が通う，広島県北部唯一の特別支援学校である。地域社会における学校としての使命（ミッション）の自覚のもと，具体的な将来像（ビジョン）を設定し，学校教育目標や育てたい子供像の実現を目指したカリキュラム・マネジメントを促進している。とりわけ，教育課程の編成においては，検討の中核となる「教育課程編成会議」を軸に，各学部等の授業や単元構成に係る情報を一元的に集約し，各学部間の教育課程の連続性や指導内容の系統性を確認するなど，学校経営上の課題を踏まえたカリキュラム・マネジメントに努めている。特徴的な取組として，各学部内はもとより，各学部間の教科等横断的な視点を具体化するために「単元系統表」を活用している。これは，小学部・中学部・高等部が設定する教科別の指導や各教科等を合わせた指導における単元名，単元目標，主な指導内容，時間数等を記載したもので，学校全体の単元の系統性がどのように関連付いているのかや発展しているのかを俯瞰する見取り図とな

っているものである。これにより，学校教育目標や育てたい子供像を具現化し，「何ができるようになるか」や「何を学ぶか」を関連付ける仕組みを整えている。更には，単元系統表のみならず，各学年の単元名，単元目標等を時系列に並べた「単元構成表」を作成したり，児童生徒一人一人の目標や支援・配慮，児童生徒の変容の姿を記した「単元計画」を作成・活用したりすることにより，教育課程の全体像の掌握を補完するとともに一人一人の教育的ニーズに照らした指導を具体化させる機能をもたせ，「どのように学ぶか」や「子供一人一人の発達をどのように支援するか」を実際化している。

2 - 学校評価及び個別の指導計画等のデータ分析に基づく教育課程のPDCAサイクルの確立

さて，カリキュラム・マネジメントの重要な視点として「子供たちの姿や地域の現状等に関する調査や各種データ等」に基づき，教育課程を編成・実施・評価・改善することが挙げられるが，この点について同校では「環境分析」を行い，学校経営計画上に示すとともにホームページ上にも掲載して広く情報を公開している。この環境分析の中には，保護者アンケートの結果，地域の小・中学校のアンケート結果なども含まれている。また，これら以外にも毎授業時間に作成する指導略案上の授業の評価や個別の指導計画上の目標達成度等を詳細に分析し，学校評価に活用するとともに教育課程編成に生かしている。更に，現場の教員が授業を相互に参観し合う取組を進め，その際に「授業参観シート」を活用して，授業の内容や方法について良かった点を挙げたり，改善を図ることでより良く変わるであろう点について指摘したりすることによって，相互に授業の専門性を向上させる取組を行っている。どの授業についても共通の書式で授業略案を作成し，その中に授業（本時）の目標や評価の視点も記載されていることから，参観者が授業を参観する視点を明確にもち，授業参観シートに感想等の必要事項を記入することができる仕組みとなっている。この取組により得られた情報も貴重なデータとして活用することにより，より多様な教員の目による児童生徒の評価を行うこと

や，指導・支援の在り方を工夫・改善していくことへとつなげている。また，授業レベルから単元レベルへの評価，単元レベルから年間指導計画レベルへの評価と歯車を嚙み合わせ，連動する評価システムを確立して，「何が身に付いたか」について丁寧かつ緻密な評価を行っているところも特徴的な点である。

3 地域の人的・物的資源等を活用した授業づくり

　同校では，地域の様々な資源を活用した授業づくりや学校行事等を行っている。具体例を挙げれば，隣接する国営公園の未整備部分を広島県立広島大学の学生とともに整備して地域の人達に活用してもらったり，商工会議所の方々や企業の方々との連携を図り，ネットワークを広げるためにシンポジウムを開催したり，作業製品を展示・販売したりするなどの取組が挙げられる。また，作業製品として作る焼き菓子については，地元のホテルのパティシエに来校してもらい，作り方のコツを教えてもらうなど，児童生徒が学ぶ意欲を一層高める工夫を行っている。これらの取組により，地域の意見や企業等の意見を教育課程に反映させることはもとより，障害のある児童生徒が地域社会において，その存在を認められ，安心・安全に社会参加できる環境を整えたり，相互に必要としたり，必要とされたりする信頼関係をつくりあげるべく，学校組織レベル・教職員個人レベル・児童生徒個人レベルでの「関係づくり」にも取り組んでいる。これらの人的・物的資源等の活用は，まさに学習指導要領等の理念を実現し，学校教育目標を達成するために必要な方策を検討すること，即ち「実施するために何が必要か」を十分に考慮した取組となっている。また，授業づくりのみならず，研究や研修といった取組においても，例えば国立特別支援教育総合研究所の研究に参画する中で，他校の実践や全国の実態から多くの情報を得て，自校のシステムづくりに生かしたり，研究発表会等の機会において広島県教育委員会をはじめ，地元の大学関係者等を含めた外部有識者に研修講師や助言を依頼したりすることによって，自校の取組をより一層，発展させていこうとしている。学校周辺は，必ずしも都市部のように人口が多く，また，多くの企業や教育と関連する施設・設

備等の環境面で十分に多くのものが溢れているとは言えない状況にある。しかし，地域の実情を踏まえながら，身近なところから一つ一つ丁寧に関係づくりを積み重ね，現在の協力・支援体制を構築し，多くの情報を発信し続けているところも同校の特徴の一つである。

4 ─ 教育課程改革に取り組む学校文化の醸成

　同校では，必ずしも特別支援教育の経験年数が豊富な教員ばかりで教員集団が構成されている訳ではない。人事異動の面でも例年，一定数の異動があり，どの学校も抱えているような専門性の向上や継承といった課題に向き合っている。そのような中，学校長のリーダーシップのもと，また，個々の教員の高い意識や理解のもと，現在の同校独自のカリキュラム・マネジメントスタイルを「システム」として形づくり，On the Job により様々な学校業務を遂行していく中で，一定の教育水準や専門性を担保していく機能や「学校文化」を創り上げている。人が移り変わる中でも，一定の機能を維持していくためには，どのようなコンセプトのもとに教育課程を編成しようとしているのかを共有知として示しておくことが重要である。同校ではこのことに対してこれまでの取組の成果を取りまとめ，明文化して引き継いでいくなどの努力も積み重ねている。また，とかく授業の評価は個々の児童生徒には還元されていくものの，教育課程に還元されることが少ない実態があることや，教育課程の評価そのものが行われにくかったりする状況の中で，学校としての屋台骨となる教育課程を育むという視点をもって学校運営を進めているところは，同校の最大の強みでもある。もちろん，上記の取組には，常に完成形があるわけではなく，時々刻々と移り変わる在籍児童生徒の状況や地域の実情，国や県が進める教育施策の重点等を含めた諸課題をその時々に分析しながら，必要な機能（校務分掌，会議，書式，ツール等）を検討し，諸課題に柔軟に対応していこうとしている。この姿勢も今後，特別支援教育を推進し，共生社会の形成を図るための重要なポイントになると言えよう。

（武富　博文）

8 特別支援学校の交流及び共同学習の実践

子供たち一人一人の学びの連続性を追求する「支援籍」の取組

❖ 障害のあるなしにかかわらず，子供たち一人一人の可能性を最大限に引き出すための授業づくり。
❖ 障害のあるなしにかかわらず，子供たち一人一人の学びの連続性を意識した授業づくり。

1 - 支援籍とは

　「支援籍」は，平成15年埼玉県特別支援教育振興協議会（検討結果報告）により生まれた埼玉県独自の学籍管理の仕組みである。この中で，「支援籍」とは，「学級編制の基礎となる学籍とは異なり，障害のある児童生徒や特別な教育的支援を必要とする児童生徒が，個別の教育支援計画に基づき，在籍する学校（学級）の外に，児童生徒の教育的ニーズに応じた学校（学級）においてノーマライゼーションの理念に基づく学習を可能な限り実現するための学籍である」としている。

　したがって，この「支援籍」には，特別支援学校の児童生徒が小中学校で障害のない児童生徒と共に学ぶ形態（以下「通常学級支援籍」という。）だけでなく，小中学校の通常の学級や特別支援学級に在籍している特別な支援を必要としている児童生徒が，特別支援学校や特別支援学級で一人一人のニ

ーズに応じた指導や支援を受けることのできる形態(特別支援学校支援籍,特別支援学級支援籍)がある。

2 交流及び共同学習と支援籍

　新たに告示された特別支援学校小学部・中学部学習指導要領総則第6節の「2　家庭や地域社会との連携及び協働と学校間の連携」の(2)では,「他の特別支援学校や,幼稚園,認定こども園,保育所,小学校,中学校,高等学校などとの間の連携や交流を図るとともに,障害のない幼児児童生徒との交流及び共同学習の機会を設け,共に尊重し合いながら協働して生活していく態度を育むようにすること」としている。つまり,交流及び共同学習の目的は,共に尊重し合いながら協働して生活していく態度を育むことにある。

　一方,「支援籍」による学習(以下「支援籍学習」という。)は,児童生徒の教育的ニーズに応じた学校(学級)において,心のバリアフリーと社会で自立できる自信と力を育むことを目的とし,特に,通常学級支援籍では,「他の学校の児童生徒でなく自分の学校の児童生徒」としての取組を最も重要な視点としている。そのため,通常の学級にも特別支援学校の児童生徒の机や椅子,下駄箱があったり,出席簿にも名前を載せたりするなど,学びの連続性を意識した取組を進めている。また,小中学校の中には,入学式や始業式から開始するといった学校もある。

3 支援籍の実際

　ここでは,通常学級支援籍の例について紹介する。

【例1】一日,授業に参加するケース

　支援籍校に登校班で登校し,下校も一緒に。メリットは,何と言っても一日の学校生活を共に過ごすことにある。より相手を知ることができ,一緒に過ごす喜びを味わえるという。小学校では,協力して活動で

きる音楽，体育，図工などの実技教科が充てられる場合が多い。

【例2】 朝の活動のみに参加するケース

支援籍校に登校し朝の会や集会などに参加し，その後特別支援学校に登校する。メリットは，無理なく継続的に取り組めることである。クラスの一員としての意識が着実に育まれているとのことである。

【例3】 入学式や始業式に参加するケース

校長先生が式辞やあいさつの中で特別支援学校の児童生徒を紹介する。そのことで，小中学校，特別支援学校，双方の児童生徒にとって，はじめからクラスの一員という意識をもつことができるという。また，地域の人や保護者にも理解を広げることができるなど，地域の学校で一緒に学んでいるという意識が確実に育まれるとのことである。

4 支援籍の成果と意義

通常学級支援籍を中心に成果などについて整理する。この支援籍学習では交流といった側面も大切にしているが，それ以上に共同学習の側面を重要視している。それは，確実に小中学校に「他の学校の児童生徒でなく自分の学校の児童生徒」としての意識をもって取り組んでもらいたいからである。全県で取り組みはじめ10年が経過したが，継続して取り組んできた多くの学校で，小中学校の児童生徒は，特別支援学校の児童生徒の頑張り，すごさを肌で感じはじめ，「俺も頑張らなきゃ」といった言葉を発するという。そして，学校全体が優しく，穏やかになるという。

また，支援籍を置く学級には特別支援学校の児童生徒の机や椅子があることで，毎日出席していなくても，「元気かな」「今日は何をしているかな」といった仲間意識も確実に芽生え始めるという。計画的，継続的に取り組めば取り組むほど，児童生徒が落ち着いて学習活動に取り組む姿勢が見られはじめ，結果的に学力向上につながったといった報告も少なくない。更に，支

援籍学習の授業づくりの過程で，双方の教員の交流も積極的になり，特別支援学校のセンター的機能も充実し，小中学校では特別支援教育の視点を取り入れた誰にでもわかる授業が展開されているとの報告も多い。
　一方，特別支援学校の児童生徒にとっても，通常の学級の児童生徒からの能動的な働きかけや集団での活動などの影響を受けて，表情がより豊かになったり，行動が更に積極的になったりするなどの成長を見せているケースも少なくない。そのため，特別支援学校においても，通常の学級の授業との連続性を意識した取組をはじめるようになっていく。
　このような変化は，通常学級支援籍以外の支援籍の場合でも起こる。双方が教育効果を高めようとすればするほど，学びの場を途切れたものとせずに連続性を意識し，結果として連続性のある学びとして学習活動を展開するようになる。
　しかしながら，こうした成果がある一方で，通常学級支援籍の実施の際の引率の必要性から，特別支援学校側で年間を通して実施する児童生徒数を制限したり，回数を制限したりする状況があることも事実である。こうした課題への対応については，当初から，支援籍学習が地域で支える取組となるよう，社会福祉協議会と連携しながら支援籍学習ボランティアの育成にも取り組んできた。今後，社会に開かれた教育課程づくりの中で，更に充実した取組となるよう進めていく必要がある。

5 - 交流及び共同学習の展望

　今後，特別支援教育は，インクルーシブ教育システム構築といった大きな方向性のもとで推進していかなくてはならない。ポイントは障害のある者とない者が共に学ぶことを追求することである。ただ一緒にいればそれでいいというものではない。お互いがお互いのよさに気付き，確かめ合い，認め合えるよう，学習活動を創造していくことが重要である。交流及び共同学習や支援籍学習は，児童生徒一人一人の限りない成長を，確実に支えることになるはずである。

（宇田川和久）

付録　特別支援学校小学部・中学部学習指導要領

第1章 総　則

第1節　教育目標

　小学部及び中学部における教育については，学校教育法第72条に定める目的を実現するために，児童及び生徒の障害の状態や特性及び心身の発達の段階等を十分考慮して，次に掲げる目標の達成に努めなければならない。
1　小学部においては，学校教育法第30条第1項に規定する小学校教育の目標
2　中学部においては，学校教育法第46条に規定する中学校教育の目標
3　小学部及び中学部を通じ，児童及び生徒の障害による学習上又は生活上の困難を改善・克服し自立を図るために必要な知識，技能，態度及び習慣を養うこと。

第2節　小学部及び中学部における教育の基本と教育課程の役割

1　各学校においては，教育基本法及び学校教育法その他の法令並びにこの章以下に示すところに従い，児童又は生徒の人間として調和のとれた育成を目指し，児童又は生徒の障害の状態や特性及び心身の発達の段階等並びに学校や地域の実態を十分考慮して，適切な教育課程を編成するものとし，これらに掲げる目標を達成するよう教育を行うものとする。
2　学校の教育活動を進めるに当たっては，各学校において，第4節の1に示す主体的・対話的で深い学びの実現に向けた授業改善を通して，創意工夫を生かした特色ある教育活動を展開する中で，次の(1)から(4)までに掲げる事項の実現を図り，児童又は生徒に生きる力を育むことを目指すものとする。
(1)　基礎的・基本的な知識及び技能を確実に習得させ，これらを活用して課題を解決するために必要な思考力，判断力，表現力等を育むとともに，主体的に学習に取り組む態度を養い，個性を生かし多様な人々との協働を促す教育の充実に努めること。その際，児童又は生徒の発達の段階を考慮して，児童又は生徒の言語活動など，学習の基盤をつくる活動を充実するとともに，家庭との連携を図りながら，児童又は生徒の学習習慣が確立するよう配慮すること。
(2)　道徳教育や体験活動，多様な表現や鑑賞の活動等を通して，豊かな心や創造性の涵養を目指した教育の充実に努めること。

　　学校における道徳教育は，特別の教科である道徳（以下「道徳科」という。）を要として学校の教育活動全体を通じて行うものであり，道徳科はもとより，各教科，外国語活動，総合的な学習の時間，特別活動及び自立活動のそれぞれの特質に応じて，児童又は生徒の発達の段階を考慮して，適切な指導を行うこと。

　　道徳教育は，教育基本法及び学校教育法に定められた教育の根本精神に基づき，小学部においては，自己の生き方を考え，中学部においては，人間としての生き方を考え，主体的な判断の下に行動し，自立した人間として他者と共によりよく生きるための基盤となる道徳性を養うことを目標とすること。

　　道徳教育を進めるに当たっては，人間尊重の精神と生命に対する畏敬の念を家庭，学校，その他社会における具体的な生活の中に生かし，豊かな心をもち，伝統と文化を尊重し，それらを育んできた我が国と郷土を愛し，個性豊かな文化の創造を図るとともに，平和で民主

的な国家及び社会の形成者として,公共の精神を尊び,社会及び国家の発展に努め,他国を尊重し,国際社会の平和と発展や環境の保全に貢献し未来を拓く主体性のある日本人の育成に資することとなるよう特に留意すること。
(3) 学校における体育・健康に関する指導を,児童又は生徒の発達の段階を考慮して,学校の教育活動全体を通じて適切に行うことにより,健康で安全な生活と豊かなスポーツライフの実現を目指した教育の充実に努めること。特に,学校における食育の推進並びに体力の向上に関する指導,安全に関する指導及び心身の健康の保持増進に関する指導については,小学部の体育科や家庭科(知的障害者である児童に対する教育を行う特別支援学校においては生活科),中学部の保健体育科や技術・家庭科(知的障害者である生徒に対する教育を行う特別支援学校においては職業・家庭科)及び特別活動の時間はもとより,各教科,道徳科,外国語活動,総合的な学習の時間及び自立活動などにおいてもそれぞれの特質に応じて適切に行うよう努めること。また,それらの指導を通して,家庭や地域社会との連携を図りながら,日常生活において適切な体育・健康に関する活動の実践を促し,生涯を通じて健康・安全で活力ある生活を送るための基礎が培われるよう配慮すること。
(4) 学校における自立活動の指導は,障害による学習上又は生活上の困難を改善・克服し,自立し社会参加する資質を養うため,自立活動の時間はもとより,学校の教育活動全体を通じて適切に行うものとする。特に,自立活動の時間における指導は,各教科,道徳科,外国語活動,総合的な学習の時間及び特別活動と密接な関連を保ち,個々の児童又は生徒の障害の状態や特性及び心身の発達の段階等を的確に把握して,適切な指導計画の下に行うよう配慮すること。
3 2の(1)から(4)までに掲げる事項の実現を図り,豊かな創造性を備え持続可能な社会の創り手となることが期待される児童又は生徒に,生きる力を育むことを目指すに当たっては,学校教育全体並びに各教科,道徳科,外国語活動,総合的な学習の時間,特別活動(ただし,第3節の3の(2)のイ及びカにおいて,特別活動については学級活動(学校給食に係るものを除く。)に限る。)及び自立活動の指導を通してどのような資質・能力の育成を目指すのかを明確にしながら,教育活動の充実を図るものとする。その際,児童又は生徒の障害の状態や特性及び心身の発達の段階等を踏まえつつ,次に掲げることが偏りなく実現できるようにするものとする。
(1) 知識及び技能が習得されるようにすること。
(2) 思考力,判断力,表現力等を育成すること。
(3) 学びに向かう力,人間性等を涵養すること。
4 各学校においては,児童又は生徒や学校,地域の実態を適切に把握し,教育の目的や目標の実現に必要な教育の内容等を教科等横断的な視点で組み立てていくこと,教育課程の実施状況を評価してその改善を図っていくこと,教育課程の実施に必要な人的又は物的な体制を確保するとともにその改善を図っていくことなどを通して,教育課程に基づき組織的かつ計画的に各学校の教育活動の質の向上を図っていくこと(以下「カリキュラム・マネジメント」という。)に努めるものとする。その際,児童又は生徒に何が身に付いたかという学習の成果を的確に捉え,第3節の3の(3)のイに示す個別の指導計画の実施状況の評価と改善を,

教育課程の評価と改善につなげていくよう工夫すること。

第3節　教育課程の編成
1　各学校の教育目標と教育課程の編成

　　教育課程の編成に当たっては，学校教育全体や各教科等における指導を通して育成を目指す資質・能力を踏まえつつ，各学校の教育目標を明確にするとともに，教育課程の編成についての基本的な方針が家庭や地域とも共有されるよう努めるものとする。その際，小学部は小学校学習指導要領の第5章総合的な学習の時間の第2の1，中学部は中学校学習指導要領の第4章総合的な学習の時間の第2の1に基づき定められる目標との関連を図るものとする。

2　教科等横断的な視点に立った資質・能力の育成
 (1)　各学校においては，児童又は生徒の障害の状態や特性及び心身の発達の段階等を考慮し，言語能力，情報活用能力（情報モラルを含む。），問題発見・解決能力等の学習の基盤となる資質・能力を育成していくことができるよう，各教科等の特質を生かし，教科等横断的な視点から教育課程の編成を図るものとする。
 (2)　各学校においては，児童又は生徒や学校，地域の実態並びに児童又は生徒の障害の状態や特性及び心身の発達の段階等を考慮し，豊かな人生の実現や災害等を乗り越えて次代の社会を形成することに向けた現代的な諸課題に対応して求められる資質・能力を，教科等横断的な視点で育成していくことができるよう，各学校の特色を生かした教育課程の編成を図るものとする。

3　教育課程の編成における共通的事項
 (1)　内容等の取扱い
　　ア　第2章以下に示す各教科，道徳科，外国語活動，特別活動及び自立活動の内容に関する事項は，特に示す場合を除き，いずれの学校においても取り扱わなければならない。
　　イ　学校において特に必要がある場合には，第2章以下に示していない内容を加えて指導することができる。また，第2章以下に示す内容の取扱いのうち内容の範囲や程度等を示す事項は，全ての児童又は生徒に対して指導するものとする内容の範囲や程度等を示したものであり，学校において特に必要がある場合には，この事項にかかわらず加えて指導することができる。ただし，これらの場合には，第2章以下に示す各教科，道徳科，外国語活動，特別活動及び自立活動の目標や内容並びに各学年や各段階，各分野又は各言語の目標や内容（知的障害者である児童又は生徒に対する教育を行う特別支援学校においては，外国語科及び外国語活動の各言語の内容）の趣旨を逸脱したり，児童又は生徒の負担過重となったりすることのないようにしなければならない。
　　ウ　第2章以下に示す各教科，道徳科，外国語活動，特別活動及び自立活動の内容並びに各学年，各段階，各分野又は各言語の内容に掲げる事項の順序は，特に示す場合を除き，指導の順序を示すものではないので，学校においては，その取扱いについて適切な工夫を加えるものとする。
　　エ　視覚障害者，聴覚障害者，肢体不自由者又は病弱者である児童に対する教育を行う特別支援学校の小学部において，学年の内容を2学年まとめて示した教科及び外国語活動

の内容は，2学年間かけて指導する事項を示したものである。各学校においては，これらの事項を児童や学校，地域の実態に応じ，2学年間を見通して計画的に指導することとし，特に示す場合を除き，いずれかの学年に分けて，又はいずれの学年においても指導するものとする。

オ 視覚障害者，聴覚障害者，肢体不自由者又は病弱者である生徒に対する教育を行う特別支援学校の中学部においては，生徒や学校，地域の実態を考慮して，生徒の特性等に応じた多様な学習活動が行えるよう，第2章に示す各教科や，特に必要な教科を，選択教科として開設し生徒に履修させることができる。その場合にあっては，全ての生徒に指導すべき内容との関連を図りつつ，選択教科の授業時数及び内容を適切に定め選択教科の指導計画を作成し，生徒の負担過重となることのないようにしなければならない。また，特に必要な教科の名称，目標，内容などについては，各学校が適切に定めるものとする。

カ 知的障害者である児童に対する教育を行う特別支援学校の小学部においては，生活，国語，算数，音楽，図画工作及び体育の各教科，道徳科，特別活動並びに自立活動については，特に示す場合を除き，全ての児童に履修させるものとする。また，外国語活動については，児童や学校の実態を考慮し，必要に応じて設けることができる。

キ 知的障害者である生徒に対する教育を行う特別支援学校の中学部においては，国語，社会，数学，理科，音楽，美術，保健体育及び職業・家庭の各教科，道徳科，総合的な学習の時間，特別活動並びに自立活動については，特に示す場合を除き，全ての生徒に履修させるものとする。また，外国語科については，生徒や学校の実態を考慮し，必要に応じて設けることができる。

ク 知的障害者である児童又は生徒に対する教育を行う特別支援学校において，各教科の指導に当たっては，各教科の段階に示す内容を基に，児童又は生徒の知的障害の状態や経験等に応じて，具体的に指導内容を設定するものとする。その際，小学部は6年間，中学部は3年間を見通して計画的に指導するものとする。

ケ 知的障害者である生徒に対する教育を行う特別支援学校の中学部においては，生徒や学校，地域の実態を考慮して，特に必要がある場合には，その他特に必要な教科を選択教科として設けることができる。その他特に必要な教科の名称，目標，内容などについては，各学校が適切に定めるものとする。その際，第2章第2節第2款の第2に示す事項に配慮するとともに，生徒の負担過重となることのないようにしなければならない。

コ 道徳科を要として学校の教育活動全体を通じて行う道徳教育の内容は，小学部においては第3章特別の教科道徳において準ずるものとしている小学校学習指導要領第3章特別の教科道徳の第2に示す内容，中学部においては第3章特別の教科道徳において準ずるものとしている中学校学習指導要領第3章特別の教科道徳の第2に示す内容とし，その実施に当たっては，第7節に示す道徳教育に関する配慮事項を踏まえるものとする。

(2) 授業時数等の取扱い

ア 小学部又は中学部の各学年における第2章以下に示す各教科（知的障害者である生徒に対する教育を行う特別支援学校の中学部において，外国語科を設ける場合を含む。以

下同じ。），道徳科，外国語活動（知的障害者である児童に対する教育を行う特別支援学校の小学部において，外国語活動を設ける場合を含む。以下同じ。），総合的な学習の時間，特別活動（学級活動（学校給食に係る時間を除く。）に限る。以下，この項，イ及びカにおいて同じ。）及び自立活動（以下「各教科等」という。）の総授業時数は，小学校又は中学校の各学年における総授業時数に準ずるものとする。この場合，各教科等の目標及び内容を考慮し，それぞれの年間の授業時数を適切に定めるものとする。

イ 小学部又は中学部の各教科等の授業は，年間35週（小学部第１学年については34週）以上にわたって行うよう計画し，週当たりの授業時数が児童又は生徒の負担過重にならないようにするものとする。ただし，各教科等（中学部においては，特別活動を除く。）や学習活動の特質に応じ効果的な場合には，夏季，冬季，学年末等の休業日の期間に授業日を設定する場合を含め，これらの授業を特定の期間に行うことができる。

ウ 小学部又は中学部の各学年の総合的な学習の時間に充てる授業時数は，児童又は生徒の障害の状態や特性及び心身の発達の段階等を考慮して，視覚障害者，聴覚障害者，肢体不自由者又は病弱者である児童又は生徒に対する教育を行う特別支援学校については，小学部第３学年以上及び中学部の各学年において，知的障害者である生徒に対する教育を行う特別支援学校については，中学部の各学年において，それぞれ適切に定めるものとする。

エ 特別活動の授業のうち，小学部の児童会活動，クラブ活動及び学校行事並びに中学部の生徒会活動及び学校行事については，それらの内容に応じ，年間，学期ごと，月ごとなどに適切な授業時数を充てるものとする。

オ 小学部又は中学部の各学年の自立活動の時間に充てる授業時数は，児童又は生徒の障害の状態や特性及び心身の発達の段階等に応じて，適切に定めるものとする。

カ 各学校の時間割については，次の事項を踏まえ適切に編成するものとする。
  (ｱ) 小学部又は中学部の各教科等のそれぞれの授業の１単位時間は，各学校において，各教科等の年間授業時数を確保しつつ，児童又は生徒の障害の状態や特性及び心身の発達の段階等並びに各教科等や学習活動の特質を考慮して適切に定めること。
  (ｲ) 各教科等の特質に応じ，10分から15分程度の短い時間を活用して特定の教科等の指導を行う場合において，当該教科等を担当する教師が，単元や題材など内容や時間のまとまりを見通した中で，その指導内容の決定や指導の成果の把握と活用等を責任をもって行う体制が整備されているときは，その時間を当該教科等の年間授業時数に含めることができること。
  (ｳ) 給食，休憩などの時間については，各学校において工夫を加え，適切に定めること。
  (ｴ) 各学校において，児童又は生徒や学校，地域の実態及び各教科等や学習活動の特質等に応じて，創意工夫を生かした時間割を弾力的に編成できること。

キ 総合的な学習の時間における学習活動により，特別活動の学校行事に掲げる各行事の実施と同様の成果が期待できる場合においては，総合的な学習の時間における学習活動をもって相当する特別活動の学校行事に掲げる各行事の実施に替えることができる。

(3) 指導計画の作成等に当たっての配慮事項

ア　各学校においては，次の事項に配慮しながら，学校の創意工夫を生かし，全体として，調和のとれた具体的な指導計画を作成するものとする。
　(ｱ)　各教科等の各学年，各段階，各分野又は各言語の指導内容については，(1)のアを踏まえつつ，単元や題材など内容や時間のまとまりを見通しながら，そのまとめ方や重点の置き方に適切な工夫を加え，第4節の1に示す主体的・対話的で深い学びの実現に向けた授業改善を通して資質・能力を育む効果的な指導ができるようにすること。
　(ｲ)　各教科等及び各学年相互間の関連を図り，系統的，発展的な指導ができるようにすること。
　(ｳ)　視覚障害者，聴覚障害者，肢体不自由者又は病弱者である児童に対する教育を行う特別支援学校の小学部において，学年の内容を2学年まとめて示した教科及び外国語活動については，当該学年間を見通して，児童や学校，地域の実態に応じ，児童の障害の状態や特性及び心身の発達の段階等を考慮しつつ，効果的，段階的に指導するようにすること。
　(ｴ)　小学部においては，児童の実態等を考慮し，指導の効果を高めるため，児童の障害の状態や特性及び心身の発達の段階等並びに指導内容の関連性等を踏まえつつ，合科的・関連的な指導を進めること。
　(ｵ)　知的障害者である児童又は生徒に対する教育を行う特別支援学校において，各教科，道徳科，外国語活動，特別活動及び自立活動の一部又は全部を合わせて指導を行う場合，各教科，道徳科，外国語活動，特別活動及び自立活動に示す内容を基に，児童又は生徒の知的障害の状態や経験等に応じて，具体的に指導内容を設定するものとする。また，各教科等の内容の一部又は全部を合わせて指導を行う場合には，授業時数を適切に定めること。
イ　各教科等の指導に当たっては，個々の児童又は生徒の実態を的確に把握し，次の事項に配慮しながら，個別の指導計画を作成すること。
　(ｱ)　児童又は生徒の障害の状態や特性及び心身の発達の段階等並びに学習の進度等を考慮して，基礎的・基本的な事項に重点を置くこと。
　(ｲ)　児童又は生徒が，基礎的・基本的な知識及び技能の習得も含め，学習内容を確実に身に付けることができるよう，それぞれの児童又は生徒に作成した個別の指導計画や学校の実態に応じて，指導方法や指導体制の工夫改善に努めること。その際，児童又は生徒の障害の状態や特性及び心身の発達の段階等並びに学習の進度等を考慮して，個別指導を重視するとともに，グループ別指導，繰り返し指導，学習内容の習熟の程度に応じた学習，児童又は生徒の興味・関心等に応じた課題学習，補充的な学習や発展的な学習などの学習活動を取り入れることや，教師間の協力による指導体制を確保することなど，指導方法や指導体制の工夫改善により，個に応じた指導の充実を図ること。その際，第4節の1の(3)に示す情報手段や教材・教具の活用を図ること。
4　学部段階間及び学校段階等間の接続
　教育課程の編成に当たっては，次の事項に配慮しながら，学部段階間及び学校段階等間の接続を図るものとする。

(1) 小学部においては,幼児期の終わりまでに育ってほしい姿を踏まえた指導を工夫することにより,特別支援学校幼稚部教育要領及び幼稚園教育要領等に基づく幼児期の教育を通して育まれた資質・能力を踏まえて教育活動を実施し,児童が主体的に自己を発揮しながら学びに向かうことが可能となるようにすること。

また,低学年における教育全体において,例えば生活科において育成する自立し生活を豊かにしていくための資質・能力が,他教科等の学習においても生かされるようにするなど,教科等間の関連を積極的に図り,幼児期の教育及び中学年以降の教育との円滑な接続が図られるよう工夫すること。特に,小学部入学当初においては,幼児期において自発的な活動としての遊びを通して育まれてきたことが,各教科等における学習に円滑に接続されるよう,生活科を中心に,合科的・関連的な指導や弾力的な時間割の設定など,指導の工夫や指導計画の作成を行うこと。
(2) 小学部においては,特別支援学校小学部・中学部学習指導要領又は中学校学習指導要領及び特別支援学校高等部学習指導要領又は高等学校学習指導要領を踏まえ,中学部における教育又は中学校教育及びその後の教育との円滑な接続が図られるよう工夫すること。
(3) 中学部においては,特別支援学校小学部・中学部学習指導要領又は小学校学習指導要領を踏まえ,小学部における教育又は小学校教育までの学習の成果が中学部における教育に円滑に接続され,義務教育段階の終わりまでに育成することを目指す資質・能力を,生徒が確実に身に付けることができるよう工夫すること。
(4) 中学部においては,特別支援学校高等部学習指導要領又は高等学校学習指導要領を踏まえ,高等部における教育又は高等学校教育及びその後の教育との円滑な接続が図られるよう工夫すること。

第4節　教育課程の実施と学習評価
1　主体的・対話的で深い学びの実現に向けた授業改善
　　各教科等の指導に当たっては,次の事項に配慮するものとする。
(1) 第2節の3の(1)から(3)までに示すことが偏りなく実現されるよう,単元や題材など内容や時間のまとまりを見通しながら,児童又は生徒の主体的・対話的で深い学びの実現に向けた授業改善を行うこと。

特に,各教科等において身に付けた知識及び技能を活用したり,思考力,判断力,表現力等や学びに向かう力,人間性等を発揮させたりして,学習の対象となる物事を捉え思考することにより,各教科等の特質に応じた物事を捉える視点や考え方(以下「見方・考え方」という。)が鍛えられていくことに留意し,児童又は生徒が各教科等の特質に応じた見方・考え方を働かせながら,知識を相互に関連付けてより深く理解したり,情報を精査して考えを形成したり,問題を見いだして解決策を考えたり,思いや考えを基に創造したりすることに向かう過程を重視した学習の充実を図ること。
(2) 第3節の2の(1)に示す言語能力の育成を図るため,各学校において必要な言語環境を整えるとともに,国語科を要としつつ各教科等の特質に応じて,児童又は生徒の言語活動を充実すること。あわせて,(7)に示すとおり読書活動を充実すること。

(3) 第3節の2の(1)に示す情報活用能力の育成を図るため，各学校において，コンピュータや情報通信ネットワークなどの情報手段を活用するために必要な環境を整え，これらを適切に活用した学習活動の充実を図ること。また，各種の統計資料や新聞，視聴覚教材や教育機器などの教材・教具の適切な活用を図ること。

あわせて，小学部においては，各教科等の特質に応じて，次の学習活動を計画的に実施すること。
ア 児童がコンピュータで文字を入力するなどの学習の基盤として必要となる情報手段の基本的な操作を習得するための学習活動
イ 児童がプログラミングを体験しながら，コンピュータに意図した処理を行わせるために必要な論理的思考力を身に付けるための学習活動
(4) 児童又は生徒が学習の見通しを立てたり学習したことを振り返ったりする活動を，計画的に取り入れるよう工夫すること。
(5) 児童又は生徒が生命の有限性や自然の大切さ，主体的に挑戦してみることや多様な他者と協働することの重要性などを実感しながら理解することができるよう，各教科等の特質に応じた体験活動を重視し，家庭や地域社会と連携しつつ体系的・継続的に実施できるよう工夫すること。
(6) 児童又は生徒が自ら学習課題や学習活動を選択する機会を設けるなど，児童又は生徒の興味・関心を生かした自主的，自発的な学習が促されるよう工夫すること。
(7) 学校図書館を計画的に利用しその機能の活用を図り，児童又は生徒の主体的・対話的で深い学びの実現に向けた授業改善に生かすとともに，児童又は生徒の自主的，自発的な学習活動や読書活動を充実すること。また，地域の図書館や博物館，美術館，劇場，音楽堂等の施設の活用を積極的に図り，資料を活用した情報の収集や鑑賞等の学習活動を充実すること

2 障害のため通学して教育を受けることが困難な児童又は生徒に対して，教員を派遣して教育を行う場合については，障害の状態や学習環境等に応じて，指導方法や指導体制を工夫し，学習活動が効果的に行われるようにすること。

3 学習評価の充実
学習評価の実施に当たっては，次の事項に配慮するものとする。
(1) 児童又は生徒のよい点や可能性，進歩の状況などを積極的に評価し，学習したことの意義や価値を実感できるようにすること。また，各教科等の目標の実現に向けた学習状況を把握する観点から，単元や題材など内容や時間のまとまりを見通しながら評価の場面や方法を工夫して，学習の過程や成果を評価し，指導の改善や学習意欲の向上を図り，資質・能力の育成に生かすようにすること。
(2) 各教科等の指導に当たっては，個別の指導計画に基づいて行われた学習状況や結果を適切に評価し，指導目標や指導内容，指導方法の改善に努め，より効果的な指導ができるようにすること。
(3) 創意工夫の中で学習評価の妥当性や信頼性が高められるよう，組織的かつ計画的な取組を推進するとともに，学年や学校段階を越えて児童又は生徒の学習の成果が円滑に接続さ

れるよう工夫すること。

第5節　児童又は生徒の調和的な発達の支援
1　児童又は生徒の調和的な発達を支える指導の充実
　　教育課程の編成及び実施に当たっては，次の事項に配慮するものとする。
 (1)　学習や生活の基盤として，教師と児童又は生徒との信頼関係及び児童又は生徒相互のよりよい人間関係を育てるため，日頃から学級経営の充実を図ること。また，主に集団の場面で必要な指導や援助を行うガイダンスと，個々の児童又は生徒の多様な実態を踏まえ，一人一人が抱える課題に個別に対応した指導を行うカウンセリングの双方により，児童又は生徒の発達を支援すること。
　　　あわせて，小学部の低学年，中学年，高学年の学年の時期の特長を生かした指導の工夫を行うこと。
 (2)　児童又は生徒が，自己の存在感を実感しながら，よりよい人間関係を形成し，有意義で充実した学校生活を送る中で，現在及び将来における自己実現を図っていくことができるよう，児童理解又は生徒理解を深め，学習指導と関連付けながら，生徒指導の充実を図ること。
 (3)　児童又は生徒が，学ぶことと自己の将来とのつながりを見通しながら，社会的・職業的自立に向けて必要な基盤となる資質・能力を身に付けていくことができるよう，特別活動を要としつつ各教科等の特質に応じて，キャリア教育の充実を図ること。その中で，中学部においては，生徒が自らの生き方を考え主体的に進路を選択することができるよう，学校の教育活動全体を通じ，組織的かつ計画的な進路指導を行うこと。
 (4)　児童又は生徒が，学校教育を通じて身に付けた知識及び技能を活用し，もてる能力を最大限伸ばすことができるよう，生涯学習への意欲を高めるとともに，社会教育その他様々な学習機会に関する情報の提供に努めること。また，生涯を通じてスポーツや芸術文化活動に親しみ，豊かな生活を営むことができるよう，地域のスポーツ団体，文化芸術団体及び障害者福祉団体等と連携し，多様なスポーツや文化芸術活動を体験することができるよう配慮すること。
 (5)　家庭及び地域並びに医療，福祉，保健，労働等の業務を行う関係機関との連携を図り，長期的な視点で児童又は生徒への教育的支援を行うために，個別の教育支援計画を作成すること。
 (6)　複数の種類の障害を併せ有する児童又は生徒（以下「重複障害者」という。）については，専門的な知識，技能を有する教師や特別支援学校間の協力の下に指導を行ったり，必要に応じて専門の医師やその他の専門家の指導・助言を求めたりするなどして，学習効果を一層高めるようにすること。
 (7)　学校医等との連絡を密にし，児童又は生徒の障害の状態等に応じた保健及び安全に十分留意すること。
2　海外から帰国した児童又は生徒などの学校生活への適応や，日本語の習得に困難のある児童又は生徒に対する日本語指導

(1) 海外から帰国した児童又は生徒などについては，学校生活への適応を図るとともに，外国における生活経験を生かすなどの適切な指導を行うものとする。
  (2) 日本語の習得に困難のある児童又は生徒については，個々の児童又は生徒の実態に応じた指導内容や指導方法の工夫を組織的かつ計画的に行うものとする。特に，通級による日本語指導については，教師間の連携に努め，指導についての計画を個別に作成することなどにより，効果的な指導に努めるものとする。
3 学齢を経過した者への配慮
  (1) 中学部において，夜間その他の特別の時間に授業を行う課程において学齢を経過した者を対象として特別の教育課程を編成する場合には，学齢を経過した者の年齢，経験又は勤労状況その他の実情を踏まえ，中学部における教育の目的及び目標並びに第2章第2節以下に示す各教科等の目標に照らして，中学部における教育を通じて育成を目指す資質・能力を身に付けることができるようにするものとする。
  (2) 学齢を経過した者を教育する場合には，個別学習やグループ別学習など指導方法や指導体制の工夫改善に努めるものとする。

第6節 学校運営上の留意事項
1 教育課程の改善と学校評価等，教育課程外の活動との連携等
  (1) 各学校においては，校長の方針の下に，校務分掌に基づき教職員が適切に役割を分担しつつ，相互に連携しながら，各学校の特色を生かしたカリキュラム・マネジメントを行うよう努めるものとする。また，各学校が行う学校評価については，教育課程の編成，実施，改善が教育活動や学校運営の中核となることを踏まえ，カリキュラム・マネジメントと関連付けながら実施するよう留意するものとする。
  (2) 教育課程の編成及び実施に当たっては，学校保健計画，学校安全計画，食に関する指導の全体計画，いじめの防止等のための対策に関する基本的な方針など，各分野における学校の全体計画等と関連付けながら，効果的な指導が行われるよう留意するものとする。
  (3) 中学部において，教育課程外の学校教育活動と教育課程との関連が図られるよう留意するものとする。特に，生徒の自主的，自発的な参加により行われる部活動については，スポーツや文化，科学等に親しませ，学習意欲の向上や責任感，連帯感の涵養等，学校教育が目指す資質・能力の育成に資するものであり，学校教育の一環として，教育課程との関連が図られるよう留意すること。その際，学校や地域の実態に応じ，地域の人々の協力，社会教育施設や社会教育関係団体等の各種団体との連携などの運営上の工夫を行い，持続可能な運営体制が整えられるようにするものとする。
2 家庭や地域社会との連携及び協働と学校間の連携
  教育課程の編成及び実施に当たっては，次の事項に配慮するものとする。
  (1) 学校がその目的を達成するため，学校や地域の実態等に応じ，教育活動の実施に必要な人的又は物的な体制を家庭や地域の人々の協力を得ながら整えるなど，家庭や地域社会との連携及び協働を深めること。また，高齢者や異年齢の子供など，地域における世代を越えた交流の機会を設けること。

(2) 他の特別支援学校や,幼稚園,認定こども園,保育所,小学校,中学校,高等学校などとの間の連携や交流を図るとともに,障害のない幼児児童生徒との交流及び共同学習の機会を設け,共に尊重し合いながら協働して生活していく態度を育むようにすること。
　特に,小学部の児童又は中学部の生徒の経験を広げて積極的な態度を養い,社会性や豊かな人間性を育むために,学校の教育活動全体を通じて,小学校の児童又は中学校の生徒などと交流及び共同学習を計画的,組織的に行うとともに,地域の人々などと活動を共にする機会を積極的に設けること。
3　小学校又は中学校等の要請により,障害のある児童若しくは生徒又は当該児童若しくは生徒の教育を担当する教師等に対して必要な助言又は援助を行ったり,地域の実態や家庭の要請等により保護者等に対して教育相談を行ったりするなど,各学校の教師の専門性や施設・設備を生かした地域における特別支援教育のセンターとしての役割を果たすよう努めること。その際,学校として組織的に取り組むことができるよう校内体制を整備するとともに,他の特別支援学校や地域の小学校又は中学校等との連携を図ること。

第7節　道徳教育に関する配慮事項
　道徳教育を進めるに当たっては,道徳教育の特質を踏まえ,前項までに示す事項に加え,次の事項に配慮するものとする。
1　各学校においては,第2節の2の(2)に示す道徳教育の目標を踏まえ,道徳教育の全体計画を作成し,校長の方針の下に,道徳教育の推進を主に担当する教師(以下「道徳教育推進教師」という。)を中心に,全教師が協力して道徳教育を展開すること。なお,道徳教育の全体計画の作成に当たっては,児童又は生徒や学校,地域の実態を考慮して,学校の道徳教育の重点目標を設定するとともに,道徳科の指導方針,第3章特別の教科道徳に示す内容との関連を踏まえた各教科,外国語活動,総合的な学習の時間,特別活動及び自立活動における指導の内容及び時期並びに家庭や地域社会との連携の方法を示すこと。
2　小学部においては,児童の障害の状態や特性及び心身の発達の段階等を踏まえ,指導内容の重点化を図ること。その際,各学年を通じて,自立心や自律性,生命を尊重する心や他者を思いやる心を育てることに留意すること。また,各学年段階においては,次の事項に留意すること。
(1) 第1学年及び第2学年においては,挨拶などの基本的な生活習慣を身に付けること,善悪を判断し,してはならないことをしないこと,社会生活上のきまりを守ること。
(2) 第3学年及び第4学年においては,善悪を判断し,正しいと判断したことを行うこと,身近な人々と協力し助け合うこと,集団や社会のきまりを守ること。
(3) 第5学年及び第6学年においては,相手の考え方や立場を理解して支え合うこと,法やきまりの意義を理解して進んで守ること,集団生活の充実に努めること,伝統と文化を尊重し,それらを育んできた我が国と郷土を愛するとともに,他国を尊重すること。
3　小学部においては,学校や学級内の人間関係や環境を整えるとともに,集団宿泊活動やボランティア活動,自然体験活動,地域の行事への参加などの豊かな体験を充実すること。また,道徳教育の指導内容が,児童の日常生活に生かされるようにすること。その際,いじめ

の防止や安全の確保等にも資することとなるよう留意すること。
4 中学部においては，生徒の障害の状態や特性及び心身の発達の段階等を踏まえ，指導内容の重点化を図ること。その際，小学部における道徳教育の指導内容を更に発展させ，自立心や自律性を高め，規律ある生活をすること，生命を尊重する心や自らの弱さを克服して気高く生きようとする心を育てること，法やきまりの意義に関する理解を深めること，自らの将来の生き方を考え主体的に社会の形成に参画する意欲と態度を養うこと，伝統と文化を尊重し，それらを育んできた我が国と郷土を愛するとともに，他国を尊重すること，国際社会に生きる日本人としての自覚を身に付けることに留意すること。
5 中学部においては，学校や学級内の人間関係や環境を整えるとともに，職場体験活動やボランティア活動，自然体験活動，地域の行事への参加などの豊かな体験を充実すること。また，道徳教育の指導内容が，生徒の日常生活に生かされるようにすること。その際，いじめの防止や安全の確保等にも資することとなるよう留意すること。
6 学校の道徳教育の全体計画や道徳教育に関する諸活動などの情報を積極的に公表したり，道徳教育の充実のために家庭や地域の人々の積極的な参加や協力を得たりするなど，家庭や地域社会との共通理解を深め，相互の連携を図ること。

第8節 重複障害者等に関する教育課程の取扱い
1 児童又は生徒の障害の状態により特に必要がある場合には，次に示すところによるものとする。その際，各教科，道徳科，外国語活動及び特別活動の当該各学年より後の各学年（知的障害者である児童又は生徒に対する教育を行う特別支援学校においては，各教科の当該各段階より後の各段階）又は当該各学部より後の各学部の目標の系統性や内容の関連に留意しなければならない。
 (1) 各教科及び外国語活動の目標及び内容に関する事項の一部を取り扱わないことができること。
 (2) 各教科の各学年の目標及び内容の一部又は全部を，当該各学年より前の各学年の目標及び内容の一部又は全部によって，替えることができること。また，道徳科の各学年の内容の一部又は全部を，当該各学年より前の学年の内容の一部又は全部によって，替えることができること。
 (3) 視覚障害者，聴覚障害者，肢体不自由者又は病弱者である児童に対する教育を行う特別支援学校の小学部の外国語科については，外国語活動の目標及び内容の一部を取り入れることができること。
 (4) 中学部の各教科及び道徳科の目標及び内容に関する事項の一部又は全部を，当該各教科に相当する小学部の各教科及び道徳科の目標及び内容に関する事項の一部又は全部によって，替えることができること。
 (5) 中学部の外国語科については，小学部の外国語活動の目標及び内容の一部を取り入れることができること。
 (6) 幼稚部教育要領に示す各領域のねらい及び内容の一部を取り入れることができること。
2 知的障害者である児童に対する教育を行う特別支援学校の小学部に就学する児童のうち，

小学部の3段階に示す各教科又は外国語活動の内容を習得し目標を達成している者については,小学校学習指導要領第2章に示す各教科及び第4章に示す外国語活動の目標及び内容の一部を取り入れることができるものとする。

　また,知的障害者である生徒に対する教育を行う特別支援学校の中学部の2段階に示す各教科の内容を習得し目標を達成している者については,中学校学習指導要領第2章に示す各教科の目標及び内容並びに小学校学習指導要領第2章に示す各教科及び第4章に示す外国語活動の目標及び内容の一部を取り入れることができるものとする。
3　視覚障害者,聴覚障害者,肢体不自由者又は病弱者である児童又は生徒に対する教育を行う特別支援学校に就学する児童又は生徒のうち,知的障害を併せ有する者については,各教科の目標及び内容に関する事項の一部又は全部を,当該各教科に相当する第2章第1節第2款若しくは第2節第2款に示す知的障害者である児童又は生徒に対する教育を行う特別支援学校の各教科の目標及び内容の一部又は全部によって,替えることができるものとする。また,小学部の児童については,外国語活動の目標及び内容の一部又は全部を第4章第2款に示す知的障害者である児童に対する教育を行う特別支援学校の外国語活動の目標及び内容の一部又は全部によって,替えることができるものとする。したがって,この場合,小学部の児童については,外国語科及び総合的な学習の時間を,中学部の生徒については,外国語科を設けないことができるものとする。
4　重複障害者のうち,障害の状態により特に必要がある場合には,各教科,道徳科,外国語活動若しくは特別活動の目標及び内容に関する事項の一部又は各教科,外国語活動若しくは総合的な学習の時間に替えて,自立活動を主として指導を行うことができるものとする。
5　障害のため通学して教育を受けることが困難な児童又は生徒に対して,教員を派遣して教育を行う場合については,上記1から4に示すところによることができるものとする。
6　重複障害者,療養中の児童若しくは生徒又は障害のため通学して教育を受けることが困難な児童若しくは生徒に対して教員を派遣して教育を行う場合について,特に必要があるときは,実情に応じた授業時数を適切に定めるものとする。

第2章　各教科

第1節　小学部
第1款　視覚障害者,聴覚障害者,肢体不自由者又は病弱者である児童に対する教育を行う特別支援学校
　各教科の目標,各学年の目標及び内容並びに指導計画の作成と内容の取扱いについては,小学校学習指導要領第2章に示すものに準ずるものとする。
　指導計画の作成と各学年にわたる内容の取扱いに当たっては,児童の障害の状態や特性及び心身の発達の段階等を十分考慮するとともに,特に次の事項に配慮するものとする。
1　視覚障害者である児童に対する教育を行う特別支援学校
　(1) 児童が聴覚,触覚及び保有する視覚などを十分に活用して,具体的な事物・事象や動作と言葉とを結び付けて,的確な概念の形成を図り,言葉を正しく理解し活用できるようにすること。

(2) 児童の視覚障害の状態等に応じて，点字又は普通の文字の読み書きを系統的に指導し，習熟させること。なお，点字を常用して学習する児童に対しても，漢字・漢語の理解を促すため，児童の発達の段階等に応じて適切な指導が行われるようにすること。
 (3) 児童の視覚障害の状態等に応じて，指導内容を適切に精選し，基礎的・基本的な事項から着実に習得できるよう指導すること。
 (4) 視覚補助具やコンピュータ等の情報機器，触覚教材，拡大教材及び音声教材等各種教材の効果的な活用を通して，児童が容易に情報を収集・整理し，主体的な学習ができるようにするなど，児童の視覚障害の状態等を考慮した指導方法を工夫すること。
 (5) 児童が場の状況や活動の過程等を的確に把握できるよう配慮することで，空間や時間の概念を養い，見通しをもって意欲的な学習活動を展開できるようにすること。
2 聴覚障害者である児童に対する教育を行う特別支援学校
 (1) 体験的な活動を通して，学習の基盤となる語句などについて的確な言語概念の形成を図り，児童の発達に応じた思考力の育成に努めること。
 (2) 児童の言語発達の程度に応じて，主体的に読書に親しんだり，書いて表現したりする態度を養うよう工夫すること。
 (3) 児童の聴覚障害の状態等に応じて，音声，文字，手話，指文字等を適切に活用して，発表や児童同士の話し合いなどの学習活動を積極的に取り入れ，的確な意思の相互伝達が行われるよう指導方法を工夫すること。
 (4) 児童の聴覚障害の状態等に応じて，補聴器や人工内耳等の利用により，児童の保有する聴覚を最大限に活用し，効果的な学習活動が展開できるようにすること。
 (5) 児童の言語概念や読み書きの力などに応じて，指導内容を適切に精選し，基礎的・基本的な事項に重点を置くなど指導を工夫すること。
 (6) 視覚的に情報を獲得しやすい教材・教具やその活用方法等を工夫するとともに，コンピュータ等の情報機器などを有効に活用し，指導の効果を高めるようにすること。
3 肢体不自由者である児童に対する教育を行う特別支援学校
 (1) 体験的な活動を通して言語概念等の形成を的確に図り，児童の障害の状態や発達の段階に応じた思考力，判断力，表現力等の育成に努めること。
 (2) 児童の身体の動きの状態や認知の特性，各教科の内容の習得状況等を考慮して，指導内容を適切に設定し，重点を置く事項に時間を多く配当するなど計画的に指導すること。
 (3) 児童の学習時の姿勢や認知の特性等に応じて，指導方法を工夫すること。
 (4) 児童の身体の動きや意思の表出の状態等に応じて，適切な補助具や補助的手段を工夫するとともに，コンピュータ等の情報機器などを有効に活用し，指導の効果を高めるようにすること。
 (5) 各教科の指導に当たっては，特に自立活動の時間における指導との密接な関連を保ち，学習効果を一層高めるようにすること。
4 病弱者である児童に対する教育を行う特別支援学校
 (1) 個々の児童の学習状況や病気の状態，授業時数の制約等に応じて，指導内容を適切に精選し，基礎的・基本的な事項に重点を置くとともに，指導内容の連続性に配慮した工夫を

行ったり，各教科等相互の関連を図ったりして，効果的な学習活動が展開できるようにすること。
(2) 健康状態の維持や管理，改善に関する内容の指導に当たっては，自己理解を深めながら学びに向かう力を高めるために，自立活動における指導との密接な関連を保ち，学習効果を一層高めるようにすること。
(3) 体験的な活動を伴う内容の指導に当たっては，児童の病気の状態や学習環境に応じて，間接体験や疑似体験，仮想体験等を取り入れるなど，指導方法を工夫し，効果的な学習活動が展開できるようにすること。
(4) 児童の身体活動の制限や認知の特性，学習環境等に応じて，教材・教具や入力支援機器等の補助用具を工夫するとともに，コンピュータ等の情報機器などを有効に活用し，指導の効果を高めるようにすること。
(5) 児童の病気の状態等を考慮し，学習活動が負担過重となる又は必要以上に制限することがないようにすること。
(6) 病気のため，姿勢の保持や長時間の学習活動が困難な児童については，姿勢の変換や適切な休養の確保などに留意すること。

第2款　知的障害者である児童に対する教育を行う特別支援学校
　第1　各教科の目標及び内容
〔生　活〕
1　目　標
　具体的な活動や体験を通して，生活に関わる見方・考え方を生かし，自立し生活を豊かにしていくための資質・能力を次のとおり育成することを目指す。
(1) 活動や体験の過程において，自分自身，身近な人々，社会及び自然の特徴やよさ，それらの関わり等に気付くとともに，生活に必要な習慣や技能を身に付けるようにする。
(2) 自分自身や身の回りの生活のことや，身近な人々，社会及び自然と自分との関わりについて理解し，考えたことを表現することができるようにする。
(3) 自分のことに取り組んだり，身近な人々，社会及び自然に自ら働きかけ，意欲や自信をもって学んだり，生活を豊かにしようとしたりする態度を養う。
2　各段階の目標及び内容
○1段階
　(1) 目　標
　　ア　活動や体験の過程において，自分自身，身近な人々，社会及び自然の特徴に関心をもつとともに，身の回りの生活において必要な基本的な習慣や技能を身に付けるようにする。
　　イ　自分自身や身の回りの生活のことや，身近な人々，社会及び自然と自分との関わりについて関心をもち，感じたことを伝えようとする。
　　ウ　自分のことに取り組もうとしたり，身近な人々，社会及び自然に関心をもち，意欲をもって学んだり，生活に生かそうとしたりする態度を養う。

(2) 内　容
　ア　基本的生活習慣
　　　食事や用便等の生活習慣に関わる初歩的な学習活動を通して，次の事項を身に付けることができるよう指導する。
　　(ｱ)　簡単な身辺処理に気付き，教師と一緒に行おうとすること。
　　(ｲ)　簡単な身辺処理に関する初歩的な知識や技能を身に付けること。
　イ　安全
　　　危ないことや危険な場所等における安全に関わる初歩的な学習活動を通して，次の事項を身に付けることができるよう指導する。
　　(ｱ)　身の回りの安全に気付き，教師と一緒に安全な生活に取り組もうとすること。
　　(ｲ)　安全に関わる初歩的な知識や技能を身に付けること。
　ウ　日課・予定
　　　日課に沿って教師と共にする学習活動を通して，次の事項を身に付けることができるよう指導する。
　　(ｱ)　身の回りの簡単な日課に気付き，教師と一緒に日課に沿って行動しようとすること。
　　(ｲ)　簡単な日課について，関心をもつこと。
　エ　遊び
　　　自分で好きな遊びをすることなどに関わる学習活動を通して，次の事項を身に付けることができるよう指導する。
　　(ｱ)　身の回りの遊びに気付き，教師や友達と同じ場所で遊ぼうとすること。
　　(ｲ)　身の回りの遊びや遊び方について関心をもつこと。
　オ　人との関わり
　　　小さな集団での学習活動を通して，次の事項を身に付けることができるよう指導する。
　　(ｱ)　教師や身の回りの人に気付き，教師と一緒に簡単な挨拶などをしようとすること。
　　(ｲ)　身の回りの人との関わり方に関心をもつこと。
　カ　役割
　　　学級等の集団における役割などに関わる学習活動を通して，次の事項を身に付けることができるよう指導する。
　　(ｱ)　身の回りの集団に気付き，教師と一緒に参加しようとすること。
　　(ｲ)　集団の中での役割に関心をもつこと。
　キ　手伝い・仕事
　　　教師と一緒に印刷物を配ることや身の回りの簡単な手伝いなどに関わる学習活動を通して，次の事項を身に付けることができるよう指導する。
　　(ｱ)　身の回りの簡単な手伝いや仕事を教師と一緒にしようとすること。
　　(ｲ)　簡単な手伝いや仕事に関心をもつこと。
　ク　金銭の扱い
　　　簡単な買い物や金銭を大切に扱うことなどに関わる学習活動を通して，次の事項を身に付けることができるよう指導する。

(ｱ) 身の回りの生活の中で，教師と一緒に金銭を扱おうとすること。
(ｲ) 金銭の扱い方などに関心をもつこと。
ケ きまり
学校生活の簡単なきまりに関わる学習活動を通して，次の事項を身に付けることができるよう指導する。
(ｱ) 身の回りの簡単なきまりに従って教師と一緒に行動しようとすること。
(ｲ) 簡単なきまりについて関心をもつこと。
コ 社会の仕組みと公共施設
自分の家族や近隣に関心をもつこと及び公園等の公共施設に関わる学習活動を通して，次の事項を身に付けることができるよう指導する。
(ｱ) 身の回りにある社会の仕組みや公共施設に気付き，それを教師と一緒にみんなに伝えようとすること。
(ｲ) 身の回りの社会の仕組みや公共施設の使い方などについて関心をもつこと。
サ 生命・自然
教師と一緒に公園や野山などの自然に触れることや生き物に興味や関心をもつことなどに関わる学習活動を通して，次の事項を身に付けることができるよう指導する。
(ｱ) 身の回りにある生命や自然に気付き，それを教師と一緒にみんなに伝えようとすること。
(ｲ) 身の回りの生命や自然について関心をもつこと。
シ ものの仕組みと働き
身の回りの生活の中で，物の重さに気付くことなどに関わる学習活動を通して，次の事項を身に付けることができるよう指導する。
(ｱ) 身の回りにあるものの仕組みや働きに気付き，それを教師と一緒にみんなに伝えようとすること。
(ｲ) 身の回りにあるものの仕組みや働きについて関心をもつこと。

○2段階
(1) 目 標
ア 活動や体験の過程において，自分自身，身近な人々，社会及び自然の特徴や変化に気付くとともに，身近な生活において必要な習慣や技能を身に付けるようにする。
イ 自分自身や身の回りの生活のことや，身近な人々，社会及び自然と自分との関わりについて気付き，感じたことを表現しようとする。
ウ 自分のことに取り組もうとしたり，身近な人々，社会及び自然に自ら働きかけようとしたり，意欲や自信をもって学んだり，生活に生かそうとしたりする態度を養う。
(2) 内 容
ア 基本的生活習慣
食事，用便，清潔等の基本的生活習慣に関わる学習活動を通して，次の事項を身に付けることができるよう指導する。
(ｱ) 必要な身辺処理が分かり，身近な生活に役立てようとすること。

(イ)　身近な生活に必要な身辺処理に関する基礎的な知識や技能を身に付けること。
　イ　安全
　　　遊具や器具の使い方，避難訓練等の基本的な安全や防災に関わる学習活動を通して，次の事項を身に付けることができるよう指導する。
　　(ア)　身近な生活の安全に関心をもち，教師の援助を求めながら，安全な生活に取り組もうとすること。
　　(イ)　安全や防災に関わる基礎的な知識や技能を身に付けること。
　ウ　日課・予定
　　　絵や写真カードなどを手掛かりにして，見通しをもち主体的に取り組むことなどに関わる学習活動を通して，次の事項を身に付けることができるよう指導する。
　　(ア)　身近な日課・予定が分かり，教師の援助を求めながら，日課に沿って行動しようとすること。
　　(イ)　身近な日課・予定について知ること。
　エ　遊び
　　　教師や友達と簡単な遊びをすることなどに関わる学習活動を通して，次の事項を身に付けることができるよう指導する。
　　(ア)　身近な遊びの中で，教師や友達と簡単なきまりのある遊びをしたり，遊びを工夫しようとしたりすること。
　　(イ)　簡単なきまりのある遊びについて知ること。
　オ　人との関わり
　　　身近な人と接することなどに関わる学習活動を通して，次の事項を身に付けることができるよう指導する。
　　(ア)　身近な人を知り，教師の援助を求めながら挨拶や話などをしようとすること。
　　(イ)　身近な人との接し方などについて知ること。
　カ　役割
　　　学級や学年，異年齢の集団等における役割に関わる学習活動を通して，次の事項を身に付けることができるよう指導する。
　　(ア)　身近な集団活動に参加し，簡単な係活動をしようとすること。
　　(イ)　簡単な係活動などの役割について知ること。
　キ　手伝い・仕事
　　　人の役に立つことのできる手伝いや仕事に関わる学習活動を通して，次の事項を身に付けることができるよう指導する。
　　(ア)　教師の援助を求めながら身近で簡単な手伝いや仕事をしようとすること。
　　(イ)　簡単な手伝いや仕事について知ること。
　ク　金銭の扱い
　　　金銭の価値に気付くことや金銭を扱うことなどに関わる学習活動を通して，次の事項を身に付けることができるよう指導する。
　　(ア)　身近な生活の中で，教師に援助を求めながら買い物をし，金銭の大切さや必要性に

ついて気付くこと。
　　　(イ)　金銭の扱い方などを知ること。
　　ケ　きまり
　　　　順番を守ることや信号を守って横断することなど，簡単なきまりやマナーに関わる学習活動を通して，次の事項を身に付けることができるよう指導する。
　　　(ア)　身近で簡単なきまりやマナーに気付き，それらを守って行動しようとすること。
　　　(イ)　簡単なきまりやマナーについて知ること。
　　コ　社会の仕組みと公共施設
　　　　自分の住む地域のことや図書館や児童館等の公共施設に関わる学習活動を通して，次の事項を身に付けることができるよう指導する。
　　　(ア)　教師の援助を求めながら身近な社会の仕組みや公共施設に気付き，それらを表現しようとすること。
　　　(イ)　身近な社会の仕組みや公共施設の使い方などを知ること。
　　サ　生命・自然
　　　　小動物等を飼育し生き物への興味・関心をもつことや天候の変化，季節の特徴に関心をもつことなどに関わる学習活動を通して，次の事項を身に付けることができるよう指導する。
　　　(ア)　身近な生命や自然の特徴や変化が分かり，それらを表現しようとすること。
　　　(イ)　身近な生命や自然について知ること。
　　シ　ものの仕組みと働き
　　　　身近な生活の中で，ものの仕組みなどに関わる学習活動を通して，次の事項を身に付けることができるよう指導する。
　　　(ア)　身近にあるものの仕組みや働きが分かり，それらを表現しようとすること。
　　　(イ)　身近にあるものの仕組みや働きについて知ること。
○3段階
(1)　目　標
　　ア　活動や体験の過程において，自分自身，身近な人々，社会及び自然の特徴やよさ，それらの関わりに気付くとともに，生活に必要な習慣や技能を身に付けるようにする。
　　イ　自分自身や身の回りの生活のことや，身近な人々，社会及び自然と自分との関わりについて理解し，考えたことを表現することができるようにする。
　　ウ　自分のことに取り組んだり，身近な人々，社会及び自然に自ら働きかけ，意欲や自信をもって学んだり，生活を豊かにしようとしたりする態度を養う。
(2)　内　容
　　ア　基本的生活習慣
　　　　身の回りの整理や身なりなどの基本的生活習慣や日常生活に役立つことに関わる学習活動を通して，次の事項を身に付けることができるよう指導する。
　　　(ア)　必要な身辺処理や集団での基本的生活習慣が分かり，日常生活に役立てようとすること。

(イ)　日常生活に必要な身辺処理等に関する知識や技能を身に付けること。
イ　安全
　　交通安全や避難訓練等の安全や防災に関わる学習活動を通して，次の事項を身に付けることができるよう指導する。
　(ア)　日常生活の安全や防災に関心をもち，安全な生活をするよう心がけること。
　(イ)　安全や防災に関わる知識や技能を身に付けること。
ウ　日課・予定
　　一週間程度の予定，学校行事や家庭の予定などに関わる学習活動を通して，次の事項を身に付けることができるよう指導する。
　(ア)　日常生活の日課・予定が分かり，およその予定を考えながら，見通しをもって行動しようとすること。
　(イ)　日課や身近な予定を立てるために必要な知識や技能を身に付けること。
エ　遊び
　　日常生活の中での遊びに関わる学習活動を通して，次の事項を身に付けることができるよう指導する。
　(ア)　日常生活の遊びで，友達と関わりをもち，きまりを守ったり，遊びを工夫し発展させたりして，仲良く遊ぼうとすること。
　(イ)　きまりのある遊びや友達と仲良く遊ぶことなどの知識や技能を身に付けること。
オ　人との関わり
　　身近なことを教師や友達と話すことなどに関わる学習活動を通して，次の事項を身に付けることができるよう指導する。
　(ア)　身近な人と自分との関わりが分かり，一人で簡単な応対などをしようとすること。
　(イ)　身近な人との簡単な応対などをするための知識や技能を身に付けること。
カ　役割
　　様々な集団や地域での役割に関わる学習活動を通して，次の事項を身に付けることができるよう指導する。
　(ア)　様々な集団活動に進んで参加し，簡単な役割を果たそうとすること。
　(イ)　集団の中での簡単な役割を果たすための知識や技能を身に付けること。
キ　手伝い・仕事
　　自分から調理や製作などの様々な手伝いをすることや学級の備品等の整理などに関わる学習活動を通して，次の事項を身に付けることができるよう指導する。
　(ア)　日常生活の手伝いや仕事を進んでしようとすること。
　(イ)　手伝いや仕事をするための知識や技能を身に付けること。
ク　金銭の扱い
　　価格に応じて必要な貨幣を組み合わせるなどの金銭に関わる学習活動を通して，次の事項を身に付けることができるよう指導する。
　(ア)　日常生活の中で，金銭の価値が分かり扱いに慣れること。
　(イ)　金銭の扱い方などの知識や技能を身に付けること。

ケ　きまり
　　学校のきまりや公共の場でのマナー等に関わる学習活動を通して，次の事項を身に付けることができるよう指導する。
　(ｱ)　日常生活の簡単なきまりやマナーが分かり，それらを守って行動しようとすること。
　(ｲ)　簡単なきまりやマナーに関する知識や技能を身に付けること。
コ　社会の仕組みと公共施設
　　自分の地域や周辺の地理などの社会の様子，警察署や消防署などの公共施設に関わる学習活動を通して，次の事項を身に付けることができるよう指導する。
　(ｱ)　日常生活に関わりのある社会の仕組みや公共施設が分かり，それらを表現すること。
　(ｲ)　日常生活に関わりのある社会の仕組みや公共施設などを知ったり，活用したりすること。
サ　生命・自然
　　身近にいる昆虫，魚，小鳥の飼育や草花などの栽培及び四季の変化や天体の動きなどに関わる学習活動を通して，次の事項を身に付けることができるよう指導する。
　(ｱ)　日常生活に関わりのある生命や自然の特徴や変化が分かり，それらを表現すること。
　(ｲ)　日常生活に関わりのある生命や自然について関心をもって調べること。
シ　ものの仕組みと働き
　　日常生活の中で，ものの仕組みなどに関わる学習活動を通して，次の事項を身に付けることができるよう指導する。
　(ｱ)　日常生活の中で，ものの仕組みや働きが分かり，それらを表現すること。
　(ｲ)　ものの仕組みや働きに関して関心をもって調べること。
3　指導計画の作成と内容の取扱い
(1)　指導計画の作成に当たっては，次の事項に配慮するものとする。
　ア　年間や，単元など内容や時間のまとまりを見通して，その中で育む資質・能力の育成に向けて，児童の主体的・対話的で深い学びの実現を図るようにすること。その際，児童が具体的な場面で実際的な活動を通して，自分と身近な社会や自然との関わりについての関心を深められるようにすること。
　イ　各教科等との関連を図り，指導の効果を高めるようにするとともに，中学部の社会科，理科及び職業・家庭科の学習を見据え，系統的・発展的に指導できるようにすること。
　ウ　2の各段階の内容のサについては，動物や植物への関わり方が深まるよう継続的な飼育，栽培を行うなど工夫すること。
　エ　入学当初においては，幼児期における遊びを通した総合的な学びから他教科等における学習に円滑に移行し，主体的に自己を発揮しながら，より自覚的な学びに向かうことが可能となるようにすること。
　オ　自分自身の生活や成長を振り返る活動を通して，自分でできるようになったこと，役割が増えたことなどが分かるとともに，これまでの生活や成長を支えてくれた人々への感謝の気持ちと，これからの意欲的な取り組みにより，更に成長できるようにすること。
(2)　2の各段階の内容の取扱いについては，次の事項に配慮するものとする。

ア　具体的な活動や体験を行うに当たっては，日々の日課に即して，実際的な指導ができるようにすること。
　　イ　身近な人々，社会及び自然に関する活動の楽しさを味わうとともに，それらを通して気付いたことや楽しかったことなどについて，多様な方法により表現し，考えることができるようにすること。
　　ウ　具体的な活動や体験を通して気付いたことを基に考えることができるようにするため，見付ける，比べる，たとえる，試す，見通す，工夫するなどの多様な学習活動を行うようにすること。
　　エ　2の各段階の内容のクは，算数科との関連を図りながら，実際的な指導ができるようにすること。
　　オ　具体的な活動や体験を行うに当たっては，身近な幼児，高齢者など多様な人々と触れ合うことができるようにすること。

〔国　語〕
1　目　標
　言葉による見方・考え方を働かせ，言語活動を通して，国語で理解し表現する資質・能力を次のとおり育成することを目指す。
　(1)　日常生活に必要な国語について，その特質を理解し使うことができるようにする。
　(2)　日常生活における人との関わりの中で伝え合う力を身に付け，思考力や想像力を養う。
　(3)　言葉で伝え合うよさを感じるとともに，言語感覚を養い，国語を大切にしてその能力の向上を図る態度を養う。
2　各段階の目標及び内容
○1段階
　(1)　目　標
　　ア　日常生活に必要な身近な言葉が分かり使うようになるとともに，いろいろな言葉や我が国の言語文化に触れることができるようにする。
　　イ　言葉をイメージしたり，言葉による関わりを受け止めたりする力を養い，日常生活における人との関わりの中で伝え合い，自分の思いをもつことができるようにする。
　　ウ　言葉で表すことやそのよさを感じるとともに，言葉を使おうとする態度を養う。
　(2)　内　容
〔知識及び技能〕
　　ア　言葉の特徴や使い方に関する次の事項を身に付けることができるよう指導する。
　　　㋐　身近な人の話し掛けに慣れ，言葉が事物の内容を表していることを感じること。
　　　㋑　言葉のもつ音やリズムに触れたり，言葉が表す事物やイメージに触れたりすること。
　　イ　我が国の言語文化に関する次の事項を身に付けることができるよう指導する。
　　　㋐　昔話などについて，読み聞かせを聞くなどして親しむこと。
　　　㋑　遊びを通して，言葉のもつ楽しさに触れること。
　　　㋒　書くことに関する次の事項を理解し使うこと。
　　　　㋐　いろいろな筆記具に触れ，書くことを知ること。

㋑　筆記具の持ち方や，正しい姿勢で書くことを知ること。
　　㈎　読み聞かせに注目し，いろいろな絵本などに興味をもつこと。
〔思考力，判断力，表現力等〕
　A　聞くこと・話すこと
　　聞くこと・話すことに関する次の事項を身に付けることができるよう指導する。
　　ア　教師の話や読み聞かせに応じ，音声を模倣したり，表情や身振り，簡単な話し言葉などで表現したりすること。
　　イ　身近な人からの話し掛けに注目したり，応じて答えたりすること。
　　ウ　伝えたいことを思い浮かべ，身振りや音声などで表すこと。
　B　書くこと
　　書くことに関する次の事項を身に付けることができるよう指導する。
　　ア　身近な人との関わりや出来事について，伝えたいことを思い浮かべたり，選んだりすること。
　　イ　文字に興味をもち，書こうとすること。
　C　読むこと
　　読むことに関する次の事項を身に付けることができるよう指導する。
　　ア　教師と一緒に絵本などを見て，示された身近な事物や生き物などに気付き，注目すること。
　　イ　絵本などを見て，知っている事物や出来事などを指さしなどで表現すること。
　　ウ　絵や矢印などの記号で表された意味に応じ，行動すること。
　　エ　絵本などを見て，次の場面を楽しみにしたり，登場人物の動きなどを模倣したりすること。
○2段階
(1)　目　標
　　ア　日常生活に必要な身近な言葉を身に付けるとともに，いろいろな言葉や我が国の言語文化に触れることができるようにする。
　　イ　言葉が表す事柄を想起したり受け止めたりする力を養い，日常生活における人との関わりの中で伝え合い，自分の思いをもつことができるようにする。
　　ウ　言葉がもつよさを感じるとともに，読み聞かせに親しみ，言葉でのやり取りを聞いたり伝えたりしようとする態度を養う。
(2)　内　容
〔知識及び技能〕
　　ア　言葉の特徴や使い方に関する次の事項を身に付けることができるよう指導する。
　　　㋐　身近な人の話し掛けや会話などの話し言葉に慣れ，言葉が，気持ちや要求を表していることを感じること。
　　　㋑　日常生活でよく使われている平仮名を読むこと。
　　　㋒　身近な人との会話を通して，物の名前や動作など，いろいろな言葉の種類に触れること。

イ　我が国の言語文化に関する次の事項を身に付けることができるよう指導する。
　　㈆　昔話や童謡の歌詞などの読み聞かせを聞いたり，言葉などを模倣したりするなどして，言葉の響きやリズムに親しむこと。
　　㈇　遊びややり取りを通して，言葉による表現に親しむこと。
　　㈈　書くことに関する次の事項を理解し使うこと。
　　　㋐　いろいろな筆記具を用いて，書くことに親しむこと。
　　　㋑　写し書きやなぞり書きなどにより，筆記具の正しい持ち方や書くときの正しい姿勢など，書写の基本を身に付けること。
　　㈉　読み聞かせに親しんだり，文字を拾い読みしたりして，いろいろな絵本や図鑑などに興味をもつこと。
〔思考力，判断力，表現力等〕
A　聞くこと・話すこと
　　聞くこと・話すことに関する次の事項を身に付けることができるよう指導する。
　ア　身近な人の話に慣れ，簡単な事柄と語句などを結び付けたり，語句などから事柄を思い浮かべたりすること。
　イ　簡単な指示や説明を聞き，その指示等に応じた行動をすること。
　ウ　体験したことなどについて，伝えたいことを考えること。
　エ　挨拶をしたり，簡単な台詞(せりふ)などを表現したりすること。
B　書くこと
　　書くことに関する次の事項を身に付けることができるよう指導する。
　ア　経験したことのうち身近なことについて，写真などを手掛かりにして，伝えたいことを思い浮かべたり，選んだりすること。
　イ　自分の名前や物の名前を文字で表すことができることを知り，簡単な平仮名をなぞったり，書いたりすること。
C　読むこと
　　読むことに関する次の事項を身に付けることができるよう指導する。
　ア　教師と一緒に絵本などを見て，登場するものや動作などを思い浮かべること。
　イ　教師と一緒に絵本などを見て，時間の経過などの大体を捉えること。
　ウ　日常生活でよく使われている表示などの特徴に気付き，読もうとしたり，表された意味に応じた行動をしたりすること。
　エ　絵本などを見て，好きな場面を伝えたり，言葉などを模倣したりすること。
○3段階
(1)　目　標
　ア　日常生活に必要な国語の知識や技能を身に付けるとともに，我が国の言語文化に触れ，親しむことができるようにする。
　イ　出来事の順序を思い出す力や感じたり想像したりする力を養い，日常生活における人との関わりの中で伝え合う力を身に付け，思い付いたり考えたりすることができるようにする。

ウ　言葉がもつよさを感じるとともに，図書に親しみ，思いや考えを伝えたり受け止めたりしようとする態度を養う。
(2)　内　容
〔知識及び技能〕
　ア　言葉の特徴や使い方に関する次の事項を身に付けることができるよう指導する。
　　(ア)　身近な人との会話や読み聞かせを通して，言葉には物事の内容を表す働きがあることに気付くこと。
　　(イ)　姿勢や口形に気を付けて話すこと。
　　(ウ)　日常生活でよく使う促音，長音などが含まれた語句，平仮名，片仮名，漢字の正しい読み方を知ること。
　　(エ)　言葉には，意味による語句のまとまりがあることに気付くこと。
　　(オ)　文の中における主語と述語との関係や助詞の使い方により，意味が変わることを知ること。
　　(カ)　正しい姿勢で音読すること。
　イ　話や文章の中に含まれている情報の扱い方に関する次の事項を身に付けることができるよう指導する。
　　(ア)　物事の始めと終わりなど，情報と情報との関係について理解すること。
　　(イ)　図書を用いた調べ方を理解し使うこと。
　ウ　我が国の言語文化に関する次の事項を身に付けることができるよう指導する。
　　(ア)　昔話や神話・伝承などの読み聞かせを聞き，言葉の響きやリズムに親しむこと。
　　(イ)　出来事や経験したことを伝え合う体験を通して，いろいろな語句や文の表現に触れること。
　　(ウ)　書くことに関する次の事項を理解し使うこと。
　　　　㋐　目的に合った筆記具を選び，書くこと。
　　　　㋑　姿勢や筆記具の持ち方を正しくし，平仮名や片仮名の文字の形に注意しながら丁寧に書くこと。
　　(エ)　読み聞かせなどに親しみ，いろいろな絵本や図鑑があることを知ること。
〔思考力，判断力，表現力等〕
A　聞くこと・話すこと
　　聞くこと・話すことに関する次の事項を身に付けることができるよう指導する。
　ア　絵本の読み聞かせなどを通して，出来事など話の大体を聞き取ること。
　イ　経験したことを思い浮かべ，伝えたいことを考えること。
　ウ　見聞きしたことなどのあらましや自分の気持ちなどについて思い付いたり，考えたりすること。
　エ　挨拶や電話の受け答えなど，決まった言い方を使うこと。
　オ　相手に伝わるよう，発音や声の大きさに気を付けること。
　カ　相手の話に関心をもち，自分の思いや考えを相手に伝えたり，相手の思いや考えを受け止めたりすること。

B　書くこと
　　書くことに関する次の事項を身に付けることができるよう指導する。
　　ア　身近で見聞きしたり，経験したりしたことについて書きたいことを見付け，その題材に必要な事柄を集めること。
　　イ　見聞きしたり，経験したりしたことから，伝えたい事柄の順序を考えること。
　　ウ　見聞きしたり，経験したりしたことについて，簡単な語句や短い文を書くこと。
　　エ　書いた語句や文を読み，間違いを正すこと。
　　オ　文などに対して感じたことを伝えること。
　C　読むこと
　　読むことに関する次の事項を身に付けることができるよう指導する。
　　ア　絵本や易しい読み物などを読み，挿絵と結び付けて登場人物の行動や場面の様子などを想像すること。
　　イ　絵本や易しい読み物などを読み，時間的な順序など内容の大体を捉えること。
　　ウ　日常生活で必要な語句や文，看板などを読み，必要な物を選んだり行動したりすること。
　　エ　登場人物になったつもりで，音読したり演じたりすること。
　3　指導計画の作成と内容の取扱い
　(1)　指導計画の作成に当たっては，次の事項に配慮するものとする。
　　ア　単元など内容や時間のまとまりを見通して，その中で育む資質・能力の育成に向けて，児童の主体的・対話的で深い学びの実現を図るようにすること。その際，言葉による見方・考え方を働かせ，言語活動を通して，言葉の特徴や使い方などを身に付け自分の思いや考えを深める学習の充実を図ること。
　　イ　2の各段階の内容の〔知識及び技能〕に示す事項については，〔思考力，判断力，表現力等〕に示す事項の指導を通して指導することを基本とすること。
　　ウ　2の各段階の内容の〔思考力，判断力，表現力等〕の「A聞くこと・話すこと」に関する指導に配当する授業時数は，児童の言語発達の状態を考慮し，適切に定めること。また，音声言語のための教材を積極的に活用するなどして，指導の効果を高めるよう工夫すること。
　　エ　2の各段階の内容の〔思考力，判断力，表現力等〕の「B書くこと」に関する指導に配当する授業時数は，児童の運動の能力や手先の器用さなどを考慮し，適切に定めること。また，書き表す内容や方法については，個に応じて適切に選択すること。
　　オ　2の各段階の内容の〔思考力，判断力，表現力等〕の「C読むこと」に関する指導に配当する授業時数は，児童の言語発達の状態を考慮し，適切に定めること。また，身近な題材を中心に段階的に様々な題材や文章に触れる機会を設けること。
　(2)　2の各段階の内容の取扱いについては，次の事項に配慮するものとする。
　　ア　2の各段階の内容のうち，文字に関する事項については，次のとおり取り扱うこと。
　　　(ｱ)　平仮名及び片仮名を読み，書くとともに，片仮名で書く語の種類を知り，文や文章の中で使うことができるよう指導を工夫すること。

(イ) 日常生活や他教科等で必要な漢字を読み，文や文章の中で使うなど，適切に指導内容を設定し，指導すること。
　　　(ウ) 平仮名，片仮名の読み書きが身に付き，字形を取ることができるなどの児童の学習状況に応じて，ローマ字を取り扱うこともできること。
　　イ　2の内容の指導に当たっては，学校図書館などを目的をもって計画的に利用し，児童が図書に親しむことができるよう配慮すること。
　　ウ　教材については，次の事項に留意すること。
　　　(ア) 児童の障害の状態や特性及び心身の発達の段階等に応じ，興味・関心のある題材や生活に関連する身近な題材を中心に扱いながら，徐々に様々な種類や形式の文，文章に触れる機会を設けること。その際，児童が自分の考えや気持ちを伝える活動を重視すること。
　　　(イ) 読み物教材は，場面の切り替えや筋の移り変わりが捉えやすい題材を選ぶようにすること。

〔算　数〕
1　目　標
　　数学的な見方・考え方を働かせ，数学的活動を通して，数学的に考える資質・能力を次のとおり育成することを目指す。
　(1)　数量や図形などについての基礎的・基本的な概念や性質などに気付き理解するとともに，日常の事象を数量や図形に注目して処理する技能を身に付けるようにする。
　(2)　日常の事象の中から数量や図形を直感的に捉える力，基礎的・基本的な数量や図形の性質などに気付き感じ取る力，数学的な表現を用いて事象を簡潔・明瞭・的確に表したり柔軟に表したりする力を養う。
　(3)　数学的活動の楽しさに気付き，関心や興味をもち，学習したことを結び付けてよりよく問題を解決しようとする態度，算数で学んだことを学習や生活に活用しようとする態度を養う。
2　各段階の目標及び内容
○1段階
　(1)　目　標
　　A　数量の基礎
　　　ア　身の回りのものに気付き，対応させたり，組み合わせたりすることなどについての技能を身に付けるようにする。
　　　イ　身の回りにあるもの同士を対応させたり，組み合わせたりするなど，数量に関心をもって関わる力を養う。
　　　ウ　数量や図形に気付き，算数の学習に関心をもって取り組もうとする態度を養う。
　　B　数と計算
　　　ア　ものの有無や3までの数的要素に気付き，身の回りのものの数に関心をもって関わることについての技能を身に付けるようにする。
　　　イ　身の回りのものの有無や数的要素に注目し，数を直感的に捉えたり，数を用いて表現

したりする力を養う。
　ウ　数量に気付き，算数の学習に関心をもって取り組もうとする態度を養う。
C　図形
　ア　身の回りのものの上下や前後，形の違いに気付き，違いに応じて関わることについての技能を身に付けるようにする。
　イ　身の回りのものの形に注目し，同じ形を捉えたり，形の違いを捉えたりする力を養う。
　ウ　図形に気付き，算数の学習に関心をもって取り組もうとする態度を養う。
D　測定
　ア　身の回りにあるものの量の大きさに気付き，量の違いについての感覚を養うとともに，量に関わることについての技能を身に付けるようにする。
　イ　身の回りにあるものの大きさや長さなどの量の違いに注目し，量の大きさにより区別する力を養う。
　ウ　数量や図形に気付き，算数の学習に関心をもって取り組もうとする態度を養う。
(2)　内　容
A　数量の基礎
　ア　具体物に関わる数学的活動を通して，次の事項を身に付けることができるよう指導する。
　　(ｱ)　次のような知識及び技能を身に付けること。
　　　㋐　具体物に気付いて指を差したり，つかもうとしたり，目で追ったりすること。
　　　㋑　目の前で隠されたものを探したり，身近にあるものや人の名を聞いて指を差したりすること。
　　(ｲ)　次のような思考力，判断力，表現力等を身に付けること。
　　　㋐　対象物に注意を向け，対象物の存在に注目し，諸感覚を協応させながら捉えること。
　イ　ものとものとを対応させることに関わる数学的活動を通して，次の事項を身に付けることができるよう指導する。
　　(ｱ)　次のような知識及び技能を身に付けること。
　　　㋐　ものとものとを対応させて配ること。
　　　㋑　分割した絵カードを組み合わせること。
　　　㋒　関連の深い絵カードを組み合わせること。
　　(ｲ)　次のような思考力，判断力，表現力等を身に付けること。
　　　㋐　ものとものとを関連付けることに注意を向け，ものの属性に注目し，仲間であることを判断したり，表現したりすること。
B　数と計算
　ア　数えることの基礎に関わる数学的活動を通して，次の事項を身に付けることができるよう指導する。
　　(ｱ)　次のような知識及び技能を身に付けること。
　　　㋐　ものの有無に気付くこと。

　　　　㋑　目の前のものを，1個，2個，たくさんで表すこと。
　　　　㋒　5までの範囲で数唱をすること。
　　　　㋓　3までの範囲で具体物を取ること。
　　　　㋔　対応させてものを配ること。
　　　　㋕　形や色，位置が変わっても，数は変わらないことについて気付くこと。
　　㈰　次のような思考力，判断力，表現力等を身に付けること。
　　　　㋐　数詞とものとの関係に注目し，数のまとまりや数え方に気付き，それらを学習や生活で生かすこと。
C　図形
　ア　ものの類別や分類・整理に関わる数学的活動を通して，次の事項を身に付けることができるよう指導する。
　　㈰　次のような知識及び技能を身に付けること。
　　　　㋐　具体物に注目して指を差したり，つかもうとしたり，目で追ったりすること。
　　　　㋑　形を観点に区別すること。
　　　　㋒　形が同じものを選ぶこと。
　　　　㋓　似ている二つのものを結び付けること。
　　　　㋔　関連の深い一対のものや絵カードを組み合わせること。
　　　　㋕　同じもの同士の集合づくりをすること。
　　㈰　次のような思考力，判断力，表現力等を身に付けること。
　　　　㋐　対象物に注意を向け，対象物の存在に気付き，諸感覚を協応させながら具体物を捉えること。
　　　　㋑　ものの属性に着目し，様々な情報から同質なものや類似したものに気付き，日常生活の中で関心をもつこと。
　　　　㋒　ものとものとの関係に注意を向け，ものの属性に気付き，関心をもって対応しながら，表現する仕方を見つけ出し，日常生活で生かすこと。
D　測定
　ア　身の回りにある具体物のもつ大きさに関わる数学的活動を通して，次の事項を身に付けることができるよう指導する。
　　㈰　次のような知識及び技能を身に付けること。
　　　　㋐　大きさや長さなどを，基準に対して同じか違うかによって区別すること。
　　　　㋑　ある・ない，大きい・小さい，多い・少ない，などの用語に注目して表現すること。
　　㈰　次のような思考力，判断力，表現力等を身に付けること。
　　　　㋐　大小や多少等で区別することに関心をもち，量の大きさを表す用語に注目して表現すること。
〔数学的活動〕
　ア　内容の「A数量の基礎」，「B数と計算」，「C図形」及び「D測定」に示す学習については，次のような数学的活動に取り組むものとする。

(ｱ)　身の回りの事象を観察したり，具体物を操作したりして，数量や形に関わる活動
　　(ｲ)　日常生活の問題を取り上げたり算数の問題を具体物などを用いて解決したりして，結果を確かめる活動
○2段階
(1)　目　標
　A　数と計算
　　ア　10までの数の概念や表し方について分かり，数についての感覚をもつとともに，ものと数との関係に関心をもって関わることについての技能を身に付けるようにする。
　　イ　日常生活の事象について，ものの数に着目し，具体物や図などを用いながら数の数え方を考え，表現する力を養う。
　　ウ　数量に関心をもち，算数で学んだことの楽しさやよさを感じながら興味をもって学ぶ態度を養う。
　B　図形
　　ア　身の回りのものの形に着目し，集めたり，分類したりすることを通して，図形の違いが分かるようにするための技能を身に付けるようにする。
　　イ　身の回りのものの形に関心をもち，分類したり，集めたりして，形の性質に気付く力を養う。
　　ウ　図形に関心をもち，算数で学んだことの楽しさやよさを感じながら興味をもって学ぶ態度を養う。
　C　測定
　　ア　身の回りにある具体物の量の大きさに注目し，量の大きさの違いが分かるとともに，二つの量の大きさを比べることについての技能を身に付けるようにする。
　　イ　量に着目し，二つの量を比べる方法が分かり，一方を基準にして他方と比べる力を養う。
　　ウ　数量や図形に関心をもち，算数で学んだことの楽しさやよさを感じながら興味をもって学ぶ態度を養う。
　D　データの活用
　　ア　身の回りのものや身近な出来事のつながりに関心をもち，それを簡単な絵や記号などを用いた表やグラフで表したり，読み取ったりする方法についての技能を身に付けるようにする。
　　イ　身の回りのものや身近な出来事のつながりなどの共通の要素に着目し，簡単な表やグラフで表現する力を養う。
　　ウ　数量や図形に関心をもち，算数で学んだことの楽しさやよさを感じながら興味をもって学ぶ態度を養う。
(2)　内　容
　A　数と計算
　　ア　10までの数の数え方や表し方，構成に関わる数学的活動を通して，次の事項を身に付けることができるよう指導する。

(ｱ)　次のような知識及び技能を身に付けること。
　　㋐　ものとものとを対応させることによって，ものの個数を比べ，同等・多少が分かること。
　　㋑　ものの集まりと対応して，数詞が分かること。
　　㋒　ものの集まりや数詞と対応して数字が分かること。
　　㋓　個数を正しく数えたり書き表したりすること。
　　㋔　二つの数を比べて数の大小が分かること。
　　㋕　数の系列が分かり，順序や位置を表すのに数を用いること。
　　㋖　0の意味について分かること。
　　㋗　一つの数を二つの数に分けたり，二つの数を一つの数にまとめたりして表すこと。
　　㋘　具体的な事物を加えたり，減らしたりしながら，集合数を一つの数と他の数と関係付けてみること。
　　㋙　10の補数が分かること。
　(ｲ)　次のような思考力，判断力，表現力等を身に付けること。
　　㋐　数詞と数字，ものとの関係に着目し，数の数え方や数の大きさの比べ方，表し方について考え，それらを学習や生活で興味をもって生かすこと。
B　図形
　ア　ものの分類に関わる数学的活動を通して，次の事項を身に付けることができるよう指導する。
　(ｱ)　次のような知識及び技能を身に付けること。
　　㋐　色や形，大きさに着目して分類すること。
　　㋑　身近なものを目的，用途及び機能に着目して分類すること。
　(ｲ)　次のような思考力，判断力，表現力等を身に付けること。
　　㋐　ものを色や形，大きさ，目的，用途及び機能に着目し，共通点や相違点について考えて，分類する方法を日常生活で生かすこと。
　イ　身の回りにあるものの形に関わる数学的活動を通して，次の事項を身に付けることができるよう指導する。
　(ｱ)　次のような知識及び技能を身に付けること。
　　㋐　身の回りにあるものの形に関心をもち，丸や三角，四角という名称を知ること。
　　㋑　縦や横の線，十字，△や□をかくこと。
　　㋒　大きさや色など属性の異なるものであっても形の属性に着目して，分類したり，集めたりすること。
　(ｲ)　次のような思考力，判断力，表現力等を身に付けること。
　　㋐　身の回りにあるものの形に関心を向け，丸や三角，四角を考えながら分けたり，集めたりすること。
C　測定
　ア　身の回りにある具体物の量の大きさに注目し，二つの量の大きさに関わる数学的活動を通して，次の事項を身に付けることができるよう指導する。

(ｱ)　次のような知識及び技能を身に付けること。
　　　　⑦　長さ，重さ，高さ及び広さなどの量の大きさが分かること。
　　　　④　二つの量の大きさについて，一方を基準にして相対的に比べること。
　　　　⑦　長い・短い，重い・軽い，高い・低い及び広い・狭いなどの用語が分かること。
　　　(ｲ)　次のような思考力，判断力，表現力等を身に付けること。
　　　　⑦　長さ，重さ，高さ及び広さなどの量を，一方を基準にして比べることに関心をもったり，量の大きさを用語を用いて表現したりすること。
　D　データの活用
　　ア　ものの分類に関わる数学的活動を通して，次の事項を身に付けることができるよう指導する。
　　　(ｱ)　次のような知識及び技能を身に付けること。
　　　　⑦　身近なものを目的，用途，機能に着目して分類すること。
　　　(ｲ)　次のような思考力，判断力，表現力等を身に付けること。
　　　　⑦　身近なものの色や形，大きさ，目的及び用途等に関心を向け，共通点や相違点を考えながら，興味をもって分類すること。
　　イ　同等と多少に関わる数学的活動を通して，次の事項を身に付けることができるよう指導する。
　　　(ｱ)　次のような知識及び技能を身に付けること。
　　　　⑦　ものとものとを対応させることによって，ものの同等や多少が分かること。
　　　(ｲ)　次のような思考力，判断力，表現力等を身に付けること。
　　　　⑦　身の回りにあるものの個数に着目して絵グラフなどに表し，多少を読み取って表現すること。
　　ウ　○×を用いた表に関わる数学的活動を通して，次の事項を身に付けることができるよう指導する。
　　　(ｱ)　次のような知識及び技能を身に付けること。
　　　　⑦　身の回りの出来事から○×を用いた簡単な表を作成すること。
　　　　④　簡単な表で使用する○×の記号の意味が分かること。
　　　(ｲ)　次のような思考力，判断力，表現力等を身に付けること。
　　　　⑦　身の回りの出来事を捉え，○×を用いた簡単な表で表現すること。
〔数学的活動〕
　　ア　内容の「A数と計算」，「B図形」，「C測定」及び「Dデータの活用」に示す学習については，次のような数学的活動に取り組むものとする。
　　　(ｱ)　身の回りの事象を観察したり，具体物を操作したりする活動
　　　(ｲ)　日常生活の問題を具体物などを用いて解決したり結果を確かめたりする活動
　　　(ｳ)　問題解決した過程や結果を，具体物などを用いて表現する活動

○3段階
（1）目　標
　A　数と計算

ア　100までの数の概念や表し方について理解し，数に対する感覚を豊かにするとともに，加法，減法の意味について理解し，これらの簡単な計算ができるようにすることについての技能を身に付けるようにする。
　イ　日常の事象について，ものの数に着目し，具体物や図などを用いながら数の数え方や計算の仕方を考え，表現する力を養う。
　ウ　数量の違いを理解し，算数で学んだことのよさや楽しさを感じながら学習や生活に活用しようとする態度を養う。
 B　図形
　ア　身の回りのものの形の観察などの活動を通して，図形についての感覚を豊かにするとともに，ものについて，その形の合同，移動，位置，機能及び角の大きさの意味に関わる基礎的な知識を理解することなどについての技能を身に付けるようにする。
　イ　身の回りのものの形に着目し，ぴったり重なる形，移動，ものの位置及び機能的な特徴等について具体的に操作をして考える力を養う。
　ウ　図形や数量の違いを理解し，算数で学んだことのよさや楽しさを感じながら学習や生活に活用しようとする態度を養う。
 C　測定
　ア　身の回りにある長さや体積などの量の単位と測定の意味について理解し，量の大きさについての感覚を豊かにするとともに，測定することなどについての技能を身に付けるようにする。
　イ　身の回りにある量の単位に着目し，目的に応じて量を比較したり，量の大小及び相等関係を表現したりする力を養う。
　ウ　数量や図形の違いを理解し，算数で学んだことのよさや楽しさを感じながら学習や生活に活用しようとする態度を養う。
 D　データの活用
　ア　身の回りにある事象を，簡単な絵や図を用いて整理したり，記号に置き換えて表したりしながら，読み取り方について理解することについての技能を身に付けるようにする。
　イ　身の回りの事象を，比較のために簡単な絵や図に置き換えて簡潔に表現したり，データ数を記号で表現したりして，考える力を養う。
　ウ　数量や図形の違いを理解し，算数で学んだことのよさや楽しさを感じながら学習や生活に活用しようとする態度を養う。
(2)　内　容
 A　数と計算
　ア　100までの整数の表し方に関わる数学的活動を通して，次の事項を身に付けることができるよう指導する。
　　(ｱ)　次のような知識及び技能を身に付けること。
　　　㋐　20までの数について，数詞を唱えたり，個数を数えたり書き表したり，数の大小を比べたりすること。
　　　㋑　100までの数について，数詞を唱えたり，個数を数えたり書き表したり，数の系

　　　　列を理解したりすること。
　　　㋒　数える対象を2ずつや5ずつのまとまりで数えること。
　　　㋓　数を10のまとまりとして数えたり，10のまとまりと端数に分けて数えたり書き表したりすること。
　　　㋔　具体物を分配したり等分したりすること。
　　㋑　次のような思考力，判断力，表現力等を身に付けること。
　　　㋐　数のまとまりに着目し，数の数え方や数の大きさの比べ方，表し方について考え，学習や生活で生かすこと。
　イ　整数の加法及び減法に関わる数学的活動を通して，次の事項を身に付けることができるよう指導する。
　　㋐　次のような知識及び技能を身に付けること。
　　　㋐　加法が用いられる合併や増加等の場合について理解すること。
　　　㋑　加法が用いられる場面を式に表したり，式を読み取ったりすること。
　　　㋒　1位数と1位数との加法の計算ができること。
　　　㋓　1位数と2位数との和が20までの加法の計算ができること。
　　　㋔　減法が用いられる求残や減少等の場合について理解すること。
　　　㋕　減法が用いられる場面を式に表したり，式を読み取ったりすること。
　　　㋖　20までの数の範囲で減法の計算ができること。
　　㋑　次のような思考力，判断力，表現力等を身に付けること。
　　　㋐　日常の事象における数量の関係に着目し，計算の意味や計算の仕方を見付け出したり，学習や生活で生かしたりすること。
B　図形
　ア　身の回りにあるものの形に関わる数学的活動を通して，次の事項を身に付けることができるよう指導する。
　　㋐　次のような知識及び技能を身に付けること。
　　　㋐　ものの形に着目し，身の回りにあるものの特徴を捉えること。
　　　㋑　具体物を用いて形を作ったり分解したりすること。
　　　㋒　前後，左右，上下など方向や位置に関する言葉を用いて，ものの位置を表すこと。
　　㋑　次のような思考力，判断力，表現力等を身に付けること。
　　　㋐　身の回りにあるものから，いろいろな形を見付けたり，具体物を用いて形を作ったり分解したりすること。
　　　㋑　身の回りにあるものの形を図形として捉えること。
　　　㋒　身の回りにあるものの形の観察などをして，ものの形を認識したり，形の特徴を捉えたりすること。
　イ　角の大きさに関わる数学的活動を通して，次の事項を身に付けることができるよう指導する。
　　㋐　次のような知識及び技能を身に付けること。
　　　㋐　傾斜をつくると角ができることを理解すること。

(イ) 次のような思考力，判断力，表現力等を身に付けること。
　　　　㋐ 傾斜が変化したときの斜面と底面の作り出す開き具合について，大きい・小さいと表現すること。
　C　測定
　　ア　身の回りのものの量の単位と測定に関わる数学的活動を通して，次の事項を身に付けることができるよう指導する。
　　(ア) 次のような知識及び技能を身に付けること。
　　　　㋐ 長さ，広さ，かさなどの量を直接比べる方法について理解し，比較すること。
　　　　㋑ 身の回りにあるものの大きさを単位として，その幾つ分かで大きさを比較すること。
　　(イ) 次のような思考力，判断力，表現力等を身に付けること。
　　　　㋐ 身の回りのものの長さ，広さ及びかさについて，その単位に着目して大小を比較したり，表現したりすること。
　　イ　時刻や時間に関わる数学的活動を通して，次の事項を身に付けることができるよう指導する。
　　(ア) 次のような知識及び技能を身に付けること。
　　　　㋐ 日常生活の中で時刻を読むこと。
　　　　㋑ 時間の単位（日，午前，午後，時，分）について知り，それらの関係を理解すること。
　　(イ) 次のような思考力，判断力，表現力等を身に付けること。
　　　　㋐ 時刻の読み方を日常生活に生かして，時刻と生活とを結び付けて表現すること。
　D　データの活用
　　ア　身の回りにある事象を簡単な絵や図，記号に置き換えることに関わる数学的活動を通して，次の事項を身に付けることができるよう指導する。
　　(ア) 次のような知識及び技能を身に付けること。
　　　　㋐ ものとものとの対応やものの個数について，簡単な絵や図に表して整理したり，それらを読んだりすること。
　　　　㋑ 身の回りにあるデータを簡単な記号に置き換えて表し，比較して読み取ること。
　　(イ) 次のような思考力，判断力，表現力等を身に付けること。
　　　　㋐ 個数の把握や比較のために簡単な絵や図，記号に置き換えて簡潔に表現すること。
〔数学的活動〕
　ア　内容の「A数と計算」，「B図形」，「C測定」及び「Dデータの活用」に示す学習については，次のような数学的活動に取り組むものとする。
　　(ア) 身の回りの事象を観察したり，具体物を操作したりして，算数に主体的に関わる活動
　　(イ) 日常生活の事象から見いだした算数の問題を，具体物，絵図，式などを用いて解決し，結果を確かめる活動
　　(ウ) 問題解決した過程や結果を，具体物や絵図，式などを用いて表現し，伝え合う活動

3　指導計画の作成と内容の取扱い
(1) 指導計画の作成に当たっては，次の事項に配慮するものとする。
　ア　単元など内容や時間のまとまりを見通して，その中で育むべき資質・能力の育成に向けて，数学的活動を通して，児童の主体的・対話的で深い学びの実現を図るようにすること。その際，数学的な見方・考え方を働かせながら，日常の事象を数理的に捉え，算数の問題を見いだし，問題を自立的，協働的に解決し，学習の過程を振り返り，概念を形成するなどの学習の充実を図ること。
　イ　数量や図形についての基礎的な能力の維持や向上を図るため，適宜練習の機会を設けて計画的に指導すること。また，段階間の指導内容を円滑に接続させるため，適切な反復による学習を進めるようにすること。
　ウ　2の内容の「A数と計算（1段階はB）」，「B図形（1段階はC）」，「C測定（1段階はD）」及び「Dデータの活用（1段階はA「数量の基礎」）」の指導の間の関連を図ること。
(2) 2の各段階の内容の取扱いについては，次の事項に配慮するものとする。
　ア　思考力，判断力，表現力等を育成するため，各段階の内容の指導に当たっては，具体物，言葉，数，式，図，表，グラフなどを用いて考えたり，説明したり，互いに自分の考えを表現し伝え合ったりするなどの学習活動を積極的に取り入れるようにすること。
　イ　「A数と計算（1段階はB）」の指導に当たっては，具体物などの教具を適宜用いて，数と計算についての意味の理解を深めるよう留意すること。
　ウ　1段階の内容に示す事項については，次の(ア)から(ウ)までに留意するものとする。
　　(ア)　内容の「A数量の基礎」のアの(ア)の㋐及び㋑，(イ)の㋐に示す事項については，内容の「C図形」のアの(ア)の㋐から㋕まで及び(イ)の㋐から㋒までの基礎的な事項として関連付けながら取り上げること。
　　(イ)　内容の「A数量の基礎」のイについては，分割した絵カードや関連の深い絵カードを組み合わせるなど，初歩的な分析や総合について取り扱うものとする。
　　(ウ)　内容の「C図形」のアの(ア)の㋐については，様々な情報のうちから，必要な情報のみを取り出し，他を捨象することを取り扱うものとする。また，㋑から㋕までの類別や分類・整理につながるよう配慮するものとする。
　エ　2段階の内容に示す事項については，次の(ア)から(ウ)までに留意するものとする。
　　(ア)　内容の「A数と計算」の指導に当たっては，次の㋐及び㋑についての金銭の価値に親しむことを取り扱うものとする。
　　　㋐　金種を用いる。
　　　㋑　様々な種類の貨幣のもつ価値を知る。
　　(イ)　内容の「B図形」のアの(ア)の㋑については，相違点や類似点に着目して分類することを取り扱うものとする。
　　(ウ)　内容の「Dデータの活用」のアの(ア)の㋐については，分類してまとめたもの同士の数量に着目できるよう配慮するものとする。
　オ　3段階の内容に示す事項については，次の(ア)から(オ)までに留意するものとする。

(ア) 内容の「A数と計算」の指導に当たっては，次の㋐についての金銭の価値に親しむことを取り扱うものとする。
　㋐　金種の理解
　　a　金種を用いる。
　　b　様々な種類の貨幣のもつ価値を理解する。
　　c　おつりを扱うこと。
(イ) 内容の「B図形」の指導に当たっては，次の㋐の基礎的事項と関連付けながら取り上げること。
　㋐　大きさとしての角の理解
　　a　身の回りにある直角を紙に写し取ったり，紙粘土でつくったりして「形としての角」を抽出する。
　　b　角度を変えるなどの操作を通して「大きさとしての角」を実感できるようにする。
(ウ) 内容の「C測定」の指導に当たっては，次の㋐から㋒までの基礎的な事項と関連付けながら取り上げること。
　㋐　量の保存性に対する理解
　　a　量を他の位置に移すことや分割していくつかに分けること，また，そのときに見かけの形が変わることなどを体験できるようにする。
　　b　見かけの形を元に戻したときに量の大きさが変わっていないということから，保存性について確かめるようにする。
　㋑　量の性質の理解
　　a　量の概念を理解し，豊かにするために，「量の比較性」，「量の測定性」，「量の加法性」に関わる体験を重視する。
　㋒　時計の理解
　　a　アナログ時計の長針と短針とを区別して捉えることができるようにする。
　　b　アナログ時計の時は短針で決まること，分は長針が指す目盛りで決まることを理解できるようにする。
(エ) 内容の「C測定」のウの(ア)については，直接的な表示により時刻に関心をもちやすいデジタル方式を取り扱うことができるよう配慮するものとする。
(オ) 内容の「C測定」のウ及び「Dデータの活用」のアの(ア)の㋐については，児童の日常生活に関連する学習と関連付けながら取り上げること。
(3) 数学的活動の指導に当たっては，次の事項に配慮するものとする。
　ア　数学的活動は，基礎的・基本的な知識及び技能を確実に身に付けたり，思考力，判断力，表現力等を高めたり，算数を学ぶことの楽しさを実感したりするために，重要な役割を果たすものであることから，2の内容の「A数と計算（1段階はB）」，「B図形（1段階はC）」，「C測定（1段階はD）」及び「Dデータの活用（1段階は「A数量の基礎」）」に示す事項については，数学的活動を通して指導するようにすること。
　イ　数学的活動を楽しめるようにするとともに，算数を生活に活用することなどについて

実感する機会を設けること。
〔音　楽〕
1　目　標
　表現及び鑑賞の活動を通して，音楽的な見方・考え方を働かせ，生活の中の音や音楽に興味や関心をもって関わる資質・能力を次のとおり育成することを目指す。
(1)　曲名や曲想と音楽のつくりについて気付くとともに，感じたことを音楽表現するために必要な技能を身に付けるようにする。
(2)　感じたことを表現することや，曲や演奏の楽しさを見いだしながら，音や音楽の楽しさを味わって聴くことができるようにする。
(3)　音や音楽に楽しく関わり，協働して音楽活動をする楽しさを感じるとともに，身の回りの様々な音楽に親しむ態度を養い，豊かな情操を培う。
2　各段階の目標及び内容
○1段階
(1)　目　標
　ア　音や音楽に注意を向けて気付くとともに，関心を向け，音楽表現を楽しむために必要な身体表現，器楽，歌唱，音楽づくりにつながる技能を身に付けるようにする。
　イ　音楽的な表現を楽しむことや，音や音楽に気付きながら関心や興味をもって聴くことができるようにする。
　ウ　音や音楽に気付いて，教師と一緒に音楽活動をする楽しさを感じるとともに，音楽経験を生かして生活を楽しいものにしようとする態度を養う。
(2)　内　容
　A　表　現
　ア　音楽遊びの活動を通して，次の事項を身に付けることができるよう指導する。
　　(ｱ)　音や音楽遊びについての知識や技能を得たり生かしたりしながら，音や音楽を聴いて，自分なりに表そうとすること。
　　(ｲ)　表現する音や音楽に気付くこと。
　　(ｳ)　思いに合った表現をするために必要な次の㋐から㋒までの技能を身に付けること。
　　　㋐　音や音楽を感じて体を動かす技能
　　　㋑　音や音楽を感じて楽器の音を出す技能
　　　㋒　音や音楽を感じて声を出す技能
　B　鑑　賞
　ア　音楽遊びの活動を通して，次の事項を身に付けることができるよう指導する。
　　(ｱ)　音や音楽遊びについての知識や技能を得たり生かしたりしながら，音や音楽を聴いて，自分なりの楽しさを見付けようとすること。
　　(ｲ)　聴こえてくる音や音楽に気付くこと。
○2段階
(1)　目　標
　ア　曲名や曲想と簡単な音楽のつくりについて気付くとともに，音楽表現を楽しむために

必要な身体表現，器楽，歌唱，音楽づくりの技能を身に付けるようにする。
　　イ　音楽表現を工夫することや，表現することを通じて，音や音楽に興味をもって聴くことができるようにする。
　　ウ　音や音楽に関わり，教師と一緒に音楽活動をする楽しさに興味をもちながら，音楽経験を生かして生活を明るく楽しいものにしようとする態度を養う。
(2) 内　容
　A　表　現
　　ア　歌唱の活動を通して，次の事項を身に付けることができるよう指導する。
　　　(ｱ)　歌唱表現についての知識や技能を得たり生かしたりしながら，好きな歌ややさしい旋律の一部分を自分なりに歌いたいという思いをもつこと。
　　　(ｲ)　次の㋐及び㋑について気付くこと。
　　　　㋐　曲の特徴的なリズムと旋律
　　　　㋑　曲名や歌詞に使われている特徴的な言葉
　　　(ｳ)　思いに合った表現をするために必要な次の㋐から㋒までの技能を身に付けること。
　　　　㋐　範唱を聴いて，曲の一部分を模唱する技能
　　　　㋑　自分の歌声に注意を向けて歌う技能
　　　　㋒　教師や友達と一緒に歌う技能
　　イ　器楽の活動を通して，次の事項を身に付けることができるよう指導する。
　　　(ｱ)　器楽表現についての知識や技能を得たり生かしたりしながら，身近な打楽器などに親しみ音を出そうとする思いをもつこと。
　　　(ｲ)　次の㋐及び㋑について気付くこと。
　　　　㋐　拍や曲の特徴的なリズム
　　　　㋑　楽器の音色の違い
　　　(ｳ)　思いに合った表現をするために必要な次の㋐から㋒までの技能を身に付けること。
　　　　㋐　範奏を聴き，模倣をして演奏する技能
　　　　㋑　身近な打楽器を演奏する技能
　　　　㋒　教師や友達と一緒に演奏する技能
　　ウ　音楽づくりの活動を通して，次の事項を身に付けることができるよう指導する。
　　　(ｱ)　音楽づくりについての知識や技能を得たり生かしたりしながら，次の㋐及び㋑をできるようにすること。
　　　　㋐　音遊びを通して，音の面白さに気付くこと。
　　　　㋑　音や音楽で表現することについて思いをもつこと。
　　　(ｲ)　次の㋐及び㋑について，それらが生み出す面白さなどに触れて気付くこと。
　　　　㋐　声や身の回りの様々な音の特徴
　　　　㋑　音のつなげ方の特徴
　　　(ｳ)　気付きを生かした表現や思いに合った表現をするために必要な次の㋐及び㋑の技能を身に付けること。
　　　　㋐　音を選んだりつなげたりして，表現する技能

         ④　教師や友達と一緒に簡単な音や音楽をつくる技能
　　エ　身体表現の活動を通して，次の事項を身に付けることができるよう指導する。
　　　(ｱ)　身体表現についての知識や技能を得たり生かしたりしながら，簡単なリズムの特徴を感じ取り，体を動かすことについて思いをもつこと。
　　　(ｲ)　次の⑦及び④について気付くこと。
　　　　⑦　拍や曲の特徴的なリズム
　　　　④　曲名と動きとの関わり
　　　(ｳ)　思いに合った動きで表現するために必要な次の⑦から⑨までの技能を身に付けること。
　　　　⑦　示範を見て模倣したり，拍や特徴的なリズムを意識したりして手足や身体全体を動かす技能
　　　　④　音や音楽を聴いて，手足や身体全体を自然に動かす技能
　　　　⑨　教師や友達と一緒に体を動かす技能
　　B　鑑　賞
　　ア　鑑賞の活動を通して，次の事項を身に付けることができるよう指導する。
　　　(ｱ)　鑑賞についての知識を得たり生かしたりしながら，身近な人の演奏を見たり，体の動きで表したりしながら聴くこと。
　　　(ｲ)　身近な人の演奏に触れて，好きな音色や楽器の音を見付けること。
○3段階
　(1)　目　標
　　ア　曲名や曲想と音楽のつくりについて気付くとともに，音楽表現を楽しむために必要な身体表現，器楽，歌唱，音楽づくりの技能を身に付けるようにする。
　　イ　音楽表現に対する思いをもつことや，曲や演奏の楽しさを見いだしながら音楽を味わって聴くことができるようにする。
　　ウ　音や音楽に楽しく関わり，協働して音楽活動をする楽しさを感じながら，身の回りの様々な音楽に興味をもつとともに，音楽経験を生かして生活を明るく潤いのあるものにしようとする態度を養う。
　(2)　内　容
　　A　表　現
　　ア　歌唱の活動を通して，次の事項を身に付けることができるよう指導する。
　　　(ｱ)　歌唱表現についての知識や技能を得たり生かしたりしながら，歌唱表現に対する思いをもつこと。
　　　(ｲ)　次の⑦及び④について気付くこと。
　　　　⑦　曲の雰囲気と曲の速さや強弱との関わり
　　　　④　曲名や歌詞に使われている言葉から受けるイメージと曲の雰囲気との関わり
　　　(ｳ)　思いに合った歌い方で歌うために必要な次の⑦から⑨までの技能を身に付けること。
　　　　⑦　範唱を聴いて歌ったり，歌詞やリズムを意識して歌ったりする技能
　　　　④　自分の歌声の大きさや発音などに気を付けて歌う技能

　　　　（ウ）　教師や友達と一緒に声を合わせて歌う技能
　　イ　器楽の活動を通して，次の事項を身に付けることができるよう指導する。
　　　（ア）　器楽表現についての知識や技能を得たり生かしたりしながら，器楽表現に対する思いをもつこと。
　　　（イ）　次の㋐及び㋑について気付くこと。
　　　　㋐　リズム，速度や強弱の違い
　　　　㋑　演奏の仕方による楽器の音色の違い
　　　（ウ）　思いに合った表現をするために必要な次の㋐から㋒までの技能を身に付けること。
　　　　㋐　簡単な楽譜などを見てリズム演奏などをする技能
　　　　㋑　身近な打楽器や旋律楽器を使って演奏する技能
　　　　㋒　教師や友達の楽器の音を聴いて演奏する技能
　　ウ　音楽づくりの活動を通して，次の事項を身に付けることができるよう指導する。
　　　（ア）　音楽づくりについての知識や技能を得たり生かしたりしながら，次の㋐及び㋑をできるようにすること。
　　　　㋐　音遊びを通して，音の面白さに気付いたり，音楽づくりの発想を得たりすること。
　　　　㋑　どのように音を音楽にしていくかについて思いをもつこと。
　　　（イ）　次の㋐及び㋑について，それらが生み出す面白さなどと関わって気付くこと。
　　　　㋐　声や身の回りの様々な音の特徴
　　　　㋑　簡単なリズム・パターンの特徴
　　　（ウ）　気付きや発想を生かした表現や，思いに合った表現をするために必要な次の㋐及び㋑の技能を身に付けること。
　　　　㋐　音を選んだりつなげたりして表現する技能
　　　　㋑　教師や友達と一緒に音楽の仕組みを用いて，簡単な音楽をつくる技能
　　エ　身体表現の活動を通して，次の事項を身に付けることができるよう指導する。
　　　（ア）　身体表現についての知識や技能を得たり生かしたりしながら，簡単なリズムや旋律の特徴，歌詞を感じ取り，体を動かすことについて思いをもつこと。
　　　（イ）　次の㋐及び㋑の関わりについて気付くこと。
　　　　㋐　曲のリズム，速度，旋律
　　　　㋑　曲名，拍やリズムを表す言葉やかけ声，歌詞の一部
　　　（ウ）　思いに合った体の動きで表現するために必要な次の㋐から㋒までの技能を身に付けること。
　　　　㋐　示範を見たり，拍やリズム，旋律を意識したりして，身体表現をする技能
　　　　㋑　音や音楽を聴いて，様々な体の動きで表現する技能
　　　　㋒　教師や友達と一緒に体を使って表現する技能
　Ｂ　鑑　賞
　　ア　鑑賞の活動を通して，次の事項を身に付けることができるよう指導する。
　　　（ア）　鑑賞についての知識を得たり生かしたりしながら，曲や演奏の楽しさを見いだして聴くこと。

(イ)　曲想や楽器の音色，リズムや速度，旋律の特徴に気付くこと。
〔共通事項〕
(1)　「A表現」及び「B鑑賞」の指導を通して，次の事項を身に付けることができるよう指導する。
　ア　音楽を形づくっている要素を聴き取り，それらの働きが生み出すよさや面白さ，美しさを感じ取りながら，聴き取ったことと感じとったこととの関わりについて考えること。
　イ　絵譜や色を用いた音符，休符，記号や用語について，音楽における働きと関わらせて，その意味に触れること。
3　指導計画の作成と内容の取扱い
(1)　指導計画の作成に当たっては，次の事項に配慮するものとする。
　ア　題材など内容や時間のまとまりを見通して，その中で育む資質・能力の育成に向けて，児童の主体的・対話的で深い学びの実現を図るようにすること。その際，音楽的な見方・考え方を働かせ，他者と協働しながら，音楽表現を生み出したり音楽を聴いてそのよさなどを見いだしたりするなど，思考，判断し，表現する一連の過程を大切にした学習の充実を図ること。
　イ　2の目標及び内容の「A表現」のアからエまで（1段階はア）の指導については，(ア)，(イ)及び(ウ)の各事項を，「B鑑賞」のアの指導については，(ア)及び(イ)の各事項を，適切に関連させて指導すること。
　ウ　2の目標及び内容の〔共通事項〕は，表現及び鑑賞の学習において共通に必要となる資質・能力であり，「A表現」及び「B鑑賞」の指導と併せて，十分な指導が行われるよう工夫すること。
　エ　2の目標及び内容の「A表現」のアからエまで（1段階はア）及び「B鑑賞」のアの指導については，適宜，〔共通事項〕を要として各領域や分野の関連を図るようにすること。
　オ　国歌「君が代」は，時期に応じて適切に指導すること。
　カ　各段階においては，児童の発達の段階と生活年齢を考慮すること。
(2)　2の各段階の内容の取扱いについては，次の事項に配慮するものとする。
　ア　各段階の指導に当たっては，音や音楽との一体感を味わえるようにするため，指導のねらいに即して体を動かす活動を取り入れるようにすること。
　イ　各段階の指導に当たっては，音や音楽及び言葉によるコミュニケーションを図る指導を工夫すること。その際，児童の言語理解や発声・発語の状況等を考慮し，必要に応じてコンピュータや教育機器も活用すること。
　ウ　児童が学校内における音楽活動とのつながりを意識できるような機会を作るなど，児童や学校，地域の実態に応じ，生活や社会の中の音や音楽と主体的に関わっていくことができるよう配慮すること。
　エ　合奏や合唱などの活動を通して和音のもつ表情を感じることができるようにすること。また，長調及び短調の曲においては，Ⅰ，Ⅳ，Ⅴ及びⅤ$_7$などの和音を中心に指導すること。

オ　我が国や郷土の音楽の指導に当たっては，そのよさなどを感じ取って表現したり鑑賞したりできるよう，楽譜や音源等の示し方，伴奏の仕方，曲に合った歌い方や楽器の演奏の仕方など指導方法について工夫すること。
カ　各段階の「A表現」のアの歌唱の指導に当たっては，次のとおり取り扱うこと。
　(ア)　児童の実態や学習状況及び必要に応じて適宜，移動ド唱法を取り上げるようにすること。
　(イ)　成長に伴う声の変化に気付くことができるよう，変声期の児童に対して適切に配慮すること。
キ　各段階の「A表現」のイ（1段階はア）の楽器については，次のとおり取り扱うこと。
　(ア)　各段階で取り上げる打楽器は，簡単に演奏できる楽器，木琴，鉄琴，和楽器，諸外国に伝わる様々な楽器を含めて，児童の実態や発達の段階を考慮して選択すること。
　(イ)　各段階で取り上げる身近な楽器は，様々な打楽器，鍵盤ハーモニカなどの中から児童の実態や発達の段階を考慮して選択すること。
　(ウ)　3段階で取り上げる旋律楽器は，既習の楽器を含めて，鍵盤楽器などの中から児童の実態や発達の段階を考慮して選択すること。
　(エ)　合奏で扱う楽器については，リズム，旋律，和音などの各声部の演奏ができるよう，楽器の特性を生かして選択すること。
ク　2段階及び3段階の「A表現」のウの音楽づくりの指導に当たっては，次のとおり取り扱うこと。
　(ア)　音遊びや即興的な表現では，リズムや旋律を模倣したり，身近なものから多様な音を探したりして，音楽づくりのための発想を得ることができるよう指導すること。
　(イ)　どのような音楽を，どのようにしてつくるかなどについて，児童の実態に応じて具体的な例を示しながら指導すること。
　(ウ)　つくった音楽については，指導のねらいに即し，必要に応じて記録できるようにすること。記録の仕方については，図や絵によるものなど，柔軟に指導すること。
　(エ)　拍のないリズム，我が国の音楽に使われている音階や調性にとらわれない音階などを児童の実態に応じて取り上げるようにすること。
ケ　各段階の「B鑑賞」の指導に当たっては，気付いたり感じたりしたことを体の動きで表現したり，絵に描いたり，言葉で表現したりできるよう指導を工夫すること。
コ　2の目標及び内容の〔共通事項〕の(1)のアに示す「音楽を形づくっている要素」については，児童の発達の段階や指導のねらいに応じて，次の(ア)及び(イ)を適切に選択したり関連付けたりして必要に応じて指導すること。
　(ア)　音楽を特徴付けている要素
　　㋐　音色，リズム，速度，旋律，強弱，音の重なり，和音の響き，音階，調，拍，フレーズなど
　(イ)　音楽の仕組み
　　㋐　反復，呼びかけとこたえ，変化，音楽の縦と横との関係など
サ　〔共通事項〕の(1)のイに示す「音符，休符，記号や用語」については，児童の実態や

学習状況を考慮して取り扱うこと。
　シ　歌唱教材は，次に示すものを取り扱うこと。
　　(ｱ) 児童の生活年齢及び発達の段階に応じた，日常の生活に関連した曲。
　　(ｲ) 主となる歌唱教材については，(ｳ)の共通教材を含めて，人々に長く親しまれている音楽など，いろいろな種類の曲。
　　(ｳ) 共通教材は，次に示すものとする。

　　　　「うみ」　　　　　　（文部省唱歌）　　林　柳波作詞　　井上武士作曲
　　　　「かたつむり」　　　（文部省唱歌）
　　　　「日のまる」　　　　（文部省唱歌）　　高野辰之作詞　　岡野貞一作曲
　　　　「ひらいたひらいた」（わらべうた）
　　　　「かくれんぼ」　　　（文部省唱歌）　　林　柳波作詞　　下総皖一作曲
　　　　「春がきた」　　　　（文部省唱歌）　　高野辰之作詞　　岡野貞一作曲
　　　　「虫のこえ」　　　　（文部省唱歌）
　　　　「夕やけこやけ」　　　　　　　　　　　中村雨紅作詞　　草川　信作曲

　ス　器楽教材は，次に示すものを取り扱うこと。
　　(ｱ) 児童の生活年齢及び発達の段階に応じた，指導のねらいとの関係において適切であり，身近で親しみのもてるもの。
　　(ｲ) 主となる器楽教材については，既習の歌唱教材を含め，主旋律に簡単なリズム伴奏を加えた曲。
　セ　音楽づくり教材は，次に示すものを取り扱うこと。
　　(ｱ) 児童の生活年齢及び発達の段階に応じた指導のねらいとの関係において適切であり，身近で親しみのもてるもの。
　ソ　音や音楽の特徴を身体表現にするために適した教材は，次に示すものを取り扱うこと。
　　(ｱ) 主となる教材については，既習の歌唱教材や器楽教材を含め，音や音楽を聴いて体を動かすことができるものを中心に，児童の生活年齢及び発達の段階に応じた指導のねらいとの関係において適切であり，親しみのもてるもの。
　タ　鑑賞教材は，次に示すものを取り扱うこと。
　　(ｱ) 主となる鑑賞教材については，既習の歌唱教材や器楽教材を含め，児童の生活年齢及び発達の段階に応じた，曲想を感じ取り，情景を思い浮かべやすい，いろいろな種類の曲。
　　(ｲ) 音楽を形づくっている要素の働きを感じ取りやすく，聴く楽しさを感じやすい曲。
　　(ｳ) 楽器の音色や人の声の表現の違いを聴き取りやすい，いろいろな演奏形態による曲。

〔図画工作〕
1　目　標
　表現及び鑑賞の活動を通して，造形的な見方・考え方を働かせ，生活や社会の中の形や色などと豊かに関わる資質・能力を次のとおり育成することを目指す。
(1) 形や色などの造形的な視点に気付き，表したいことに合わせて材料や用具を使い，表し方を工夫してつくることができるようにする。

(2) 造形的なよさや美しさ，表したいことや表し方などについて考え，発想や構想をしたり，身の回りの作品などから自分の見方や感じ方を広げたりすることができるようにする。
  (3) つくりだす喜びを味わうとともに，感性を育み，楽しく豊かな生活を創造しようとする態度を養い，豊かな情操を培う。
2 各段階の目標及び内容
○1段階
 (1) 目　標
　ア　形や色などに気付き，材料や用具を使おうとするようにする。
　イ　表したいことを思い付いたり，作品を見たりできるようにする。
　ウ　進んで表したり見たりする活動に取り組み，つくりだすことの楽しさに気付くとともに，形や色などに関わることにより楽しい生活を創造しようとする態度を養う。
 (2) 内　容
　A　表　現
　ア　線を引く，絵をかくなどの活動を通して，次の事項を身に付けることができるよう指導する。
　　(ア) 材料などから，表したいことを思い付くこと。
　　(イ) 身の回りの自然物などに触れながらかく，切る，ぬる，はるなどすること。
　B　鑑　賞
　ア　身の回りにあるものや自分たちの作品などを鑑賞する活動を通して，次の事項を身に付けることができるよう指導する。
　　(ア) 身の回りにあるものなどを見ること。
　〔共通事項〕
　ア　「A表現」及び「B鑑賞」の指導を通して，次の事項を身に付けることができるよう指導する。
　　(ア) 自分が感じたことや行ったことを通して，形や色などについて気付くこと。
　　(イ) 形や色などを基に，自分のイメージをもつこと。
○2段階
 (1) 目　標
　ア　形や色などの違いに気付き，表したいことを基に材料や用具を使い，表し方を工夫してつくるようにする。
　イ　表したいことを思い付いたり，作品などの面白さや楽しさを感じ取ったりすることができるようにする。
　ウ　進んで表現や鑑賞の活動に取り組み，つくりだす喜びを感じるとともに，形や色などに関わることにより楽しく豊かな生活を創造しようとする態度を養う。
 (2) 内　容
　A　表　現
　ア　身近な出来事や思ったことを基に絵をかく，粘土で形をつくるなどの活動を通して，次の事項を身に付けることができるよう指導する。

(ｱ)　材料や，感じたこと，想像したこと，見たことから表したいことを思い付くこと。
　　　(ｲ)　身近な材料や用具を使い，かいたり，形をつくったりすること。
　　B　鑑賞
　　　ア　身の回りにあるものや自分たちの作品などを鑑賞する活動を通して，次の事項を身に付けることができるよう指導する。
　　　(ｱ)　身近にあるものなどの形や色の面白さについて感じ取り，自分の見方や感じ方を広げること。
　〔共通事項〕
　　　ア　「A表現」及び「B鑑賞」の指導を通して，次の事項を身に付けることができるよう指導する。
　　　(ｱ)　自分が感じたことや行ったことを通して，形や色などの違いに気付くこと。
　　　(ｲ)　形や色などを基に，自分のイメージをもつこと。
○3段階
　(1)　目　標
　　ア　形や色などの造形的な視点に気付き，表したいことに合わせて材料や用具を使い，表し方を工夫してつくるようにする。
　　イ　造形的なよさや美しさ，表したいことや表し方などについて考え，発想や構想をしたり，身の回りの作品などから自分の見方や感じ方を広げたりすることができるようにする。
　　ウ　進んで表現や鑑賞の活動に取り組み，つくりだす喜びを味わうとともに，感性を育み，形や色などに関わることにより楽しく豊かな生活を創造しようとする態度を養う。
　(2)　内　容
　　A　表　現
　　　ア　日常生活の出来事や思ったことを基に絵をかいたり，作品をつくったりする活動を通して，次の事項を身に付けることができるよう指導する。
　　　(ｱ)　材料や，感じたこと，想像したこと，見たこと，思ったことから表したいことを思い付くこと。
　　　(ｲ)　様々な材料や用具を使い，工夫して絵をかいたり，作品をつくったりすること。
　　B　鑑　賞
　　　ア　自分たちの作品や身の回りにある作品などを鑑賞する活動を通して，次の事項を身に付けることができるよう指導する。
　　　(ｱ)　自分たちの作品や，日常生活の中にあるものなどの形や色，表し方の面白さなどについて，感じ取り，自分の見方や感じ方を広げること。
　〔共通事項〕
　　　ア　「A表現」及び「B鑑賞」の指導を通して，次の事項を身に付けることができるよう指導する。
　　　(ｱ)　自分の感覚や行為を通して，形や色などの感じに気付くこと。
　　　(ｲ)　形や色などの感じを基に，自分のイメージをもつこと。

3 指導計画の作成と内容の取扱い
(1) 指導計画の作成に当たっては,次の事項に配慮するものとする。
ア 題材など内容や時間のまとまりを見通して,その中で育む資質・能力の育成に向けて,児童の主体的・対話的で深い学びの実現を図るようにすること。その際,造形的な見方・考え方を働かせ,表現したり鑑賞したりする資質・能力を相互に関連させた学習の充実を図ること。
イ 2の各段階の内容の「A表現」及び「B鑑賞」の指導に当たっては,相互の関連を図るようにすること。ただし,「B鑑賞」の指導に当たっては,指導の効果を高めるための必要がある場合には,児童や学校の実態に応じ,独立して行うようにすること。
ウ 2の各段階の内容の〔共通事項〕は,表現及び鑑賞の学習において共通に必要となる資質・能力であり,「A表現」及び「B鑑賞」の各事項の指導と併せて,十分な指導が行われるよう工夫すること。
エ 2の各段階の内容の「A表現」の指導に当たっては,適宜共同してつくりだす活動を取り上げるようにすること。
オ 2の各段階の内容の「B鑑賞」に当たっては,感じたことや思ったことを周りの人と共有できる機会を設けるようにすること。
カ 2の各段階の指導に当たっては,他教科や特別活動等との関連を図り,総合的に活動することで,指導の効果を高めるようにすること。

(2) 2の各段階の内容の取扱いについては,次の事項に配慮するものとする。
ア 造形活動においては,材料や用具の安全な使い方について指導するとともに活動場所を事前に点検するなどして,事故防止について徹底すること。
イ 児童が個性を生かして活動することができるようにするため,学習活動や表現方法などに幅をもたせるようにすること。
ウ 「A表現」の指導に当たっては,活動の全過程を通して児童が実現したい思いを大切にしながら活動できるようにし,自分のよさや可能性を見いだし,楽しく豊かな生活を創造しようとする態度を養うようにすること。
エ 各活動において,互いのよさや個性などを認め尊重し合うようにすること。
オ 土,木,紙などの身近な材料に親しんで造形活動などをすることや,はさみ,のりなど身近で扱いやすい用具等の扱い方を理解して使えるよう指導すること。
カ 「A表現」及び「B鑑賞」の学習を通して学んだことが,生活や社会の中で生かせるよう指導することや,作品や用具等を大切に取り扱うことを指導すること。
キ コンピュータ,カメラなどの情報機器を利用することについては,表現や鑑賞の活動で使う用具の一つとして扱うとともに,必要性を十分に検討して利用すること。
ク 材料については,地域の身近にある材料なども取り上げ,指導すること。
ケ 作品を校内の適切な場所に展示するなどし,日常の学校生活においてそれらを鑑賞することができるよう配慮すること。また,学校や地域の実態に応じて,校外に児童の作品を展示する機会を設けるなどすること。

〔体　育〕

1　目　標
　　体育や保健の見方・考え方を働かせ，課題に気付き，その解決に向けた学習過程を通して，心と体を一体として捉え，生涯にわたって心身の健康を保持増進し，豊かなスポーツライフを実現するための資質・能力を次のとおり育成することを目指す。
(1)　遊びや基本的な運動の行い方及び身近な生活における健康について知るとともに，基本的な動きや健康な生活に必要な事柄を身に付けるようにする。
(2)　遊びや基本的な運動及び健康についての自分の課題に気付き，その解決に向けて自ら考え行動し，他者に伝える力を養う。
(3)　遊びや基本的な運動に親しむことや健康の保持増進と体力の向上を目指し，楽しく明るい生活を営む態度を養う。
2　各段階の目標及び内容
○1段階
(1)　目　標
　　ア　教師と一緒に，楽しく体を動かすことができるようにするとともに，健康な生活に必要な事柄ができるようにする。
　　イ　体を動かすことの楽しさや心地よさを表現できるようにするとともに，健康な生活を営むために必要な事柄について教師に伝えることができるようにする。
　　ウ　簡単な合図や指示に従って，楽しく運動をしようとしたり，健康に必要な事柄をしようとしたりする態度を養う。
(2)　内　容
　A　体つくり運動遊び
　　　体つくり運動遊びについて，次の事項を身に付けることができるよう指導する。
　　ア　教師と一緒に，手足を動かしたり，歩いたりして楽しく体を動かすこと。
　　イ　手足を動かしたり，歩いたりして体を動かすことの楽しさや心地よさを表現すること。
　　ウ　簡単な合図や指示に従って，体つくり運動遊びをしようとすること。
　B　器械・器具を使っての遊び
　　　器械・器具を使っての遊びについて，次の事項を身に付けることができるよう指導する。
　　ア　教師と一緒に，器械・器具を使って楽しく体を動かすこと。
　　イ　器械・器具を使って体を動かすことの楽しさや心地よさを表現すること。
　　ウ　簡単な合図や指示に従って，器械・器具を使っての遊びをしようとすること。
　C　走・跳の運動遊び
　　　走・跳の運動遊びについて，次の事項を身に付けることができるよう指導する。
　　ア　教師と一緒に，走ったり，跳んだりして楽しく体を動かすこと。
　　イ　走ったり，跳んだりして体を動かすことの楽しさや心地よさを表現すること。
　　ウ　簡単な合図や指示に従って，走・跳の運動遊びをしようとすること。
　D　水遊び
　　　水遊びについて，次の事項を身に付けることができるよう指導する。
　　ア　教師と一緒に，水の特性を生かした簡単な水遊びを楽しくすること。

イ　水の中で体を動かすことの楽しさや心地よさを表現すること。
　　ウ　簡単な合図や指示に従って，水遊びをしようとすること。
　E　ボール遊び
　　ボール遊びについて，次の事項を身に付けることができるよう指導する。
　　ア　教師と一緒に，ボールを使って楽しく体を動かすこと。
　　イ　ボールを使って体を動かすことの楽しさや心地よさを表現すること。
　　ウ　簡単な合図や指示に従って，ボール遊びをしようとすること。
　F　表現遊び
　　表現遊びについて，次の事項を身に付けることができるよう指導する。
　　ア　教師と一緒に，音楽の流れている場所で楽しく体を動かすこと。
　　イ　音楽の流れている場所で体を動かすことの楽しさや心地よさを表現すること。
　　ウ　簡単な合図や指示に従って，表現遊びをしようとすること。
　G　保健
　　健康な生活に必要な事柄について，次の事項を身に付けることができるよう指導する。
　　ア　教師と一緒に，うがいなどの健康な生活に必要な事柄をすること。
　　イ　健康な生活に必要な事柄に気付き，教師に伝えること。
○2段階
　(1)　目　標
　　ア　教師の支援を受けながら，楽しく基本的な運動ができるようにするとともに，健康な生活に必要な事柄ができるようにする。
　　イ　基本的な運動に慣れ，その楽しさや感じたことを表現できるようにするとともに，健康な生活に向け，感じたことを他者に伝える力を養う。
　　ウ　簡単なきまりを守り，友達とともに安全に楽しく運動をしようとしたり，健康に必要な事柄をしようとしたりする態度を養う。
　(2)　内　容
　A　体つくり運動
　　体つくり運動について，次の事項を身に付けることができるよう指導する。
　　ア　教師の支援を受けながら，楽しく基本的な体つくり運動をすること。
　　イ　基本的な体つくり運動に慣れ，その楽しさや感じたことを表現すること。
　　ウ　簡単なきまりを守り，友達とともに安全に楽しく，基本的な体つくり運動をしようとすること。
　B　器械・器具を使っての運動
　　器械・器具を使っての運動について，次の事項を身に付けることができるよう指導する。
　　ア　教師の支援を受けながら，楽しく器械・器具を使っての基本的な運動をすること。
　　イ　器械・器具を使っての基本的な運動に慣れ，その楽しさや感じたことを表現すること。
　　ウ　簡単なきまりを守り，友達とともに安全に楽しく，器械・器具を使っての基本的な運動をしようとすること。
　C　走・跳の運動

走・跳の運動について，次の事項を身に付けることができるよう指導する。
　ア　教師の支援を受けながら，楽しく走・跳の基本的な運動をすること。
　イ　走・跳の基本的な運動に慣れ，その楽しさや感じたことを表現すること。
　ウ　簡単なきまりを守り，友達とともに安全に楽しく，走・跳の基本的な運動をしようとすること。
D　水の中での運動
　水の中での運動について，次の事項を身に付けることができるよう指導する。
　ア　教師の支援を受けながら，楽しく水の中での基本的な運動をすること。
　イ　水の中での基本的な運動に慣れ，その楽しさや感じたことを表現すること。
　ウ　簡単なきまりを守り，友達とともに安全に楽しく，水の中での基本的な運動をしようとすること。
E　ボールを使った運動やゲーム
　ボールを使った運動やゲームについて，次の事項を身に付けることができるよう指導する。
　ア　教師の支援を受けながら，楽しくボールを使った基本的な運動やゲームをすること。
　イ　ボールを使った基本的な運動やゲームに慣れ，その楽しさや感じたことを表現すること。
　ウ　簡単なきまりを守り，友達とともに安全に楽しく，ボールを使った基本的な運動やゲームをしようとすること。
F　表現運動
　表現運動について，次の事項を身に付けることができるよう指導する。
　ア　教師の支援を受けながら，音楽に合わせて楽しく表現運動をすること。
　イ　基本的な表現運動に慣れ，その楽しさや感じたことを表現すること。
　ウ　簡単なきまりを守り，友達とともに安全に楽しく，基本的な表現運動をしようとすること。
G　保健
　健康な生活に必要な事柄について，次の事項を身に付けることができるよう指導する。
　ア　教師の支援を受けながら，健康な生活に必要な事柄をすること。
　イ　健康な生活に必要な事柄に慣れ，感じたことを他者に伝えること。
○3段階
(1)　目　標
　ア　基本的な運動の楽しさを感じ，その行い方を知り，基本的な動きを身に付けるとともに，健康や身体の変化について知り，健康な生活ができるようにする。
　イ　基本的な運動の楽しみ方や健康な生活の仕方について工夫するとともに，考えたことや気付いたことなどを他者に伝える力を養う。
　ウ　きまりを守り，自分から友達と仲よく楽しく運動をしたり，場や用具の安全に気を付けたりしようとするとともに，自分から健康に必要な事柄をしようとする態度を養う。
(2)　内　容

A 体つくり運動
　体つくり運動について，次の事項を身に付けることができるよう指導する。
　ア　基本的な体つくり運動の楽しさを感じ，その行い方を知り，基本的な動きを身に付けること。
　イ　基本的な体つくり運動の楽しみ方を工夫するとともに，考えたことや気付いたことなどを他者に伝えること。
　ウ　きまりを守り，自分から友達と仲よく楽しく基本的な体つくり運動をしたり，場や用具の安全に気を付けたりしようとすること。
B 器械・器具を使っての運動
　器械・器具を使っての運動について，次の事項を身に付けることができるよう指導する。
　ア　器械・器具を使っての基本的な運動の楽しさを感じ，その行い方を知り，基本的な動きを身に付けること。
　イ　器械・器具を使っての基本的な運動の行い方を工夫するとともに，考えたことや気付いたことなどを他者に伝えること。
　ウ　きまりを守り，自分から友達と仲よく楽しく器械・器具を使っての基本的な運動をしたり，場や器械・器具の安全に気を付けたりしようとすること。
C 走・跳の運動
　走・跳の運動について，次の事項を身に付けることができるよう指導する。
　ア　走・跳の基本的な運動の楽しさを感じ，その行い方を知り，基本的な動きを身に付けること。
　イ　走・跳の基本的な運動の楽しみ方を工夫するとともに，考えたことや気付いたことなどを他者に伝えること。
　ウ　きまりを守り，自分から友達と仲よく楽しく走・跳の基本的な運動をしたり，場や用具の安全に気を付けたりしようとすること。
D 水の中での運動
　水の中での運動について，次の事項を身に付けることができるよう指導する。
　ア　水の中での基本的な運動の楽しさを感じ，その行い方を知り，基本的な動きを身に付けること。
　イ　水の中での基本的な運動の楽しみ方を工夫するとともに，考えたことや気付いたことなどを他者に伝えること。
　ウ　きまりを守り，自分から友達と仲よく楽しく水の中での基本的な運動をしたり，場や用具の安全に気を付けたりしようとすること。
E ボールを使った運動やゲーム
　ボールを使った運動やゲームについて，次の事項を身に付けることができるよう指導する。
　ア　ボールを使った基本的な運動やゲームの楽しさを感じ，その行い方を知り，基本的な動きを身に付けること。
　イ　ボールを使った基本的な運動やゲームの楽しみ方を工夫するとともに，考えたことや

気付いたことなどを他者に伝えること。
　　ウ　きまりを守り，自分から友達と仲よく楽しくボールを使った基本的な運動やゲームをしたり，場や用具の安全に気を付けたりしようとすること。
　F　表現運動
　　表現運動について，次の事項を身に付けることができるよう指導する。
　　ア　基本的な表現運動の楽しさを感じ，その行い方を知り，基本的な動きを身に付け，表現したり踊ったりすること。
　　イ　基本的な表現運動の楽しみ方を工夫するとともに，考えたことや気付いたことなどを他者に伝えること。
　　ウ　きまりを守り，自分から友達と仲よく楽しく表現運動をしたり，場や用具の安全に気を付けたりしようとすること。
　G　保健
　　健康な生活に必要な事柄について，次の事項を身に付けることができるよう指導する。
　　ア　健康や身体の変化について知り，健康な生活に必要な事柄に関する基本的な知識や技能を身に付けること。
　　イ　健康な生活に必要な事柄について工夫するとともに，考えたことや気付いたことなどを他者に伝えること。
３　指導計画の作成と内容の取扱い
(1)　指導計画の作成に当たっては，次の事項に配慮するものとする。
　　ア　各段階の内容のまとまりを見通して，その中で育む資質・能力の育成に向けて，児童の主体的・対話的で深い学びの実現を図るようにすること。その際，体育や保健の見方・考え方を働かせ，遊びや運動，健康についての自己の課題に気付き，個々の児童の障害の状態等に応じて，その解決のための方法を選んだり工夫したりするような活動の充実を図ること。また，運動の楽しさや喜びを味わったり，健康の大切さを実感したりすることができるよう，留意すること。
　　イ　「Ａ体つくり運動遊び」又は「Ａ体つくり運動」及び「Ｇ保健」については，６学年間にわたって取り扱うこと。
　　ウ　「Ｇ保健」については，生活科の２の各段階に示す内容のアの「基本的生活習慣」やイの「安全」などとの関連を積極的に図り，指導の効果を高めるようにすること。
(2)　２の各段階の内容の取扱いについては，次の事項に配慮するものとする。
　　ア　学校や地域の実態を考慮するとともに，個々の児童の障害の状態等，遊びや運動の経験及び技能の程度などに応じた指導や児童自らが遊びや運動の課題の解決を目指す活動を行えるよう工夫すること。
　　イ　運動を苦手と感じている児童や，運動に意欲的に取り組まない児童への指導を工夫すること。
　　ウ　「Ａ体つくり運動遊び」及び「Ａ体つくり運動」から「Ｆ表現遊び」及び「Ｆ表現運動」までと「Ｇ保健」との関連を図る指導を工夫すること。
　　エ　自然との関わりの深い雪遊び，氷上遊び，スキー，スケート，水辺活動などの指導に

ついては，児童の障害の状態等，学校や地域の実態等に応じて積極的に行うことに留意すること。
　　オ　オリンピック・パラリンピックなどとも関連させ，遊びや運動を「すること」，「知ること」，「見ること」，「応援すること」などにつながるようにすること。
第2　指導計画の作成と各教科全体にわたる内容の取扱い
1　指導計画の作成に当たっては，個々の児童の知的障害の状態，生活年齢，学習状況や経験等を考慮しながら，第1の各教科の目標及び内容を基に，6年間を見通して，全体的な指導計画に基づき具体的な指導目標や指導内容を設定するものとする。
2　個々の児童の実態に即して，教科別の指導を行うほか，必要に応じて各教科，道徳科，外国語活動，特別活動及び自立活動を合わせて指導を行うなど，効果的な指導方法を工夫するものとする。その際，各教科等において育成を目指す資質・能力を明らかにし，各教科等の内容間の関連を十分に図るよう配慮するものとする。
3　個々の児童の実態に即して，生活に結び付いた効果的な指導を行うとともに，児童が見通しをもって，意欲をもち主体的に学習活動に取り組むことができるよう指導計画全体を通して配慮するものとする。
4　第1章総則の第2節の2の(2)に示す道徳教育の目標に基づき，道徳科などとの関連を考慮しながら，第3章特別の教科道徳に示す内容について，各教科の特質に応じて適切な指導をするものとする。
5　児童の実態に即して学習環境を整えるなど，安全に留意するものとする。
6　児童の実態に即して自立や社会参加に向けて経験が必要な事項を整理した上で，指導するよう配慮するものとする。
7　学校と家庭等とが連携を図り，児童の学習過程について，相互に共有するとともに，児童が学習の成果を現在や将来の生活に生かすことができるよう配慮するものとする。
8　児童の知的障害の状態や学習状況，経験等に応じて，教材・教具や補助用具などを工夫するとともに，コンピュータや情報通信ネットワークを有効に活用し，指導の効果を高めるようにするものとする。

第2節　中学部
第1款　視覚障害者，聴覚障害者，肢体不自由者又は病弱者である生徒に対する教育を行う特別支援学校
　各教科の目標，各学年，各分野又は各言語の目標及び内容並びに指導計画の作成と内容の取扱いについては，中学校学習指導要領第2章に示すものに準ずるものとする。
　指導計画の作成と内容の取扱いに当たっては，生徒の障害の状態や特性及び心身の発達の段階等を十分考慮するとともに，第2章第1節第1款において特に示している事項に配慮するものとする。

第2款　知的障害者である生徒に対する教育を行う特別支援学校
第1　各教科の目標及び内容

〔国　語〕
1　目　標
　　言葉による見方・考え方を働かせ，言語活動を通して，国語で理解し表現する資質・能力を次のとおり育成することを目指す。
　(1)　日常生活や社会生活に必要な国語について，その特質を理解し適切に使うことができるようにする。
　(2)　日常生活や社会生活における人との関わりの中で伝え合う力を高め，思考力や想像力を養う。
　(3)　言葉がもつよさに気付くとともに，言語感覚を養い，国語を大切にしてその能力の向上を図る態度を養う。
2　各段階の目標及び内容
○1段階
　(1)　目　標
　　ア　日常生活や社会生活に必要な国語の知識や技能を身に付けるとともに，我が国の言語文化に親しむことができるようにする。
　　イ　順序立てて考える力や感じたり想像したりする力を養い，日常生活や社会生活における人との関わりの中で伝え合う力を高め，自分の思いや考えをもつことができるようにする。
　　ウ　言葉がもつよさに気付くとともに，図書に親しみ，国語で考えたり伝え合ったりしようとする態度を養う。
　(2)　内　容
　〔知識及び技能〕
　　ア　言葉の特徴や使い方に関する次の事項を身に付けることができるよう指導する。
　　　(ｱ)　身近な大人や友達とのやり取りを通して，言葉には，事物の内容を表す働きや，経験したことを伝える働きがあることに気付くこと。
　　　(ｲ)　発音や声の大きさに気を付けて話すこと。
　　　(ｳ)　長音，拗音，促音，撥音，助詞の正しい読み方や書き方を知ること。
　　　(ｴ)　言葉には，意味による語句のまとまりがあることを理解するとともに，話し方や書き方によって意味が異なる語句があることに気付くこと。
　　　(ｵ)　主語と述語との関係や接続する語句の役割を理解すること。
　　　(ｶ)　普通の言葉との違いに気を付けて，丁寧な言葉を使うこと。
　　　(ｷ)　語のまとまりに気を付けて音読すること。
　　イ　話や文章の中に含まれている情報の扱い方に関する次の事項を身に付けることができるよう指導する。
　　　(ｱ)　事柄の順序など，情報と情報との関係について理解すること。
　　ウ　我が国の言語文化に関する次の事項を身に付けることができるよう指導する。
　　　(ｱ)　自然や季節の言葉を取り入れた俳句などを聞いたり作ったりして，言葉の響きやリズムに親しむこと。

(イ)　挨拶状などに書かれた語句や文を読んだり書いたりし，季節に応じた表現があることを知ること。
　　(ウ)　書くことに関する次の事項を取り扱うこと。
　　　　㋐　姿勢や筆記具の持ち方を正しくし，文字の形に注意しながら，丁寧に書くこと。
　　　　㋑　点画相互の接し方や交わり方，長短や方向などに注意して文字を書くこと。
　　(エ)　読書に親しみ，簡単な物語や，自然や季節などの美しさを表した詩や紀行文などがあることを知ること。
〔思考力，判断力，表現力等〕
　A　聞くこと・話すこと
　　　聞くこと・話すことに関する次の事項を身に付けることができるよう指導する。
　　ア　身近な人の話や簡単な放送などを聞き，聞いたことを書き留めたり分からないことを聞き返したりして，話の大体を捉えること。
　　イ　話す事柄を思い浮かべ，伝えたいことを決めること。
　　ウ　見聞きしたことや経験したこと，自分の意見などについて，内容の大体が伝わるように伝える順序等を考えること。
　　エ　自己紹介や電話の受け答えなど，相手や目的に応じた話し方で話すこと。
　　オ　相手の話に関心をもち，分かったことや感じたことを伝え合い，考えをもつこと。
　B　書くこと
　　　書くことに関する次の事項を身に付けることができるよう指導する。
　　ア　見聞きしたことや経験したことの中から，伝えたい事柄を選び，書く内容を大まかにまとめること。
　　イ　相手に伝わるように事柄の順序に沿って簡単な構成を考えること。
　　ウ　文の構成，語句の使い方に気を付けて書くこと。
　　エ　自分が書いたものを読み返し，間違いを正すこと。
　　オ　文章に対する感想をもち，伝え合うこと。
　C　読むこと
　　　読むことに関する次の事項を身に付けることができるよう指導する。
　　ア　簡単な文や文章を読み，情景や場面の様子，登場人物の心情などを想像すること。
　　イ　語や語句の意味を基に時間的な順序や事柄の順序など内容の大体を捉えること。
　　ウ　日常生活で必要な語句や文章などを読み，行動すること。
　　エ　文章を読んで分かったことを伝えたり，感想をもったりすること。
○2段階
　(1)　目　標
　　ア　日常生活や社会生活，職業生活に必要な国語の知識や技能を身に付けるとともに，我が国の言語文化に親しむことができるようにする。
　　イ　筋道立てて考える力や豊かに感じたり想像したりする力を養い，日常生活や社会生活における人との関わりの中で伝え合う力を高め，自分の思いや考えをまとめることができるようにする。

ウ　言葉がもつよさに気付くとともに,いろいろな図書に親しみ,国語を大切にして,思いや考えを伝え合おうとする態度を養う。
(2) 内　容
〔知識及び技能〕
　ア　言葉の特徴や使い方に関する次の事項を身に付けることができるよう指導する。
　　(ア)　日常生活の中での周りの人とのやり取りを通して,言葉には,考えたことや思ったことを表す働きがあることに気付くこと。
　　(イ)　発声や発音に気を付けたり,声の大きさを調節したりして話すこと。
　　(ウ)　長音,拗音,促音,撥音などの表記や助詞の使い方を理解し,文や文章の中で使うこと。
　　(エ)　理解したり表現したりするために必要な語句の量を増し,使える範囲を広げること。
　　(オ)　修飾と被修飾との関係,指示する語句の役割について理解すること。
　　(カ)　敬体と常体があることを理解し,その違いに注意しながら書くこと。
　　(キ)　内容の大体を意識しながら音読すること。
　イ　話や文章の中に含まれている情報の扱い方に関する次の事項を身に付けることができるよう指導する。
　　(ア)　考えとそれを支える理由など,情報と情報との関係について理解すること。
　　(イ)　必要な語や語句の書き留め方や,比べ方などの情報の整理の仕方を理解し使うこと。
　ウ　我が国の言語文化に関する次の事項を身に付けることができるよう指導する。
　　(ア)　易しい文語調の短歌や俳句を音読したり暗唱したりするなどして,言葉の響きやリズムに親しむこと。
　　(イ)　生活に身近なことわざなどを知り,使うことにより様々な表現に親しむこと。
　　(ウ)　書くことに関する次の事項を取り扱うこと。
　　　　㋐　点画の書き方や文字の形に注意しながら,筆順に従って丁寧に書くこと。
　　　　㋑　漢字や仮名の大きさ,配列に注意して書くこと。
　　(エ)　幅広く読書に親しみ,本にはいろいろな種類があることを知ること。
〔思考力,判断力,表現力等〕
A　聞くこと・話すこと
　聞くこと・話すことに関する次の事項を身に付けることができるよう指導する。
　ア　身近な人の話や放送などを聞きながら,聞いたことを簡単に書き留めたり,分からないときは聞き返したりして,内容の大体を捉えること。
　イ　相手や目的に応じて,自分の伝えたいことを明確にすること。
　ウ　見聞きしたことや経験したこと,自分の意見やその理由について,内容の大体が伝わるように伝える順序や伝え方を考えること。
　エ　相手に伝わるように発音や声の大きさ,速さに気を付けて話したり,必要な話し方を工夫したりすること。
　オ　物事を決めるために,簡単な役割や進め方に沿って話し合い,考えをまとめること。
B　書くこと

書くことに関する次の事項を身に付けることができるよう指導する。
- ア 相手や目的を意識して，見聞きしたことや経験したことの中から書くことを選び，伝えたいことを明確にすること。
- イ 書く内容の中心を決め，自分の考えと理由などとの関係を明確にして，文章の構成を考えること。
- ウ 事実と自分の考えとの違いなどが相手に伝わるように書き表し方を工夫すること。
- エ 文章を読み返す習慣を身に付け，間違いを正したり，語と語との続き方を確かめたりすること。
- オ 文章に対する感想を伝え合い，内容や表現のよいところを見付けること。

C 読むこと
読むことに関する次の事項を身に付けることができるよう指導する。
- ア 様々な読み物を読み，情景や場面の様子，登場人物の心情などを想像すること。
- イ 語と語や文と文との関係を基に，出来事の順序や気持ちの変化など内容の大体を捉えること。
- ウ 日常生活や社会生活，職業生活に必要な語句，文章，表示などの意味を読み取り，行動すること。
- エ 中心となる語句や文を明確にしながら読むこと。
- オ 読んで感じたことや分かったことを伝え合い，一人一人の感じ方などに違いがあることに気付くこと。

3 指導計画の作成と内容の取扱い
(1) 指導計画の作成に当たっては，次の事項に配慮するものとする。
- ア 単元など内容や時間のまとまりを見通して，その中で育む資質・能力の育成に向けて，生徒の主体的・対話的で深い学びの実現を図るようにすること。その際，言葉による見方・考え方を働かせ，言語活動を通して，言葉の特徴や使い方などを身に付け自分の思いや考えを深める学習の充実を図ること。
- イ 2の各段階の内容の〔知識及び技能〕に示す事項については，〔思考力，判断力，表現力等〕に示す事項の指導を通して指導することを基本とすること。
- ウ 2の各段階の内容の〔思考力，判断力，表現力等〕の「A聞くこと・話すこと」に関する指導については，生活に必要な話し言葉を身に付け，活用できるよう指導すること。
- エ 2の各段階の内容の〔思考力，判断力，表現力等〕の「B書くこと」に関する指導については，筆記具を用いる技能の指導に偏ることなく，文章を書く場面を設けるよう工夫すること。
- オ 2の各段階の内容の〔思考力，判断力，表現力等〕の「C読むこと」に関する指導については，発達の段階に応じた様々な文章に接し，日常生活において読書活動を活発に行うようにするとともに，他教科等における読書の指導や学校図書館等における指導との関連を図るようにすること。

(2) 2の各段階の内容の取扱いについては，次の事項に配慮するものとする。
- ア 2の各段階の内容のうち，文字に関する事項については，次のとおり取り扱うこと。

(ｱ)　生活場面や関わる相手が多様になることに応じて，平仮名，片仮名，漢字に加えてローマ字などの文字を取り扱うようにすること。
　(ｲ)　これまでに学習した句読点の使い方や長音，撥音などの表記について，中学部においても正しくより適切に用いることができるよう引き続き指導すること。
イ　2の内容の指導に当たっては，学校図書館などを目的をもって計画的に利用しその機能の活用を図るようにすること。その際，本などの種類や配置，探し方について指導するなど，生徒が必要な本を選ぶことができるよう配慮すること。
ウ　教材の取扱いについては，次の事項に留意すること。
　(ｱ)　生徒の障害の状態や特性及び心身の発達の段階等に応じ，興味・関心のある話題や身近な題材から，日常生活や社会生活及び職業生活に関連する題材まで，様々な種類や形式の文，文章を取り扱う機会を設けること。
　(ｲ)　読み物教材としては，登場人物の行動や言葉から心情を読み取りやすいものや，情景が思い浮かびやすいものを選ぶこと。また，生徒の生活範囲が広がり，生活する力が高まるような内容の教材を選ぶこと。

〔社　会〕
1　目　標
　社会的な見方・考え方を働かせ，社会的事象について関心をもち，具体的に考えたり関連付けたりする活動を通して，自立し生活を豊かにするとともに，平和で民主的な国家及び社会の形成者に必要な公民としての資質・能力の基礎を次のとおり育成することを目指す。
(1)　地域や我が国の国土の地理的環境，現代社会の仕組みや役割，地域や我が国の歴史や伝統と文化及び外国の様子について，具体的な活動や体験を通して理解するとともに，経験したことと関連付けて，調べまとめる技能を身に付けるようにする。
(2)　社会的事象について，自分の生活と結び付けて具体的に考え，社会との関わりの中で，選択・判断したことを適切に表現する力を養う。
(3)　社会に主体的に関わろうとする態度を養い，地域社会の一員として人々と共に生きていくことの大切さについての自覚を養う。
2　各段階の目標及び内容
○1段階
(1)　目　標
　日常生活に関わる社会的事象が分かり，地域社会の一員としての資質・能力の基礎を次のとおり育成することを目指す。
ア　身近な地域や市区町村の地理的環境，地域の安全を守るための諸活動，地域の産業と消費生活の様子及び身近な地域の様子の移り変わり並びに社会生活に必要なきまり，公共施設の役割及び外国の様子について，具体的な活動や体験を通して，自分との関わりが分かるとともに，調べまとめる技能を身に付けるようにする。
イ　社会的事象について，自分の生活や地域社会と関連付けて具体的に考えたことを表現する基礎的な力を養う。
ウ　身近な社会に自ら関わろうとする意欲をもち，地域社会の中で生活することの大切さ

についての自覚を養う。
(2) 内　容
　ア　社会参加ときまり
　　(ア)　社会参加するために必要な集団生活に関わる学習活動を通して，次の事項を身に付けることができるよう指導する。
　　　㋐　学級や学校の中で，自分の意見を述べたり相手の意見を聞いたりするなど，集団生活の中での役割を果たすための知識や技能を身に付けること。
　　　㋑　集団生活の中で何が必要かに気付き，自分の役割を考え，表現すること。
　　(イ)　社会生活に必要なきまりに関わる学習活動を通して，次の事項を身に付けることができるよう指導する。
　　　㋐　家庭や学校でのきまりを知り，生活の中でそれを守ることの大切さが分かること。
　　　㋑　社会生活ときまりとの関連を考え，表現すること。
　イ　公共施設と制度
　　(ア)　公共施設の役割に関わる学習活動を通して，次の事項を身に付けることができるよう指導する。
　　　㋐　身近な公共施設や公共物の役割が分かること。
　　　㋑　公共施設や公共物について調べ，それらの役割を考え，表現すること。
　　(イ)　制度の仕組みに関わる学習活動を通して，次の事項を身に付けることができるよう指導する。
　　　㋐　身近な生活に関する制度が分かること。
　　　㋑　身近な生活に関する制度について調べ，自分との関わりを考え，表現すること。
　ウ　地域の安全
　　(ア)　地域の安全に関わる学習活動を通して，次の事項を身に付けることができるよう指導する。
　　　㋐　地域の安全を守るため，関係機関が地域の人々と協力していることが分かること。
　　　㋑　地域における災害や事故に対する施設・設備などの配置，緊急時への備えや対応などに着目して，関係機関や地域の人々の諸活動を捉え，そこに関わる人々の働きを考え，表現すること。
　エ　産業と生活
　　(ア)　仕事と生活に関わる学習活動を通して，次の事項を身に付けることができるよう指導する。
　　　㋐　生産の仕事は，地域の人々の生活と密接な関わりをもって行われていることが分かること。
　　　㋑　仕事の種類や工程などに着目して，生産に携わっている人々の仕事の様子を捉え，地域の人々の生活との関連を考え，表現すること。
　　(イ)　身近な産業と生活に関わる学習活動を通して，次の事項を身に付けることができるよう指導する。
　　　㋐　販売の仕事は，消費者のことを考え，工夫して行われていることが分かること。

　　　　㋑　消費者の願いや他地域との関わりなどに着目して，販売の仕事に携わっている人々の仕事の様子を捉え，それらの仕事に見られる工夫を考え，表現すること。
　　オ　我が国の地理や歴史
　　　(ｱ)　身近な地域や市区町村（以下第２章第２節第２款において「市」という。）の様子に関わる学習活動を通して，次の事項を身に付けることができるよう指導する。
　　　　㋐　身近な地域や自分たちの市の様子が分かること。
　　　　㋑　都道府県（以下第２章第２節第２款第１〔社会〕(2)内容において「県」という。）内における市の位置や市の地形，土地利用などに着目して，身近な地域や市の様子を捉え，場所による違いを考え，表現すること。
　　　(ｲ)　身近な地域の移り変わりに関わる学習活動を通して，次の事項を身に付けることができるよう指導する。
　　　　㋐　身近な地域や自分たちの市の様子，人々の生活は，時間とともに移り変わってきたことを知ること。
　　　　㋑　交通や人口，生活の道具などの時期による違いに着目して，市や人々の生活の様子を捉え，それらの変化を考え，表現すること。
　　カ　外国の様子
　　　(ｱ)　世界の中の日本と国際交流に関わる学習活動を通して，次の事項を身に付けることができるよう指導する。
　　　　㋐　文化や風習の特徴や違いを知ること。
　　　　㋑　そこに暮らす人々の生活などに着目して，日本との違いを考え，表現すること。
○２段階
　(1)　目　標
　　日常生活に関わる社会的事象について理解し，地域社会の一員としての資質・能力の基礎を次のとおり育成することを目指す。
　　ア　自分たちの都道府県の地理的環境の特色，地域の人々の健康と生活環境を支える役割，自然災害から地域の安全を守るための諸活動及び地域の伝統と文化並びに社会参加するためのきまり，社会に関する基本的な制度及び外国の様子について，具体的な活動や体験を通して，人々の生活との関連を踏まえて理解するとともに，調べまとめる技能を身に付けるようにする。
　　イ　社会的事象について，自分の生活や地域社会と関連付けて具体的に考えたことを表現する力を養う。
　　ウ　社会に自ら関わろうとする意欲をもち，地域社会の中で生活することの大切さについての自覚を養う。
　(2)　内　容
　　ア　社会参加ときまり
　　　(ｱ)　社会参加するために必要な集団生活に関わる学習活動を通して，次の事項を身に付けることができるよう指導する。
　　　　㋐　学級や学校の中で，意見を述べ合い，助け合い，協力しながら生活する必要性を

　　　　　理解し，そのための知識や技能を身に付けること。
　　　　㋑　周囲の状況を判断し，集団生活の中での自分の役割と責任について考え，表現すること。
　　　(イ)　社会生活に必要なきまりに関わる学習活動を通して，次の事項を身に付けることができるよう指導する。
　　　　㋐　家庭や学校，地域社会でのきまりは，社会生活を送るために必要であることを理解すること。
　　　　㋑　社会生活に必要なきまりの意義について考え，表現すること。
　　イ　公共施設と制度
　　　(ア)　公共施設の役割に関わる学習活動を通して，次の事項を身に付けることができるよう指導する。
　　　　㋐　自分の生活の中での公共施設や公共物の役割とその必要性を理解すること。
　　　　㋑　公共施設や公共物の役割について調べ，生活の中での利用を考え，表現すること。
　　　(イ)　制度の仕組みに関わる学習活動を通して，次の事項を身に付けることができるよう指導する。
　　　　㋐　社会に関する基本的な制度について理解すること。
　　　　㋑　社会に関する基本的な制度について調べ，それらの意味を考え，表現すること。
　　ウ　地域の安全
　　　(ア)　地域の安全に関わる学習活動を通して，次の事項を身に付けることができるよう指導する。
　　　　㋐　地域の関係機関や人々は，過去に発生した地域の自然災害や事故に対し，様々な協力をして対処してきたことや，今後想定される災害に対し，様々な備えをしていることを理解すること。
　　　　㋑　過去に発生した地域の自然災害や事故，関係機関の協力などに着目して，危険から人々を守る活動と働きを考え，表現すること。
　　エ　産業と生活
　　　(ア)　県内の特色ある地域に関わる学習活動を通して，次の事項を身に付けることができるよう指導する。
　　　　㋐　地域では，人々が協力し，産業の発展に努めていることを理解すること。
　　　　㋑　人々の活動や産業の歴史的背景などに着目して，地域の様子を捉え，それらの特色を考え，表現すること。
　　　(イ)　生活を支える事業に関わる学習活動を通して，次の事項を身に付けることができるよう指導する。
　　　　㋐　水道，電気及びガスなどの生活を支える事業は，安全で安定的に供給や処理できるよう実施されていることや，地域の人々の健康な生活の維持と向上に役立っていることを理解すること。
　　　　㋑　供給や処理の仕組みや関係機関の協力などに着目して，水道，電気及びガスなどの生活を支える事業の様子を捉え，それらの事業が果たす役割を考え，表現するこ

        オ　我が国の地理や歴史
          (ア)　身近な地域に関わる学習活動を通して，次の事項を身に付けることができるよう指導する。
            ㋐　自分たちの県の概要を理解すること。
            ㋑　我が国における自分たちの県の位置，県全体の地形などに着目して，県の様子を捉え，地理的環境の特色を考え，表現すること。
          (イ)　県内の伝統や文化，先人の働きや出来事に関わる学習活動を通して，次の事項を身に付けることができるよう指導する。
            ㋐　県内の主な歴史を手掛かりに，先人の働きや出来事，文化遺産などを知ること。
            ㋑　歴史的背景や現在に至る経緯などに着目し，県内の文化財や年中行事の様子を捉え，それらの特色を考え，表現すること。
        カ　外国の様子
          (ア)　世界の中の日本と国際交流に関わる学習活動を通して，次の事項を身に付けることができるよう指導する。
            ㋐　文化や風習の特徴や違いを理解すること。
            ㋑　人々の生活や習慣などに着目して，多様な文化について考え，表現すること。
          (イ)　世界の様々な地域に関わる学習活動を通して，次の事項を身に付けることができるよう指導する。
            ㋐　人々の生活の様子を大まかに理解すること。
            ㋑　世界の出来事などに着目して，それらの国の人々の生活の様子を捉え，交流することの大切さを考え，表現すること。
  3　指導計画の作成と内容の取扱い
    (1)　指導計画の作成に当たっては，次の事項に配慮するものとする。
      ア　単元など内容や時間のまとまりを見通して，その中で育む資質・能力の育成に向けて，生徒の主体的・対話的で深い学びの実現を図るようにすること。その際，生活に即した具体的で分かりやすい内容を取り上げ，社会的事象の見方・考え方を働かせ，事象の特色や意味などを考え，説明したり表現したりするなど，自ら意欲的に取り組むことのできる活動の充実を図ること。
      イ　各教科等との関連を図り，指導の効果を高めるようにするとともに，小学部の生活科の学習との関連を踏まえて，系統的・発展的に指導できるようにすること。
      ウ　コンピュータや情報通信ネットワークなどを活用して，情報の収集やまとめなどを行うようにすること。
    (2)　2の各段階の内容の取扱いについては，次の事項に配慮するものとする。
      ア　各学校においては，地域の実態を生かして，生徒が興味・関心をもって学習に取り組めるようにするとともに，観察や見学，聞き取りなどの調査活動を含む具体的な体験を伴う学習を通し，自分の生活と結び付けて考えたことをまとめることで知識が深まるようにすること。

イ 2の内容については，次の事項について配慮するものとする。
　(ア) アについては，集団生活を送る上で必要とされる人との関わりやきまりを守ることについて理解できるようにするとともに，主体的に社会参加するための基礎的な力を養うこと。
　(イ) イについては，身近な公共施設を取り上げ，その役割や利用できる制度を知ることで，よりよい社会生活を送ることができるようにすること。
　(ウ) ウについては，地域の実態に応じて，地震災害，津波災害，風水害，火山災害，雪害などの中から取り上げ，地域や自分自身の安全を守るために自分たちにできることなどを考えたり選択・判断したりできるようにすること。
　(エ) エについては，身近な仕事を通して生産や販売について関心をもつこと。また，生活を支える事業について取り扱うことで，節水や節電の必要性を感じて取り組もうとすること。
　(オ) オについては，地図の扱いに慣れるようにすること。また，主な文化財や年中行事の中から具体的事例を取り上げ，その特色が大まかに分かるようにすること。
　(カ) カについては，我が国や諸外国には国旗があることを理解し，それを尊重する態度を養うようにすること。

〔数　学〕
1　目　標
　数学的な見方・考え方を働かせ，数学的活動を通して，数学的に考える資質・能力を次のとおり育成することを目指す。
(1) 数量や図形などについての基礎的・基本的な概念や性質などを理解し，事象を数理的に処理する技能を身に付けるようにする。
(2) 日常の事象を数理的に捉え見通しをもち筋道を立てて考察する力，基礎的・基本的な数量や図形の性質などを見いだし統合的・発展的に考察する力，数学的な表現を用いて事象を簡潔・明瞭・的確に表現する力を養う。
(3) 数学的活動の楽しさや数学のよさに気付き，学習を振り返ってよりよく問題を解決しようとする態度，数学で学んだことを生活や学習に活用しようとする態度を養う。
2　各段階の目標及び内容
○1段階
　(1) 目　標
　　A　数と計算
　　　ア　3位数程度の整数の概念について理解し，数に対する感覚を豊かにするとともに，加法，減法及び乗法の意味や性質について理解し，これらを計算することについての技能を身に付けるようにする。
　　　イ　数とその表現や数の関係に着目し，具体物や図などを用いて，数の表し方や計算の仕方などを筋道立てて考えたり，関連付けて考えたりする力を養う。
　　　ウ　数量に進んで関わり，数学的に表現・処理するとともに，数学で学んだことのよさに気付き，そのことを生活や学習に活用しようとする態度を養う。

B 図形
　ア 三角形や四角形，箱の形などの基本的な図形について理解し，図形についての感覚を豊かにするとともに，図形を作図したり，構成したりすることなどについての技能を身に付けるようにする。
　イ 三角形や四角形，箱の形などの基本的な図形を構成する要素に着目して，平面図形の特徴を捉えたり，身の回りの事象を図形の性質から関連付けて考えたりする力を養う。
　ウ 図形に進んで関わり，数学的に表現・処理するとともに，数学で学んだことのよさに気付き，そのことを生活や学習に活用しようとする態度を養う。
C 測定
　ア 身の回りにある長さ，体積，重さ及び時間の単位と測定の意味について理解し，量の大きさについての感覚を豊かにするとともに，それらを測定することについての技能を身に付けるようにする。
　イ 身の回りの事象を量に着目して捉え，量の単位を用いて的確に表現する力を養う。
　ウ 数量や図形に進んで関わり，数学的に表現・処理するとともに，数学で学んだことのよさに気付き，そのことを生活や学習に活用しようとする態度を養う。
D データの活用
　ア 身の回りにあるデータを分類整理して簡単な表やグラフに表したり，それらを問題解決において用いたりすることについての技能を身に付けるようにする。
　イ 身の回りの事象を，データの特徴に着目して捉え，簡潔に表現したり，考察したりする力を養う。
　ウ データの活用に進んで関わり，数学的に表現・処理するとともに，数学で学んだことのよさに気付き，そのことを生活や学習に活用しようとする態度を養う。

(2) 内　容
A 数と計算
　ア 整数の表し方に関わる数学的活動を通して，次の事項を身に付けることができるよう指導する。
　　(ｱ) 次のような知識及び技能を身に付けること。
　　　㋐ 1000までの数をいくつかの同じまとまりに分割したうえで数えたり，分類して数えたりすること。
　　　㋑ 3位数の表し方について理解すること。
　　　㋒ 数を十や百を単位としてみるなど，数の相対的な大きさについて理解すること。
　　　㋓ 3位数の数系列，順序，大小について，数直線上の目盛りを読んで理解したり，数を表したりすること。
　　　㋔ 一つの数をほかの数の積としてみるなど，ほかの数と関係付けてみること。
　　(ｲ) 次のような思考力，判断力，表現力等を身に付けること。
　　　㋐ 数のまとまりに着目し，考察する範囲を広げながら数の大きさの比べ方や数え方を考え，日常生活で生かすこと。
　イ 整数の加法及び減法に関わる数学的活動を通して，次の事項を身に付けることができ

るよう指導する。
  (ア) 次のような知識及び技能を身に付けること。
    ㋐ 2位数の加法及び減法について理解し，その計算ができること。また，それらの筆算の仕方について知ること。
    ㋑ 簡単な場合について3位数の加法及び減法の計算の仕方を知ること。
    ㋒ 加法及び減法に関して成り立つ性質について理解すること。
    ㋓ 計算機を使って，具体的な生活場面における簡単な加法及び減法の計算ができること。
  (イ) 次のような思考力，判断力，表現力等を身に付けること。
    ㋐ 数量の関係に着目し，数を適用する範囲を広げ，計算に関して成り立つ性質や計算の仕方を見いだすとともに，日常生活で生かすこと。
 ウ 整数の乗法に関わる数学的活動を通して，次の事項を身に付けることができるよう指導する。
  (ア) 次のような知識及び技能を身に付けること。
    ㋐ 乗法が用いられる場合や意味について知ること。
    ㋑ 乗法が用いられる場面を式に表したり，式を読み取ったりすること。
    ㋒ 乗法に関して成り立つ簡単な性質について理解すること。
    ㋓ 乗法九九について知り，1位数と1位数との乗法の計算ができること。
  (イ) 次のような思考力，判断力，表現力等を身に付けること。
    ㋐ 数量の関係に着目し，計算に関して成り立つ性質や計算の仕方を見いだすとともに，日常生活で生かすこと。
B 図形
 ア 図形に関わる数学的活動を通して，次の事項を身に付けることができるよう指導する。
  (ア) 次のような知識及び技能を身に付けること。
    ㋐ 直線について知ること。
    ㋑ 三角形や四角形について知ること。
    ㋒ 正方形，長方形及び直角三角形について知ること。
    ㋓ 正方形や長方形で捉えられる箱の形をしたものについて理解し，それらを構成したり，分解したりすること。
    ㋔ 直角，頂点，辺及び面という用語を用いて図形の性質を表現すること。
    ㋕ 基本的な図形が分かり，その図形をかいたり，簡単な図表を作ったりすること。
    ㋖ 正方形，長方形及び直角三角形をかいたり，作ったり，それらを使って平面に敷き詰めたりすること。
  (イ) 次のような思考力，判断力，表現力等を身に付けること。
    ㋐ 図形を構成する要素に着目し，構成の仕方を考えるとともに，図形の性質を見いだし，身の回りのものの形を図形として捉えること。
C 測定
 ア 量の単位と測定に関わる数学的活動を通して，次の事項を身に付けることができるよ

う指導する。
(ア) 次のような知識及び技能を身に付けること。
㋐ 目盛の原点を対象の端に当てて測定すること。
㋑ 長さの単位［ミリメートル（mm），センチメートル（cm），メートル（m），キロメートル（km）］や重さの単位［グラム（g），キログラム（kg）］について知り，測定の意味を理解すること。
㋒ かさの単位［ミリリットル（mL），デシリットル（dL），リットル（L）］について知り，測定の意味を理解すること。
㋓ 長さ，重さ及びかさについて，およその見当を付け，単位を選択したり，計器を用いて測定したりすること。
(イ) 次のような思考力，判断力，表現力等を身に付けること。
㋐ 身の回りのものの特徴に着目し，目的に適した単位で量の大きさを表現したり，比べたりすること。
イ 時刻や時間に関わる数学的活動を通して，次の事項を身に付けることができるよう指導する。
(ア) 次のような知識及び技能を身に付けること。
㋐ 時間の単位（秒）について知ること。
㋑ 日常生活に必要な時刻や時間を求めること。
(イ) 次のような思考力，判断力，表現力等を身に付けること。
㋐ 時間の単位に着目し，簡単な時刻や時間の求め方を日常生活に生かすこと。
D データの活用
ア 身の回りにあるデータを簡単な表やグラフで表したり，読み取ったりすることに関わる数学的活動を通して，次の事項を身に付けることができるよう指導する。
(ア) 次のような知識及び技能を身に付けること。
㋐ 身の回りにある数量を簡単な表やグラフに表したり，読み取ったりすること。
(イ) 次のような思考力，判断力，表現力等を身に付けること。
㋐ 身の回りの事象に関するデータを整理する観点に着目し，簡単な表やグラフを用いながら読み取ったり，考察したりすること。

〔数学的活動〕
ア 内容の「A数と計算」，「B図形」，「C測定」及び「Dデータの活用」に示す学習については，次のような数学的活動に取り組むものとする。
(ア) 日常生活の事象から見いだした数学の問題を，具体物や図，式などを用いて解決し，結果を確かめたり，日常生活に生かしたりする活動
(イ) 問題解決した過程や結果を，具体物や図，式などを用いて表現し伝え合う活動

○2段階
(1) 目 標
A 数と計算
ア 整数の概念や性質について理解を深め，数に対する感覚を豊かにするとともに，加法，

減法，乗法及び除法の意味や性質について理解し，それらの計算ができるようにする。また，小数及び分数の意味や表し方について知り，数量とその関係を表したり読み取ったりすることができるようにすることについての技能を身に付けるようにする。
　イ　数を構成する単位に着目して，数の表し方やその数について考えたり，扱う数の範囲を広げ，計算の仕方を見いだし，筋道立てて考えたりするとともに，日常生活の問題場面を数量に着目して捉え，処理した結果を場面をもとに振り返り，解釈及び判断する力を養う。
　ウ　数量に進んで関わり，数学的に表現・処理するとともに，数学で学んだことのよさを理解し，そのことを生活や学習に活用しようとする態度を養う。
B　図形
　ア　二等辺三角形や正三角形などの基本的な図形や面積，角の大きさについて理解し，図形についての感覚を豊かにするとともに，図形を作図や構成したり，図形の面積や角の大きさを求めたりすることなどについての技能を身に付けるようにする。
　イ　二等辺三角形や正三角形などの基本的な図形を構成する要素に着目して，平面図形の特徴を捉えたり，身の回りの事象を図形の性質から考察したりする力，図形を構成する要素に着目し，図形の計量について考察する力を養う。
　ウ　図形や数量に進んで関わり，数学的に表現・処理するとともに，数学で学んだことのよさを理解し，そのことを生活や学習に活用しようとする態度を養う。
C　変化と関係
　ア　二つの数量の関係や変化の様子を表や式，グラフで表すことについて理解するとともに，二つの数量の関係を割合によって比べることについての技能を身に付けるようにする。
　イ　伴って変わる二つの数量の関係に着目し，変化の特徴に気付き，二つの数量の関係を表や式，グラフを用いて考察したり，割合を用いて考察したりする力を養う。
　ウ　数量に進んで関わり，数学的に表現・処理するとともに，数学で学んだことのよさを理解し，そのことを生活や学習に活用しようとする態度を養う。
D　データの活用
　ア　データを表や棒グラフ，折れ線グラフで表す表し方や読み取り方を理解し，それらを問題解決における用い方についての技能を身に付けるようにする。
　イ　身の回りの事象について整理されたデータの特徴に着目し，事象を簡潔に表現したり，適切に判断したりする力を養う。
　ウ　データの活用に進んで関わり，数学的に表現・処理するとともに，数学で学んだことのよさを理解し，そのことを生活や学習に活用しようとする態度を養う。
(2)　内　容
A　数と計算
　ア　整数の表し方に関わる数学的活動を通して，次の事項を身に付けることができるよう指導する。
　　(ｱ)　次のような知識及び技能を身に付けること。

㋐　4位数までの十進位取り記数法による数の表し方及び数の大小や順序について，理解すること。
　　　㋑　10倍，100倍，1/10の大きさの数及びその表し方について知ること。
　　　㋒　数を千を単位としてみるなど，数の相対的な大きさについて理解を深めること。
　　(イ)　次のような思考力，判断力，表現力等を身に付けること。
　　　㋐　数のまとまりに着目し，考察する範囲を広げながら数の大きさの比べ方や数え方を考え，日常生活で生かすこと。
　イ　整数の加法及び減法に関わる数学的活動を通して，次の事項を身に付けることができるよう指導する。
　　(ア)　次のような知識及び技能を身に付けること。
　　　㋐　3位数や4位数の加法及び減法の計算の仕方について理解し，計算ができること。また，それらの筆算についての仕方を知ること。
　　　㋑　加法及び減法に関して成り立つ性質を理解すること。
　　　㋒　計算機を使って，具体的な生活場面における加法及び減法の計算ができること。
　　(イ)　次のような思考力，判断力，表現力等を身に付けること。
　　　㋐　数量の関係に着目し，数の適用範囲を広げ，計算に関して成り立つ性質や計算の仕方を見いだすとともに，日常生活で生かすこと。
　ウ　整数の乗法に関わる数学的活動を通して，次の事項を身に付けることができるよう指導する。
　　(ア)　次のような知識及び技能を身に付けること。
　　　㋐　1位数と1位数との乗法の計算ができ，それを適切に用いること。
　　　㋑　交換法則や分配法則といった乗法に関して成り立つ性質を理解すること。
　　(イ)　次のような思考力，判断力，表現力等を身に付けること。
　　　㋐　数量の関係に着目し，計算に関して成り立つ性質や計算の仕方を見いだすとともに，日常生活で生かすこと。
　エ　整数の除法に関わる数学的活動を通して，次の事項を身に付けることができるよう指導する。
　　(ア)　次のような知識及び技能を身に付けること。
　　　㋐　除法が用いられる場合や意味について理解すること。
　　　㋑　除法が用いられる場面を式に表したり，式を読み取ったりすること。
　　　㋒　除法と乗法との関係について理解すること。
　　　㋓　除数と商が共に1位数である除法の計算ができること。
　　　㋔　余りについて知り，余りの求め方が分かること。
　　(イ)　次のような思考力，判断力，表現力等を身に付けること。
　　　㋐　数量の関係に着目し，計算に関して成り立つ性質や計算の仕方を見いだすとともに，日常生活に生かすこと。
　オ　小数の表し方に関わる数学的活動を通して，次の事項を身に付けることができるよう指導する。

(ア) 次のような知識及び技能を身に付けること。
　　　⑦ 端数部分の大きさを表すのに小数を用いることを知ること。
　　　④ 1/10の位までの小数の仕組みや表し方について理解すること。
　　(イ) 次のような思考力，判断力，表現力等を身に付けること。
　　　⑦ 数のまとまりに着目し，数の表し方の適用範囲を広げ，日常生活に生かすこと。
　カ　分数の表し方に関わる数学的活動を通して，次の事項を身に付けることができるよう指導する。
　　ア　次のような知識及び技能を身に付けること。
　　　⑦ 1/2，1/4など簡単な分数について知ること。
　　(イ) 次のような思考力，判断力，表現力等を身に付けること。
　　　⑦ 数のまとまりに着目し，数の表し方の適用範囲を広げ，日常生活に生かすこと。
　キ　数量の関係を表す式に関わる数学的活動を通して，次の事項を身に付けることができるよう指導する。
　　(ア) 次のような知識及び技能を身に付けること。
　　　⑦ 数量の関係を式に表したり，式と図を関連付けたりすること。
　　　④ □などを用いて数量の関係を式に表すことができることを知ること。
　　　⑨ □などに数を当てはめて調べること。
　　(イ) 次のような思考力，判断力，表現力等を身に付けること。
　　　⑦ 数量の関係に着目し，事柄や関係を式や図を用いて簡潔に表したり，式と図を関連付けて式を読んだりすること。
B　図形
　ア　図形に関わる数学的活動を通して，次の事項を身に付けることができるよう指導する。
　　(ア) 次のような知識及び技能を身に付けること。
　　　⑦ 二等辺三角形，正三角形などについて知り，作図などを通してそれらの関係に着目すること。
　　　④ 二等辺三角形や正三角形を定規とコンパスなどを用いて作図すること。
　　　⑨ 基本的な図形と関連して角について知ること。
　　　㊀ 直線の平行や垂直の関係について理解すること。
　　　㊄ 円について，中心，半径及び直径を知ること。また，円に関連して，球についても直径などを知ること。
　　(イ) 次のような思考力，判断力，表現力等を身に付けること。
　　　⑦ 図形を構成する要素及びそれらの位置関係に着目し，構成の仕方を考察して，図形の性質を見いだすとともに，その性質を基に既習の図形を捉え直すこと。
　イ　面積に関わる数学的活動を通して，次の事項を身に付けることができるよう指導する。
　　(ア) 次のような知識及び技能を身に付けること。
　　　⑦ 面積の単位［平方センチメートル（cm^2），平方メートル（m^2），平方キロメートル（km^2）］について知り，測定の意味について理解すること。
　　　④ 正方形及び長方形の面積の求め方について知ること。

(イ)　次のような思考力，判断力，表現力等を身に付けること。
　　　㋐　面積の単位に着目し，図形の面積について，求め方を考えたり，計算して表したりすること。
　ウ　角の大きさに関わる数学的活動を通して，次の事項を身に付けることができるよう指導する。
　　(ア)　次のような知識及び技能を身に付けること。
　　　㋐　角の大きさを回転の大きさとして捉えること。
　　　㋑　角の大きさの単位（度（°））について知り，測定の意味について理解すること。
　　　㋒　角の大きさを測定すること。
　　(イ)　次のような思考力，判断力，表現力等を身に付けること。
　　　㋐　角の大きさの単位に着目し，図形の角の大きさを的確に表現して比較したり，図形の考察に生かしたりすること。
C　変化と関係
　ア　伴って変わる二つの数量に関わる数学的活動を通して，次の事項を身に付けることができるよう指導する。
　　(ア)　次のような知識及び技能を身に付けること。
　　　㋐　変化の様子を表や式を用いて表したり，変化の特徴を読み取ったりすること。
　　(イ)　次のような思考力，判断力，表現力等を身に付けること。
　　　㋐　伴って変わる二つの数量の関係に着目し，表や式を用いて変化の特徴を考察すること。
　イ　二つの数量の関係に関わる数学的活動を通して，次の事項を身に付けることができるよう指導する。
　　(ア)　次のような知識及び技能を身に付けること。
　　　㋐　簡単な場合について，ある二つの数量の関係と別の二つの数量の関係とを比べる場合に割合を用いる場合があることを知ること。
　　(イ)　次のような思考力，判断力，表現力等を身に付けること。
　　　㋐　日常生活における数量の関係に着目し，図や式を用いて，二つの数量の関係を考察すること。
D　データの活用
　ア　データを表やグラフで表したり，読み取ったりすることに関わる数学的活動を通して，次の事項を身に付けることができるよう指導する。
　　(ア)　次のような知識及び技能を身に付けること。
　　　㋐　データを日時や場所などの観点から分類及び整理し，表や棒グラフで表したり，読んだりすること。
　　　㋑　データを二つの観点から分類及び整理し，折れ線グラフで表したり，読み取ったりすること。
　　　㋒　表や棒グラフ，折れ線グラフの意味やその用い方を理解すること。
　　(イ)　次のような思考力，判断力，表現力等を身に付けること。

(ｱ) 身の回りの事象に関するデータを整理する観点に着目し，表や棒グラフを用いながら，読み取ったり，考察したり，結論を表現したりすること。
　　　(ｲ) 目的に応じてデータを集めて分類及び整理し，データの特徴や傾向を見付けて，適切なグラフを用いて表現したり，考察したりすること。
〔数学的活動〕
　　ア　内容の「A数と計算」，「B図形」，「C変化と関係」及び「Dデータの活用」に示す学習については，次のような数学的活動に取り組むものとする。
　　　(ｱ) 身の回りの事象を観察したり，具体物を操作したりして，数学の学習に関わる活動
　　　(ｲ) 日常の事象から見いだした数学の問題を，具体物や図，表及び式などを用いて解決し，結果を確かめたり，日常生活に生かしたりする活動
　　　(ｳ) 問題解決した過程や結果を，具体物や図，表，式などを用いて表現し伝え合う活動
3　指導計画の作成と内容の取扱い
(1) 指導計画の作成に当たっては，次の事項に配慮するものとする。
　　ア　単元など内容や時間のまとまりを見通して，その中で育むべき資質・能力の育成に向けて，数学的活動を通して，生徒の主体的・対話的で深い学びの実現を図るようにすること。その際，数学的な見方・考え方を働かせながら，日常の事象を数学的に捉え，数学の問題を見いだし，問題を自立的，協働的に解決し，学習の過程を振り返り，概念を形成するなどの学習の充実を図ること。
　　イ　数量や図形についての基礎的な能力の維持や向上を図るため，適宜練習の機会を設けて計画的に指導すること。また，段階間の指導内容を円滑に接続させるため，適切な反復による学習指導を進めるようにすること。
　　ウ　2の内容の「A数と計算」，「B図形」，「C測定」，「C変化と関係」及び「Dデータの活用」の指導の間の関連を図ること。
(2) 2の各段階の内容の取扱いについては，次の事項に配慮するものとする。
　　ア　思考力，判断力，表現力等を育成するため，各段階の内容の指導に当たっては，具体物，言葉，数，式，図，表，グラフなどを用いて考えたり，説明したり，互いに自分の考えを表現し伝え合ったりするなどの学習活動を積極的に取り入れるようにすること。
　　イ　「A数と計算」の指導に当たっては，具体物などの教具を適宜用いて，数と計算についての意味の理解を深めるよう留意すること。
　　ウ　1段階の内容に示す事項については，次の(ｱ)から(ｳ)までに留意するものとする。
　　　(ｱ) 内容の「A数と計算」のイについては，必要な場合には，（　）や□などを用いることができるものとする。
　　　(ｲ) 内容の「C測定」のア及び「Dデータの活用」のアについては，必要な場合には，温度計や体温計の目盛りの読み方やデータのまとめ方を取り扱うものとする。
　　　(ｳ) 内容の「C測定」のアの(ｱ)の㋒については，任意の単位を用いた比較や基準容器で正確に計量する技能を指導することに配慮するものとする。
　　エ　2段階の内容に示す事項については，次のアからウまでに留意するものとする。
　　　(ｱ) 内容の「A数と計算」のイ及びウについては，簡単な計算は暗算でできるよう配慮

するものとする。また，計算の結果の見積もりについても触れるものとする。
　　㈣　内容の「Ｂ図形」のアの㈦の基本的な図形については，定規，コンパスなどを用いて，図形をかいたり確かめたりする活動を通して，図形に関心をもたせるよう配慮するものとする。コンパスを取り扱う際には，生徒の障害の状態等に配慮するものとする。
　　㈺　内容の「Ｄデータの活用」のアについては，いろいろな表やグラフに触れるとともに，式やグラフが，事象の変化や全体の傾向をつかむのに便利であることに気付くよう配慮するものとする。
　(3)　数学的活動の指導に当たっては，次の事項に配慮するものとする。
　　ア　数学的活動は，基礎的・基本的な知識及び技能を確実に身に付けたり，思考力，判断力，表現力等を高めたり，数学を学ぶことの楽しさを実感したりするために，重要な役割を果たすものであることから，２の内容の「Ａ数と計算」，「Ｂ図形」，「Ｃ測定」，「Ｃ変化と関係」及び「Ｄデータの活用」に示す事項については，数学的活動を通して指導するようにすること。
　　イ　数学的活動を楽しめるようにするとともに，数学を生活に活用することなどについて実感する機会を設けること。

〔理　科〕
１　目　標
　　自然に親しみ，理科の見方・考え方を働かせ，見通しをもって，観察，実験を行うことなどを通して，自然の事物・現象についての問題を科学的に解決するために必要な資質・能力を次のとおり育成することを目指す。
　(1)　自然の事物・現象についての基本的な理解を図り，観察，実験などに関する初歩的な技能を身に付けるようにする。
　(2)　観察，実験などを行い，疑問をもつ力と予想や仮説を立てる力を養う。
　(3)　自然を愛する心情を養うとともに，学んだことを主体的に日常生活や社会生活などに生かそうとする態度を養う。
２　各段階の目標及び内容
○１段階
　(1)　目　標
　Ａ　生命
　　ア　身の回りの生物の様子について気付き，観察，実験などに関する初歩的な技能を身に付けるようにする。
　　イ　身の回りの生物の様子から，主に差異点や共通点に気付き，疑問をもつ力を養う。
　　ウ　身の回りの生物の様子について進んで調べ，生物を愛護する態度や学んだことを日常生活などに生かそうとする態度を養う。
　Ｂ　地球・自然
　　ア　太陽と地面の様子について気付き，観察，実験などに関する初歩的な技能を身に付けるようにする。

イ　太陽と地面の様子から，主に差異点や共通点に気付き，疑問をもつ力を養う。
　　　ウ　太陽と地面の様子について進んで調べ，学んだことを日常生活などに生かそうとする態度を養う。
　　C　物質・エネルギー
　　　ア　物の性質，風やゴムの力の働き，光や音の性質，磁石の性質及び電気の回路について気付き，観察，実験などに関する初歩的な技能を身に付けるようにする。
　　　イ　物の性質，風やゴムの力の働き，光や音の性質，磁石の性質及び電気の回路から，主に差異点や共通点に気付き，疑問をもつ力を養う。
　　　ウ　物の性質，風やゴムの力の働き，光や音の性質，磁石の性質及び電気の回路について進んで調べ，学んだことを日常生活などに生かそうとする態度を養う。
(2)　内　容
　A　生命
　　ア　身の回りの生物
　　　身の回りの生物について，探したり育てたりする中で，生物の姿に着目して，それらを比較しながら調べる活動を通して，次の事項を身に付けることができるよう指導する。
　　(ｱ)　次のことを理解するとともに，観察，実験などに関する初歩的な技能を身に付けること。
　　　㋐　生物は，色，形，大きさなど，姿に違いがあること。
　　　㋑　昆虫や植物の育ち方には一定の順序があること。
　　(ｲ)　身の回りの生物について調べる中で，差異点や共通点に気付き，生物の姿についての疑問をもち，表現すること。
　B　地球・自然
　　ア　太陽と地面の様子
　　　太陽と地面の様子との関係について，日なたと日陰の様子に着目して，それらを比較しながら調べる活動を通して，次の事項を身に付けることができるよう指導する。
　　(ｱ)　次のことを理解するとともに，観察，実験などに関する初歩的な技能を身に付けること。
　　　㋐　日陰は太陽の光を遮るとできること。
　　　㋑　地面は太陽によって暖められ，日なたと日陰では地面の暖かさに違いがあること。
　　(ｲ)　日なたと日陰の様子について調べる中で，差異点や共通点に気付き，太陽と地面の様子との関係についての疑問をもち，表現すること。
　C　物質・エネルギー
　　ア　物と重さ
　　　物の性質について，形や体積に着目して，重さを比較しながら調べる活動を通して，次の事項を身に付けることができるよう指導する。
　　(ｱ)　次のことを理解するとともに，観察，実験などに関する初歩的な技能を身に付けること。
　　　㋐　物は，形が変わっても重さは変わらないこと。

　　　　㋑　物は，体積が同じでも重さは違うことがあること。
　　(イ)　物の形や体積と重さとの関係について調べる中で，差異点や共通点に気付き，物の性質についての疑問をもち，表現すること。
　イ　風やゴムの力の働き
　　　風やゴムの力の働きについて，力と物の動く様子に着目して，それらを比較しながら調べる活動を通して，次の事項を身に付けることができるよう指導する。
　　(ア)　次のことを理解するとともに，観察，実験などに関する初歩的な技能を身に付けること。
　　　　㋐　風の力は，物を動かすことができること。また，風の力の大きさを変えると，物が動く様子も変わること。
　　　　㋑　ゴムの力は，物を動かすことができること。また，ゴムの力の大きさを変えると，物が動く様子も変わること。
　　(イ)　風やゴムの力で物が動く様子について調べる中で，差異点や共通点に気付き，風やゴムの力の働きについての疑問をもち，表現すること。
　ウ　光や音の性質
　　　光や音の性質について，光を当てたときの明るさや暖かさ，音を出したときの震え方に着目して，光の強さや音の大きさを変えたときの違いを比較しながら調べる活動を通して，次の事項を身に付けることができるよう指導する。
　　(ア)　次のことを理解するとともに，観察，実験などに関する初歩的な技能を身に付けること。
　　　　㋐　日光は直進すること。
　　　　㋑　物に日光を当てると，物の明るさや暖かさが変わること。
　　　　㋒　物から音が出たり伝わったりするとき，物は震えていること。
　　(イ)　光を当てたときの明るさや暖かさの様子，音を出したときの震え方の様子について調べる中で，差異点や共通点に気付き，光や音の性質についての疑問をもち，表現すること。
　エ　磁石の性質
　　　磁石の性質について，磁石を身の回りの物に近付けたときの様子に着目して，それらを比較しながら調べる活動を通して，次の事項を身に付けることができるよう指導する。
　　(ア)　次のことを理解するとともに，観察，実験などに関する初歩的な技能を身に付けること。
　　　　㋐　磁石に引き付けられる物と引き付けられない物があること。
　　　　㋑　磁石の異極は引き合い，同極は退け合うこと。
　　(イ)　磁石を身の回りの物に近付けたときの様子について調べる中で，差異点や共通点に気付き，磁石の性質についての疑問をもち，表現すること。
　オ　電気の通り道
　　　電気の回路について，乾電池と豆電球などのつなぎ方と，乾電池につないだ物の様子に着目して，電気を通すときと通さないときのつなぎ方を比較しながら調べる活動を通

して，次の事項を身に付けることができるよう指導する。
- (ア) 次のことを理解するとともに，観察，実験などに関する初歩的な技能を身に付けること。
  - ⑦ 電気を通すつなぎ方と通さないつなぎ方があること。
  - ④ 電気を通す物と通さない物があること。
- (イ) 乾電池と豆電球などをつないだときの様子について調べる中で，差異点や共通点に気付き，電気の回路についての疑問をもち，表現すること。

(3) 内容の取扱い

ア (2)の「A生命」のアの「身の回りの生物」については，次のとおり取り扱うものとする。
- (ア) (ア)の④については，飼育，栽培を通して行うこと。
- (イ) (ア)の④の「植物の育ち方」については，夏生一年生の双子葉植物を扱うこと。

イ (2)の「B地球・自然」のアの「太陽と地面の様子」については，太陽の位置は，東から南，西へと変化することを取り扱うものとする。

ウ (2)の「C物質・エネルギー」の指導に当たっては，ものづくりを通して行うよう配慮すること。

○2段階

(1) 目標

A 生命

ア 人の体のつくりと運動，動物の活動や植物の成長と環境との関わりについての理解を図り，観察，実験などに関する初歩的な技能を身に付けるようにする。

イ 人の体のつくりと運動，動物の活動や植物の成長と環境との関わりについて，疑問をもったことについて既習の内容や生活経験を基に予想する力を養う。

ウ 人の体のつくりと運動，動物の活動や植物の成長と環境の関わりについて見いだした疑問を進んで調べ，生物を愛護する態度や学んだことを日常生活や社会生活などに生かそうとする態度を養う。

B 地球・自然

ア 雨水の行方と地面の様子，気象現象，月や星についての理解を図り，観察，実験などに関する初歩的な技能を身に付けるようにする。

イ 雨水の行方と地面の様子，気象現象，月や星について，疑問をもったことについて既習の内容や生活経験を基に予想する力を養う。

ウ 雨水の行方と地面の様子，気象現象，月や星について見いだした疑問を進んで調べ，学んだことを日常生活や社会生活などに生かそうとする態度を養う。

C 物質・エネルギー

ア 水や空気の性質についての理解を図り，観察，実験などに関する初歩的な技能を身に付けるようにする。

イ 水や空気の性質について，疑問をもったことについて既習の内容や生活経験を基に予想する力を養う。

ウ　水や空気の性質について見いだした疑問を進んで調べ，学んだことを日常生活や社会生活などに生かそうとする態度を養う。
(2)　内　容
A　生命
　ア　人の体のつくりと運動
　　　人や他の動物について，骨や筋肉のつくりと働きに着目して，それらを関係付けて調べる活動を通して，次の事項を身に付けることができるよう指導する。
　　(ア)　次のことを理解するとともに，観察，実験などに関する初歩的な技能を身に付けること。
　　　㋐　人の体には骨と筋肉があること。
　　　㋑　人が体を動かすことができるのは，骨，筋肉の働きによること。
　　(イ)　人や他の動物の骨や筋肉のつくりと働きについて調べる中で，見いだした疑問について，既習の内容や生活経験を基に予想し，表現すること。
　イ　季節と生物
　　　身近な動物や植物について，探したり育てたりする中で，動物の活動や植物の成長と季節の変化に着目して，それらを関係付けて調べる活動を通して，次の事項を身に付けることができるよう指導する。
　　(ア)　次のことを理解するとともに，観察，実験などに関する初歩的な技能を身に付けること。
　　　㋐　動物の活動は，暖かい季節，寒い季節などによって違いがあること。
　　　㋑　植物の成長は，暖かい季節，寒い季節などによって違いがあること。
　　(イ)　身近な動物の活動や植物の成長の変化について調べる中で，見いだした疑問について，既習の内容や生活経験を基に予想し，表現すること。
B　地球・自然
　ア　雨水の行方と地面の様子
　　　雨水の行方と地面の様子について，流れ方やしみ込み方に着目して，それらと地面の傾きや土の粒の大きさとを関係付けて調べる活動を通して，次の事項を身に付けることができるよう指導する。
　　(ア)　次のことを理解するとともに，観察，実験などに関する初歩的な技能を身に付けること。
　　　㋐　水は，高い場所から低い場所へと流れて集まること。
　　　㋑　水のしみ込み方は，土の粒の大きさによって違いがあること。
　　(イ)　雨水の流れ方やしみ込み方と地面の傾きや土の粒の大きさとの関係について調べる中で，見いだした疑問について，既習の内容や生活経験を基に予想し，表現すること。
　イ　天気の様子
　　　天気や自然界の水の様子について，気温や水の行方に着目して，それらと天気の様子や水の状態変化とを関係付けて調べる活動を通して，次の事項を身に付けることができるよう指導する。

(ア)　次のことを理解するとともに，観察，実験などに関する初歩的な技能を身に付けること。
　　　㋐　天気によって1日の気温の変化の仕方に違いがあること。
　　　㋑　水は，水面や地面などから蒸発し，水蒸気になって空気中に含まれていくこと。
　　(イ)　天気の様子や水の状態変化と気温や水の行方との関係について調べる中で，見いだした疑問について，既習の内容や生活経験を基に予想し，表現すること。
　ウ　月と星
　　月や星の特徴について，位置の変化や時間の経過に着目して，それらを関係付けて調べる活動を通して，次の事項を身に付けることができるよう指導する。
　　(ア)　次のことを理解するとともに，観察，実験などに関する初歩的な技能を身に付けること。
　　　㋐　月は日によって形が変わって見え，1日のうちでも時刻によって位置が変わること。
　　　㋑　空には，明るさや色の違う星があること。
　　(イ)　月の位置の変化と時間の経過との関係について調べる中で，見いだした疑問について，既習の内容や生活経験を基に予想し，表現すること。
　C　物質・エネルギー
　ア　水や空気と温度
　　水や空気の性質について，体積や状態の変化に着目して，それらと温度の変化とを関係付けて調べる活動を通して，次の事項を身に付けることができるよう指導する。
　　(ア)　次のことを理解するとともに，観察，実験などに関する初歩的な技能を身に付けること。
　　　㋐　水や空気は，温めたり冷やしたりすると，その体積が変わること。
　　　㋑　水は，温度によって水蒸気や氷に変わること。
　　(イ)　水や空気の体積や状態の変化について調べる中で，見いだした疑問について，既習の内容や生活経験を基に予想し，表現すること。
(3)　内容の取扱い
　ア　(2)の「A生命」のアの「人の体のつくりと運動」の(ア)の㋑については，関節の働きを扱うものとすること。
　イ　(2)の「A生命」のイの「季節と生物」については，1年を通しての動物の活動や植物の成長を観察や映像資料などで指導するものとする。
　ウ　(2)の「B地球・自然」のイの「天気の様子」の(ア)の㋐については，2つのデータを同時に扱うようなグラフや表は扱わないこと。
3　指導計画の作成と内容の取扱い
(1)　指導計画の作成に当たっては，次の事項に配慮するものとする。
　ア　単元など内容や時間のまとまりを見通して，その中で育む資質・能力の育成に向けて，生徒の主体的・対話的で深い学びの実現を図るようにすること。その際，理科の学習過程の特質を踏まえ，理科の見方・考え方を働かせ，見通しをもって観察，実験を行うな

どの，問題を科学的に解決しようとする学習活動の充実を図ること。
　　イ　各段階で育成を目指す思考力，判断力，表現力等については，当該段階において育成することを目指す力のうち，主なものを示したものであり，実際の指導に当たっては，他の段階で掲げている力の育成についても十分に配慮すること。
(2)　2の各段階の内容の取扱いについては，次の事項に配慮するものとする。
　　ア　実験を行うに当たっては，身の回りのことや生活に関わる簡単なものを取り扱うこと。
　　イ　生物，天気などに関する指導に当たっては，自然に親しむ活動や体験的な活動を多く取り入れるとともに，生命を尊重し，身の回りの自然環境の保全に寄与する態度を養うようにすること。
　　ウ　天気などに関する指導に当たっては，災害に関する基礎的な理解が図られるようにすること。
　　エ　理科で学習することが様々な職業などと関係していることにも触れること。
　　オ　博物館や科学学習センターなどと連携，協力を図ること。
(3)　観察，実験などの指導に当たっては，事故防止に十分留意すること。また，環境整備に十分配慮すること。

〔音　楽〕
1　目　標
　表現及び鑑賞の活動を通して，音楽的な見方・考え方を働かせ，生活や社会の中の音や音楽，音楽文化と豊かに興味や関心をもって関わる資質・能力を次のとおり育成することを目指す。
(1)　曲名や曲想と音楽の構造などとの関わりについて理解するとともに，表したい音楽表現をするために必要な技能を身に付けるようにする。
(2)　音楽表現を考えることや，曲や演奏のよさなどを見いだしながら，音や音楽を味わって聴くことができるようにする。
(3)　進んで音や音楽に関わり，協働して音楽活動をする楽しさを感じるとともに，様々な音楽に親しんでいく態度を養い，豊かな情操を培う。
2　各段階の目標及び内容
○1段階
(1)　目　標
　　ア　曲名や曲の雰囲気と音楽の構造などとの関わりについて気付くとともに，音楽表現をするために必要な歌唱，器楽，音楽づくり，身体表現の技能を身に付けるようにする。
　　イ　音楽表現を考えて表したい思いや意図をもつことや，音や音楽を味わいながら聴くことができるようにする。
　　ウ　進んで音や音楽に関わり，協働して音楽活動をする楽しさを感じながら，様々な音楽に触れるとともに，音楽経験を生かして生活を明るく潤いのあるものにしようとする態度を養う。
(2)　内　容
　A　表　現

ア 歌唱の活動を通して，次の事項を身に付けることができるよう指導する。
　(ｱ) 歌唱表現についての知識や技能を得たり生かしたりしながら，曲の雰囲気に合いそうな表現を工夫し，歌唱表現に対する思いや意図をもつこと。
　(ｲ) 次の㋐及び㋑について気付くこと。
　　㋐ 曲名や曲の雰囲気と音楽の構造との関わり
　　㋑ 曲想と歌詞の表す情景やイメージとの関わり
　(ｳ) 思いや意図にふさわしい歌い方で歌うために必要な次の㋐から㋒までの技能を身に付けること。
　　㋐ 範唱を聴いて歌ったり，歌詞を見て歌ったりする技能
　　㋑ 発声の仕方に気を付けて歌う技能
　　㋒ 友達の歌声や伴奏を聴いて声を合わせて歌う技能
イ 器楽の活動を通して，次の事項を身に付けることができるよう指導する。
　(ｱ) 器楽表現についての知識や技能を得たり生かしたりしながら，曲の雰囲気に合いそうな表現を工夫し，器楽表現に対する思いや意図をもつこと。
　(ｲ) 次の㋐及び㋑について気付くこと。
　　㋐ 曲の雰囲気と音楽の構造との関わり
　　㋑ 楽器の音色と全体の響きとの関わり
　(ｳ) 思いや意図にふさわしい表現をするために必要な次の㋐から㋒までの技能を身に付けること。
　　㋐ 簡単な楽譜を見てリズムや速度を意識して演奏する技能
　　㋑ 音色や響きに気を付けて，打楽器や旋律楽器を使って演奏する技能
　　㋒ 友達の楽器の音や伴奏を聴いて，音を合わせて演奏する技能
ウ 音楽づくりの活動を通して，次の事項を身に付けることができるよう指導する。
　(ｱ) 音楽づくりについての知識や技能を得たり生かしたりしながら，次の㋐及び㋑をできるようにすること。
　　㋐ 音遊びを通して，どのように音楽をつくるのかについて発想を得ること。
　　㋑ 音を音楽へと構成することについて思いや意図をもつこと。
　(ｲ) 次の㋐及び㋑について，それらが生み出す面白さなどと関わらせて気付くこと。
　　㋐ いろいろな音の響きの特徴
　　㋑ リズム・パターンや短い旋律のつなげ方の特徴
　(ｳ) 発想を生かした表現，思いや意図に合った表現をするために必要な次の㋐及び㋑の技能を身に付けること。
　　㋐ 設定した条件に基づいて，音を選択したり組み合わせたりして表現する技能
　　㋑ 音楽の仕組みを生かして，簡単な音楽をつくる技能
エ 身体表現の活動を通して，次の事項を身に付けることができるよう指導する。
　(ｱ) 身体表現についての知識や技能を得たり生かしたりしながら，リズムの特徴や曲の雰囲気を感じ取り，体を動かすことについての思いや意図をもつこと。
　(ｲ) 次の㋐及び㋑の関わりについて気付くこと。

　　　　　⑦　曲の雰囲気と音楽の構造との関わり
　　　　　⑦　曲名や歌詞と体の動きとの関わり
　　　　(ウ)　思いや意図にふさわしい動きで表現するために必要な次の⑦から⑦までの技能を身に付けること。
　　　　　⑦　示範を見て体を動かしたり，曲の速度やリズム，曲の雰囲気に合わせて身体表現したりする技能
　　　　　⑦　音や音楽を聴いて，様々な動きを組み合わせて身体表現をする技能
　　　　　⑦　友達と動きを合わせて表現する技能
　　B　鑑　賞
　　　ア　鑑賞の活動を通して，次の事項を身に付けることができるよう指導する。
　　　　(ア)　鑑賞についての知識を得たり生かしたりしながら，曲や演奏のよさなどを見いだして聴くこと。
　　　　(イ)　曲想とリズムや速度，旋律の特徴との関わりについて分かること。
○2段階
　(1)　目　標
　　ア　曲名や曲想と音楽の構造などとの関わりについて理解するとともに，表したい音楽表現をするために必要な歌唱，器楽，音楽づくり，身体表現の技能を身に付けるようにする。
　　イ　音楽表現を考えて表したい思いや意図をもつことや，曲や演奏のよさを見いだしながら，音や音楽を味わって聴くことができるようにする。
　　ウ　主体的に楽しく音や音楽に関わり，協働して音楽活動をする楽しさを味わいながら，様々な音楽に親しむとともに，音楽経験を生かして生活を明るく潤いのあるものにしようとする態度を養う。
　(2)　内　容
　　A　表　現
　　　ア　歌唱の活動を通して，次の事項を身に付けることができるよう指導する。
　　　　(ア)　歌唱表現についての知識や技能を得たり生かしたりしながら，曲の特徴にふさわしい表現を工夫し，歌唱表現に対する思いや意図をもつこと。
　　　　(イ)　次の⑦及び⑦について理解すること。
　　　　　⑦　曲名や曲想と音楽の構造との関わり
　　　　　⑦　曲想と歌詞の表す情景やイメージとの関わり
　　　　(ウ)　思いや意図にふさわしい歌い方で歌うために必要な次の⑦から⑦までの技能を身に付けること。
　　　　　⑦　歌詞やリズム，音の高さ等を意識して歌う技能
　　　　　⑦　呼吸及び発音の仕方に気を付けて歌う技能
　　　　　⑦　独唱と，斉唱及び簡単な輪唱などをする技能
　　　イ　器楽の活動を通して，次の事項を身に付けることができるよう指導する。
　　　　(ア)　器楽表現についての知識や技能を得たり生かしたりしながら，曲想にふさわしい表

現を工夫し,器楽表現に対する思いや意図をもつこと。
　　(イ)　次の㋐及び㋑について理解すること。
　　　㋐　曲想と音楽の構造との関わり
　　　㋑　多様な楽器の音色と全体の響きとの関わり
　　(ウ)　思いや意図にふさわしい表現をするために必要な次の㋐から㋒までの技能を身に付けること。
　　　㋐　簡単な楽譜を見てリズムや速度,音色などを意識して,演奏する技能
　　　㋑　打楽器や旋律楽器の基本的な扱いを意識して,音色や響きに気を付けて演奏する技能
　　　㋒　友達の楽器の音や伴奏を聴いて,リズムや速度を合わせて演奏する技能
　ウ　音楽づくりの活動を通して,次の事項を身に付けることができるよう指導する。
　　(ア)　音楽づくりについての知識や技能を得たり生かしたりしながら,次の㋐及び㋑をできるようにすること。
　　　㋐　即興的に表現することを通して,音楽づくりの発想を得ること。
　　　㋑　音を音楽へと構成することについて思いや意図をもつこと。
　　(イ)　次の㋐及び㋑について,それらが生み出す面白さなどと関わらせて理解すること。
　　　㋐　いろいろな音の響きやその組み合わせの特徴
　　　㋑　リズム・パターンや短い旋律のつなぎ方や重ね方の特徴
　　(ウ)　発想を生かした表現,思いや意図に合った表現をするために必要な次の㋐及び㋑の技能を身に付けること。
　　　㋐　設定した条件に基づいて,即興的に音を選択したり組み合わせたりして表現する技能
　　　㋑　音楽の仕組みを生かして,音楽をつくる技能
　エ　身体表現の活動を通して,次の事項を身に付けることができるよう指導する。
　　(ア)　身体表現についての知識や技能を得たり生かしたりしながら,リズムの特徴や曲想を感じ取り,体を動かすことについて思いや意図をもつこと。
　　(イ)　次の㋐及び㋑の関わりについて理解すること。
　　　㋐　曲想と音楽の構造との関わり
　　　㋑　曲名や歌詞と体の動きとの関わり
　　(ウ)　思いや意図にふさわしい動きで表現するために必要な次の㋐から㋒までの技能を身に付けること。
　　　㋐　示範を見て表現したり,曲の速度やリズム,曲想に合わせて表現したりする技能
　　　㋑　音や音楽を聴いて,様々な動きを組み合わせてまとまりのある表現をする技能
　　　㋒　友達と動きを相談して,合わせて表現する技能
　B　鑑賞
　ア　鑑賞の活動を通して,次の事項を身に付けることができるよう指導する。
　　(ア)　鑑賞についての知識を得たり生かしたりしながら,曲や演奏のよさなどを見いだし,曲全体を味わって聴くこと。

(イ)　曲想と音楽の構造等との関わりについて理解すること。
〔共通事項〕
(1)　1段階と2段階の「A表現」及び「B鑑賞」の指導を通して，次の事項を身に付けることができるよう指導する。
　ア　音楽を形づくっている要素を聴き取り，それらの働きが生み出すよさや面白さ，美しさを感じ取りながら，聴き取ったことと感じ取ったこととの関わりについて考えること。
　イ　音楽を形づくっている要素及びそれらに関わる音符，休符，記号や用語について，音楽における働きと関わらせて理解すること。
3　指導計画の作成と内容の取扱い
(1)　指導計画の作成に当たっては，次の事項に配慮するものとする。
　ア　題材など内容や時間のまとまりを見通して，その中で育むべき資質・能力の育成に向けて，生徒の主体的・対話的で深い学びの実現を図るようにすること。その際，音楽的な見方・考え方を働かせ，他者と協働しながら，音楽表現を生み出したり音楽を聴いてそのよさなどを見いだしたりするなど，思考，判断し，表現する一連の過程を大切にした学習の充実を図ること。
　イ　2の目標及び内容の「A表現」のアからエまでの指導については，(ア)，(イ)及び(ウ)の各事項を，「B鑑賞」のアの指導については，(ア)及び(イ)の各事項を，適切に関連させて指導すること。
　ウ　2の目標及び内容の〔共通事項〕は，表現及び鑑賞の学習において共通に必要となる資質・能力であり，「A表現」及び「B鑑賞」の各事項の指導と併せて，十分な指導が行われるよう工夫すること。
　エ　2の目標及び内容の「A表現」のアからエまで及び「B鑑賞」のアの指導については，適宜，〔共通事項〕を要として各領域や分野の関連を図るようにすること。
　オ　国歌「君が代」は，時期に応じて適切に指導すること。
　カ　各段階においては，生徒の発達の段階と生活年齢を考慮すること。
(2)　2の各段階の内容の取扱いについては，次の事項に配慮するものとする。
　ア　各段階の指導に当たっては，音や音楽との一体感を味わえるようにするため，指導のねらいに即して体を動かす活動を取り入れるようにすること。
　イ　各段階の指導に当たっては，音や音楽及び言葉によるコミュニケーションを図る指導を工夫すること。その際，生徒の言語理解や発声・発語の状況等を考慮し，必要に応じてコンピュータや教育機器も効果的に活用すること。
　ウ　生徒が学校内及び公共施設などの学校外における音楽活動とのつながりを意識できるような機会をつくるなど，生徒や学校，地域の実態に応じて，生活や社会の中の音や音楽，音楽文化と主体的に関わっていくことができるよう配慮すること。
　エ　合奏や合唱などの活動を通して，和音のもつ表情を感じることができるようにすること。また，長調及び短調の曲においては，Ⅰ，Ⅳ，Ⅴ及びV_7などの和音を中心に指導すること。
　オ　我が国や郷土の音楽の指導に当たっては，そのよさなどを感じ取って表現したり鑑賞

したりできるよう，楽譜や音源等の示し方，伴奏の仕方，曲に合った歌い方や楽器の演奏の仕方など指導方法について工夫すること。
　カ　各段階の「A表現」のアの歌唱の指導に当たっては，次のとおり取り扱うこと。
　　(ｱ)　生徒の実態や学習状況及び必要に応じて適宜，移動ド唱法を取り上げるようにすること。
　　(ｲ)　成長に伴う声の変化に気付くことができるよう，変声期の生徒に対して適切に配慮すること。
　キ　各段階の「A表現」のイの楽器については，次のとおり取り扱うこと。
　　(ｱ)　各段階で取り上げる打楽器は，簡単に操作できる楽器，木琴，鉄琴，和楽器，諸外国に伝わる様々な楽器を含めて，生徒の実態や発達の段階を考慮して選択すること。
　　(ｲ)　1段階で取り上げる旋律楽器は，既習の楽器を含めて，鍵盤楽器などの中から生徒の実態や発達の段階を考慮して選択すること。
　　(ｳ)　2段階で取り上げる旋律楽器は，既習の楽器を含めて，鍵盤楽器や和楽器，電子楽器などの中から生徒の実態や発達の段階を考慮して選択すること。
　　(ｴ)　合奏で扱う楽器については，リズム，旋律，和音などの各声部の演奏ができるよう，楽器の特性を生かして選択すること。
　ク　各段階の「A表現」のウの音楽づくりの指導に当たっては，次のとおり取り扱うこと。
　　(ｱ)　音遊びや即興的な表現では，リズムや旋律を模倣したり，身近なものから多様な音を探したりして，音楽づくりのための発想を得ることができるよう指導すること。
　　(ｲ)　どのような音楽を，どのようにしてつくるかなどについて，生徒の実態に応じて具体的な例を示しながら指導すること。
　　(ｳ)　つくった音楽については，指導のねらいに即し，必要に応じて記録できるようにすること。記録の仕方については，図や絵によるものなど，柔軟に指導すること。
　　(ｴ)　拍のないリズム，我が国の音楽に使われている音階や調性にとらわれない音階などを生徒の実態に応じて取り上げるようにすること。
　ケ　各段階の「B鑑賞」の指導に当たっては，気付いたり感じたりしたことを体の動きで表現したり，絵にかいたり，言葉で表現したりできるよう指導を工夫すること。
　コ　2の目標及び内容の〔共通事項〕の(1)のアに示す「音楽を形づくっている要素」については，生徒の発達の段階や指導のねらいに応じて，次の(ｱ)及び(ｲ)を適切に選択したり関連付けたりして必要に応じて適切に指導すること。
　　(ｱ)　音楽を特徴付けている要素
　　　　㋐　音色，リズム，速度，旋律，強弱，音の重なり，和音の響き，音階，調，拍，フレーズなど
　　(ｲ)　音楽の仕組み
　　　　㋐　反復，呼びかけとこたえ，変化，音楽の縦と横との関係など
　サ　〔共通事項〕の(1)のイに示す「音符，休符，記号や用語」については，生徒の実態や学習状況を考慮して取り扱うこと。
　シ　歌唱教材は，次に示すものを取り扱うこと。

(ｱ) 生徒の生活年齢及び発達の段階に応じた,日常の生活に関連した曲。
(ｲ) 主となる歌唱教材については,各段階とも(ｳ)の共通教材を含めて,独唱,斉唱で歌う曲。
(ｳ) 共通教材
　㋐　1段階の共通教材は,次に示すものとする。
　　「うさぎ」　　　　（日本古謡）
　　「茶つみ」　　　　（文部省唱歌）
　　「春の小川」　　　（文部省唱歌）　高野辰之作詞　　岡野貞一作曲
　　「ふじ山」　　　　（文部省唱歌）　巌谷小波作詞
　　「さくらさくら」　（日本古謡）
　　「とんび」　　　　　　　　　　　葛原しげる作詞　梁田　貞作曲
　　「まきばの朝」　　（文部省唱歌）　船橋栄吉作曲
　　「もみじ」　　　　（文部省唱歌）　高野辰之作詞　　岡野貞一作曲
　㋑　2段階の共通教材は,次に示すものとする。
　　「こいのぼり」　　（文部省唱歌）
　　「子もり歌」　　　（日本古謡）
　　「スキーの歌」　　（文部省唱歌）　林柳波作詞　　　橋本国彦作曲
　　「冬げしき」　　　（文部省唱歌）
　　「越天楽今様（歌詞は第2節まで）」（日本古謡）　　慈鎮和尚作歌
　　「おぼろ月夜」　　（文部省唱歌）　高野辰之作詞　　岡野貞一作曲
　　「ふるさと」　　　（文部省唱歌）　高野辰之作詞　　岡野貞一作曲
　　「われは海の子（歌詞は第3節まで）」（文部省唱歌）

ス　器楽教材は,次に示すものを取り扱うこと。
　(ｱ) 生徒の生活年齢及び発達の段階に応じた,指導のねらいとの関係において適切であり,身近で親しみのもてるもの。
　(ｲ) 主となる器楽教材については,既習の歌唱教材を含め,主旋律に簡単なリズム伴奏や低音部を加えた曲。
セ　音楽づくり教材は,次に示すものを取り扱うこと。
　(ｱ) 生徒の生活年齢及び発達の段階に応じた指導のねらいとの関係において適切であり,身近で親しみのもてるもの。
ソ　音や音楽の特徴を身体表現するために適した教材は,次に示すものを取り扱うこと。
　(ｱ) 主となる教材については,既習の歌唱教材や器楽教材を含め,音や音楽を聴いて体を動かすことができるものを中心に,生徒の生活年齢及び発達の段階に応じた指導のねらいとの関係において適切であり,親しみのもてるもの。
タ　鑑賞教材は,次に示すものを取り扱うこと。
　(ｱ) 主となる鑑賞教材については,既習の歌唱教材や器楽教材を含め,生徒の生活年齢及び発達の段階に応じた,曲想を感じ取り,情景を思い浮かべやすい,いろいろな種

類の曲。
　　(イ)　音楽を形づくっている要素の働きを感じ取りやすく，曲の雰囲気や音楽の構造に気付きやすい曲。
　　(ウ)　楽器の音色や人の声の表現の違いなどによる演奏の特徴が聴き取りやすい，いろいろな演奏形態による曲。

〔美　術〕
1　目　標
　表現及び鑑賞の活動を通して，造形的な見方・考え方を働かせ，生活や社会の中の美術や美術文化と豊かに関わる資質・能力を次のとおり育成することを目指す。
(1)　造形的な視点について理解し，表したいことに合わせて材料や用具を使い，表し方を工夫する技能を身に付けるようにする。
(2)　造形的なよさや面白さ，美しさ，表したいことや表し方などについて考え，経験したことや材料などを基に，発想し構想するとともに，造形や作品などを鑑賞し，自分の見方や感じ方を深めることができるようにする。
(3)　創造活動の喜びを味わい，美術を愛好する心情を育み，感性を豊かにし，心豊かな生活を営む態度を養い，豊かな情操を培う。
2　各段階の目標及び内容
○1段階
(1)　目　標
　ア　造形的な視点について気付き，材料や用具の扱い方に親しむとともに，表し方を工夫する技能を身に付けるようにする。
　イ　造形的なよさや面白さ，表したいことや表し方などについて考え，経験したことや思ったこと，材料などを基に，発想し構想するとともに，身近にある造形や作品などから，自分の見方や感じ方を広げることができるようにする。
　ウ　楽しく美術の活動に取り組み，創造活動の喜びを味わい，美術を愛好する心情を培い，心豊かな生活を営む態度を養う。
(2)　内　容
　A　表　現
　ア　日常生活の中で経験したことや思ったこと，材料などを基に，表したいことや表し方を考えて，描いたり，つくったり，それらを飾ったりする活動を通して，次の事項を身に付けることができるよう指導する。
　　(ア)　経験したことや思ったこと，材料などを基に，表したいことや表し方を考えて，発想や構想をすること。
　　(イ)　材料や用具の扱いに親しみ，表したいことに合わせて，表し方を工夫し，材料や用具を選んで使い表すこと。
　B　鑑　賞
　ア　自分たちの作品や身近な造形品の鑑賞の活動を通して，次の事項を身に付けることができるよう指導する。

(ｱ)　自分たちの作品や身近な造形品の制作の過程などの鑑賞を通して，よさや面白さに気付き，自分の見方や感じ方を広げること。
　　　(ｲ)　表し方や材料による印象の違いなどに気付き，自分の見方や感じ方を広げること。
　〔共通事項〕
　　ア　「A表現」及び「B鑑賞」の指導を通して，次の事項を身に付けることができるよう指導する。
　　　(ｱ)　形や色彩，材料や光などの特徴について知ること。
　　　(ｲ)　造形的な特徴などからイメージをもつこと。
○2段階
　(1)　目　標
　　ア　造形的な視点について理解し，材料や用具の扱い方などを身に付けるとともに，多様な表し方を工夫する技能を身に付けるようにする。
　　イ　造形的なよさや面白さ，美しさ，表したいことや表し方などについて考え，経験したことや想像したこと，材料などを基に，発想し構想するとともに，自分たちの作品や美術作品などに親しみ自分の見方や感じ方を深めることができるようにする。
　　ウ　主体的に美術の活動に取り組み，創造活動の喜びを味わい，美術を愛好する心情を高め，心豊かな生活を営む態度を養う。
　(2)　内　容
　A　表　現
　　ア　経験したことや想像したこと，材料などを基に，表したいことや表し方を考えて，描いたり，つくったり，それらを飾ったりする活動を通して，次の事項を身に付けることができるよう指導する。
　　　(ｱ)　経験したことや想像したこと，材料などを基に，表したいことや表し方を考えて，発想や構想をすること。
　　　(ｲ)　材料や用具の扱い方を身に付け，表したいことに合わせて，材料や用具の特徴を生かしたり，それらを組み合わせたりして計画的に表すこと。
　B　鑑　賞
　　ア　自分たちの作品や美術作品などの鑑賞の活動を通して，次の事項を身に付けることができるよう指導する。
　　　(ｱ)　自分たちの作品や美術作品などを鑑賞して，よさや面白さ，美しさを感じ取り，自分の見方や感じ方を深めること。
　　　(ｲ)　表し方や材料による特徴の違いなどを捉え，自分の見方や感じ方を深めること。
　〔共通事項〕
　　ア　「A表現」及び「B鑑賞」の指導を通して，次の事項を身に付けることができるよう指導する。
　　　(ｱ)　形や色彩，材料や光などの特徴について理解すること。
　　　(ｲ)　造形的な特徴などからイメージを捉えること。
　3　指導計画の作成と内容の取扱い

(1) 指導計画の作成に当たっては,次の事項に配慮するものとする。
  ア 題材など内容や時間のまとまりを見通して,その中で育む資質・能力の育成に向けて,生徒の主体的・対話的で深い学びの実現を図るようにすること。その際,造形的な見方・考え方を働かせ,表現したり鑑賞したりする資質・能力を相互に関連させた学習の充実を図ること。
  イ 2の各段階の内容の「A表現」及び「B鑑賞」の指導に当たっては,相互の関連を図るようにすること。
  ウ 2の各段階の内容の〔共通事項〕は,表現及び鑑賞の学習において共通に必要となる資質・能力であり,「A表現」及び「B鑑賞」の各事項の指導と併せて,十分な指導が行われるよう工夫すること。
  エ 2の各段階の内容の「A表現」の指導に当たっては,適宜共同してつくりだす活動を取り上げるようにすること。
  オ 2の各段階の内容の「B鑑賞」の指導に当たっては,感じたことや思ったことを伝え合うなど,周りの人と共有できる機会を設けるようにすること。
  カ 2の各段階の「B鑑賞」の指導に当たっては,生徒や学校の実態に応じて,地域の美術館を利用するなど,連携を図るようにすること。また,学校図書館等における鑑賞用図書,映像資料等の活用を図ること。
(2) 2の各段階の内容の取扱いについては,次の事項に配慮するものとする。
  ア 「A表現」の指導に当たっては,材料や用具の安全な使い方について指導するとともに,活動場所を事前に点検するなどして,事故防止について徹底すること。
  イ 生徒が個性を生かして活動することができるようにするため,学習活動や表現方法などに幅をもたせるようにすること。
  ウ 「A表現」の指導に当たっては,活動の全過程を通して生徒が実現したい思いを大切にしながら活動できるようにし,自分のよさや可能性を見いだし,楽しく豊かな生活を創造する態度を養うようにすること。
  エ 各活動において,互いのよさや個性などを認め尊重し合うようにすること。
  オ 「A表現」及び「B鑑賞」の学習を通して学んだことが,生活や社会の中で生かせるようにすることや,作品や用具等を大切に取り扱うことを理解して使えるよう指導すること。
  カ 美術の表現の可能性を広げるために,写真・ビデオ・コンピュータ等の映像メディアの積極的な活用を図るようにすること。
  キ 材料については,地域の身近にある材料なども取り上げ,指導すること。
  ク 作品を校内の適切な場所に展示するなどし,日常の学校生活においてそれらを鑑賞することができるよう配慮すること。また,学校や地域の実態に応じて,校外に生徒の作品を展示する機会を設けるなどすること。

〔保健体育〕
1 目 標
  体育や保健の見方・考え方を働かせ,課題を見付け,その解決に向けた学習過程を通して,

心と体を一体として捉え，生涯にわたって心身の健康を保持増進し，豊かなスポーツライフを実現するための資質・能力を次のとおり育成することを目指す。
(1) 各種の運動の特性に応じた技能等及び自分の生活における健康・安全について理解するとともに，基本的な技能を身に付けるようにする。
(2) 各種の運動や健康・安全についての自分の課題を見付け，その解決に向けて自ら思考し判断するとともに，他者に伝える力を養う。
(3) 生涯にわたって運動に親しむことや健康の保持増進と体力の向上を目指し，明るく豊かな生活を営む態度を養う。

2 各段階の目標及び内容
○1段階
(1) 目　標
　ア　各種の運動の楽しさや喜びに触れ，その特性に応じた行い方及び体の発育・発達やけがの防止，病気の予防などの仕方が分かり，基本的な動きや技能を身に付けるようにする。
　イ　各種の運動や健康な生活における自分の課題を見付け，その解決のための活動を考えたり，工夫したりしたことを他者に伝える力を養う。
　ウ　各種の運動に進んで取り組み，きまりや簡単なスポーツのルールなどを守り，友達と協力したり，場や用具の安全に留意したりし，最後まで楽しく運動をする態度を養う。また，健康・安全の大切さに気付き，自己の健康の保持増進に進んで取り組む態度を養う。
(2) 内　容
　A　体つくり運動
　　体つくり運動について，次の事項を身に付けることができるよう指導する。
　ア　体ほぐしの運動や体の動きを高める運動を通して，体を動かす楽しさや心地よさに触れるとともに，その行い方が分かり，友達と関わったり，動きを持続する能力などを高めたりすること。
　イ　体ほぐしの運動や体の動きを高める運動についての自分の課題を見付け，その解決のための活動を考えたり，工夫したりしたことを他者に伝えること。
　ウ　体ほぐしの運動や体の動きを高める運動に進んで取り組み，きまりを守り，友達と協力したり，場や用具の安全に留意したりし，最後まで楽しく運動をすること。
　B　器械運動
　　器械運動について，次の事項を身に付けることができるよう指導する。
　ア　器械・器具を使った運動の楽しさや喜びに触れ，その行い方が分かり，基本的な動きや技を身に付けること。
　イ　器械・器具を使った運動についての自分の課題を見付け，その解決のための活動を考えたり，工夫したりしたことを他者に伝えること。
　ウ　器械・器具を使った運動に進んで取り組み，きまりを守り，友達と協力したり，場や器械・器具の安全に留意したりし，最後まで楽しく運動をすること。

C 陸上運動
　陸上運動について，次の事項を身に付けることができるよう指導する。
　ア　陸上運動の楽しさや喜びに触れ，その行い方が分かり，基本的な動きや技能を身に付けること。
　イ　陸上運動についての自分の課題を見付け，その解決のための活動を考えたり，工夫したりしたことを他者に伝えること。
　ウ　陸上運動に進んで取り組み，きまりを守り，友達と協力したり，場や用具の安全に留意したりし，最後まで楽しく運動をすること。
D 水泳運動
　水泳運動について，次の事項を身に付けることができるよう指導する。
　ア　初歩的な泳ぎの楽しさや喜びに触れ，その行い方が分かり，基本的な動きや技能を身に付けること。
　イ　初歩的な泳ぎについての自分の課題を見付け，その解決のための活動を考えたり，工夫したりしたことを他者に伝えること。
　ウ　初歩的な泳ぎに進んで取り組み，きまりなどを守り，友達と協力したり，場や用具の安全に留意したりし，最後まで楽しく運動をすること。
E 球技
　球技について，次の事項を身に付けることができるよう指導する。
　ア　球技の楽しさや喜びに触れ，その行い方が分かり，基本的な動きや技能を身に付け，簡易化されたゲームを行うこと。
　イ　球技についての自分の課題を見付け，その解決のための活動を考えたり，工夫したりしたことを他者に伝えること。
　ウ　球技に進んで取り組み，きまりや簡単なルールを守り，友達と協力したり，場や用具の安全に留意したりし，最後まで楽しく運動をすること。
F 武道
　武道について，次の事項を身に付けることができるよう指導する。
　ア　武道の楽しさを感じ，その行い方や伝統的な考え方が分かり，基本動作や基本となる技を用いて，簡易な攻防を展開すること。
　イ　武道についての自分の課題を見付け，その解決のための活動を考えたり，工夫したりしたことを他者に伝えること。
　ウ　武道に進んで取り組み，きまりや伝統的な行動の仕方を守り，友達と協力したり，場や用具の安全に留意したりし，最後まで楽しく運動をすること。
G ダンス
　ダンスについて，次の事項を身に付けることができるよう指導する。
　ア　ダンスの楽しさや喜びに触れ，その行い方が分かり，基本的な動きや技能を身に付け，表現したり踊ったりすること。
　イ　ダンスについての自分の課題を見付け，その解決のための活動を考えたり，工夫したりしたことを他者に伝えること。

ウ ダンスに進んで取り組み，友達の動きを認め協力したり，場や用具の安全に留意したりし，最後まで楽しく運動をすること。
H 保健
健康・安全に関する事項について，次の事項を身に付けることができるよう指導する。
ア 体の発育・発達やけがの防止，病気の予防などの仕方が分かり，基本的な知識及び技能を身に付けること。
イ 自分の健康・安全についての課題を見付け，その解決のための活動を考えたり，工夫したりしたことを他者に伝えること。

○ 2段階
(1) 目 標
ア 各種の運動の楽しさや喜びを味わい，その特性に応じた行い方及び体の発育・発達やけがの防止，病気の予防などの仕方について理解し，基本的な技能を身に付けるようにする。
イ 各種の運動や健康な生活における自分やグループの課題を見付け，その解決のために友達と考えたり，工夫したりしたことを他者に伝える力を養う。
ウ 各種の運動に積極的に取り組み，きまりや簡単なスポーツのルールなどを守り，友達と助け合ったり，場や用具の安全に留意したりし，自己の最善を尽くして運動をする態度を養う。また，健康・安全の大切さに気付き，自己の健康の保持増進と回復に進んで取り組む態度を養う。
(2) 内 容
A 体つくり運動
体つくり運動について，次の事項を身に付けることができるよう指導する。
ア 体ほぐしの運動や体の動きを高める運動を通して，体を動かす楽しさや心地よさを味わうとともに，その行い方を理解し，友達と関わったり，動きを持続する能力などを高めたりすること。
イ 体ほぐしの運動や体の動きを高める運動についての自分やグループの課題を見付け，その解決のために友達と考えたり，工夫したりしたことを他者に伝えること。
ウ 体ほぐしの運動や体の動きを高める運動に積極的に取り組み，きまりを守り，友達と助け合ったり，場や用具の安全に留意したりし，自己の力を発揮して運動をすること。
B 器械運動
器械運動について，次の事項を身に付けることができるよう指導する。
ア 器械運動の楽しさや喜びを味わい，その行い方を理解し，基本的な技を身に付けること。
イ 器械運動についての自分やグループの課題を見付け，その解決のために友達と考えたり，工夫したりしたことを他者に伝えること。
ウ 器械運動に積極的に取り組み，きまりを守り，友達と助け合ったり，場や器械・器具の安全に留意したりし，自己の力を発揮して運動をすること。
C 陸上運動

陸上運動について，次の事項を身に付けることができるよう指導する。
　ア　陸上運動の楽しさや喜びを味わい，その行い方を理解し，基本的な技能を身に付けること。
　イ　陸上運動についての自分やグループの課題を見付け，その解決のために友達と考えたり，工夫したりしたことを他者に伝えること。
　ウ　陸上運動に積極的に取り組み，きまりを守り，友達と助け合ったり，場や用具の安全に留意したりし，自己の力を発揮して運動をすること。
D　水泳運動
　水泳運動について，次の事項を身に付けることができるよう指導する。
　ア　水泳運動の楽しさや喜びを味わい，その行い方を理解し，基本的な技能を身に付けること。
　イ　水泳運動についての自分やグループの課題を見付け，その解決のために友達と考えたり，工夫したりしたことを他者に伝えること。
　ウ　水泳運動に積極的に取り組み，きまりなどを守り，友達と助け合ったり，場や用具の安全に留意したりし，自己の力を発揮して運動をすること。
E　球技
　球技について，次の事項を身に付けることができるよう指導する。
　ア　球技の楽しさや喜びを味わい，その行い方を理解し，基本的な技能を身に付け，簡易化されたゲームを行うこと。
　イ　球技についての自分やチームの課題を見付け，その解決のために友達と考えたり，工夫したりしたことを他者に伝えること。
　ウ　球技に積極的に取り組み，きまりや簡単なルールを守り，友達と助け合ったり，場や用具の安全に留意したりし，自己の力を発揮して運動をすること。
F　武道
　武道について，次の事項を身に付けることができるよう指導する。
　ア　武道の楽しさや喜びに触れ，その行い方や伝統的な考え方を理解し，基本動作や基本となる技を用いて，簡易な攻防を展開すること。
　イ　武道についての自分やグループの課題を見付け，その解決のために友達と考えたり，工夫したりしたことを他者に伝えること。
　ウ　武道に積極的に取り組み，きまりや伝統的な行動の仕方を守り，友達と助け合ったり，場や用具の安全に留意したりし，自己の力を発揮して運動をすること。
G　ダンス
　ダンスについて，次の事項を身に付けることができるよう指導する。
　ア　ダンスの楽しさや喜びを味わい，その行い方を理解し，基本的な技能を身に付け，表現したり踊ったりすること。
　イ　ダンスについての自分やグループの課題を見付け，その解決のために友達と考えたり，工夫したりしたことを他者に伝えること。
　ウ　ダンスに積極的に取り組み，友達のよさを認め助け合ったり，場や用具の安全に留意

したりし，自己の力を発揮して運動をすること。
　H　保健
　　健康・安全に関する事項について，次の事項を身に付けることができるよう指導する。
　　ア　体の発育・発達やけがの防止，病気の予防などの仕方について理解し，基本的な技能を身に付けること。
　　イ　自分やグループの健康・安全についての課題を見付け，その解決のために友達と考えたり，工夫したりしたことを他者に伝えること。
3　指導計画の作成と内容の取扱い
　(1)　指導計画の作成に当たっては，次の事項に配慮するものとする。
　　ア　各段階の内容のまとまりを見通して，その中で育む資質・能力の育成に向けて，生徒の主体的・対話的で深い学びの実現を図るようにすること。その際，体育や保健の見方・考え方を働かせ，運動や健康についての自他の課題を見付け，個々の生徒の障害の状態等に応じて，その解決のための活動の充実を図ること。また，運動の楽しさや喜びを味わったり，健康の大切さを実感したりすることができるよう，留意すること。
　　イ　「A体つくり運動」及び「H保健」については，3学年間にわたって取り扱うこと。
　(2)　2の各段階の内容の取扱いについては，次の事項に配慮するものとする。
　　ア　学校や地域の実態を考慮するとともに，個々の生徒の障害の状態等，運動の経験及び技能の程度などに応じた指導や生徒自らが運動の課題の解決を目指す活動を行えるよう工夫すること。
　　イ　運動を苦手と感じている生徒や，運動に意欲的に取り組まない生徒への指導を工夫すること。
　　ウ　「A体つくり運動」から「Gダンス」までと「H保健」との関連を図る指導を工夫すること。
　　エ　「E球技」については，個の能力だけでなく，より集団を意識したゲームを取り扱うものとすること。
　　オ　「F武道」については，武道場や用具の確保が難しい場合は指導方法を工夫して行うとともに，安全面に十分留意すること。
　　カ　自然との関わりの深い雪遊び，氷上遊び，スキー，スケート，水辺活動などの指導については，生徒の障害の状態等，学校や地域の実態等に応じて積極的に行うようにすること。
　　キ　オリンピック・パラリンピックなどとも関連させ，フェアなプレイを大切にするなど，生徒の発達の段階に応じて，運動やスポーツの大切さや必要性等に触れるようにするとともに，運動やスポーツを「すること」，「知ること」，「見ること」，「応援すること」などの多様な関わり方について取り扱うようにすること。
〔職業・家庭〕
1　目　標
　生活の営みに係る見方・考え方や職業の見方・考え方を働かせ，生活や職業に関する実践的・体験的な学習活動を通して，よりよい生活の実現に向けて工夫する資質・能力を次のと

おり育成することを目指す。
(1) 生活や職業に対する関心を高め，将来の家庭生活や職業生活に係る基礎的な知識や技能を身に付けるようにする。
(2) 将来の家庭生活や職業生活に必要な事柄を見いだして課題を設定し，解決策を考え，実践を評価・改善し，自分の考えを表現するなどして，課題を解決する力を養う。
(3) よりよい家庭生活や将来の職業生活の実現に向けて，生活を工夫し考えようとする実践的な態度を養う。

2 各段階の目標及び内容
○1段階
(1) 目　標
職業分野
　職業に係る見方・考え方を働かせ，作業や実習に関する実践的・体験的な学習活動を通して，よりよい生活の実現に向けて工夫する資質・能力を次のとおり育成することを目指す。
　ア　職業について関心をもち，将来の職業生活に係る基礎的な知識や技能を身に付けるようにする。
　イ　将来の職業生活に必要な事柄について触れ，課題や解決策に気付き，実践し，学習したことを伝えるなど，課題を解決する力の基礎を養う。
　ウ　将来の職業生活の実現に向けて，生活を工夫しようとする態度を養う。

家庭分野
　生活の営みに係る見方・考え方を働かせ，衣食住などに関する実践的・体験的な学習活動を通して，よりよい生活の実現に向けて工夫する資質・能力を次のとおり育成することを目指す。
　ア　家庭の中の自分の役割に気付き，生活の自立に必要な家族・家庭，衣食住，消費や環境等についての基礎的な理解を図るとともに，それらに係る技能を身に付けるようにする。
　イ　家庭生活に必要な事柄について触れ，課題や解決策に気付き，実践し，学習したことを伝えるなど，日常生活において課題を解決する力の基礎を養う。
　ウ　家族や地域の人々とのやりとりを通して，よりよい生活の実現に向けて，生活を工夫しようとする態度を養う。

(2) 内　容
職業分野
A　職業生活
　ア　働くことの意義
　　働くことに関心をもち，作業や実習等に関わる学習活動を通して，次の事項を身に付けることができるよう指導する。
　　(ア)　働くことの目的などを知ること。
　　(イ)　意欲や見通しをもって取り組み，自分の役割について気付くこと。
　　(ウ)　作業や実習等で達成感を得ること。

イ　職業
　　職業に関わる事柄について，考えたり，体験したりする学習活動を通して，次の事項を身に付けることができるよう指導する。
　　㋐　職業に関わる知識や技能について，次のとおりとする。
　　　㋐　職業生活に必要な知識や技能について知ること。
　　　㋑　職業生活を支える社会の仕組み等があることを知ること。
　　　㋒　材料や育成する生物等の扱い方及び生産や生育活動等に関わる基礎的な技術について知ること。
　　　㋓　作業課題が分かり，使用する道具等の扱い方に慣れること。
　　　㋔　作業の持続性や巧緻性などを身に付けること。
　　㋑　職業生活に必要な思考力，判断力，表現力等について，次のとおりとする。
　　　㋐　職業に関わる事柄と作業や実習で取り組む内容との関連について気付くこと。
　　　㋑　作業に当たり安全や衛生について気付き，工夫すること。
　　　㋒　職業生活に必要な健康管理について気付くこと。
B　情報機器の活用
　職業生活で使われるコンピュータ等の情報機器に触れることなどに関わる学習活動を通して，次の事項を身に付けることができるよう指導する。
　ア　コンピュータ等の情報機器の初歩的な操作の仕方を知ること。
　イ　コンピュータ等の情報機器に触れ，体験したことなどを他者に伝えること。
C　産業現場等における実習
　実際的な学習活動を通して，次の事項を身に付けることができるよう指導する。
　ア　職業や進路に関わることについて関心をもったり，調べたりすること。
　イ　職業や職業生活，進路に関わることについて，気付き，他者に伝えること。
家庭分野
A　家族・家庭生活
　ア　自分の成長と家族
　　自分の成長に気付くことや家族のことなどに関わる学習活動を通して，次の事項を身に付けることができるよう指導する。
　　㋐　自分の成長を振り返りながら，家庭生活の大切さを知ること。
　　㋑　家族とのやりとりを通して，家族を大切にする気持ちを育み，よりよい関わり方について気付き，それらを他者に伝えること。
　イ　家庭生活と役割
　　家庭の中での役割などに関わる学習活動を通して，次の事項を身に付けることができるよう指導する。
　　㋐　家庭における役割や地域との関わりについて関心をもち，知ること。
　　㋑　家庭生活に必要なことや自分の果たす役割に気付き，それらを他者に伝えること。
　ウ　家庭生活における余暇
　　家庭における余暇の過ごし方などに関わる学習活動を通して，次の事項を身に付ける

ことができるよう指導する。
　　(ア)　健康や様々な余暇の過ごし方について知り，実践しようとすること。
　　(イ)　望ましい生活環境や健康及び様々な余暇の過ごし方について気付き，工夫すること。
　エ　幼児の生活と家族
　　　幼児と接することなどに関わる学習活動を通して，次の事項を身に付けることができるよう指導する。
　　(ア)　幼児の特徴や過ごし方について知ること。
　　(イ)　幼児への適切な関わり方について気付き，それらを他者に伝えること。
B　衣食住の生活
　ア　食事の役割
　　　食事の仕方や食事の大切さに気付くことなどに関わる学習活動を通して，次の事項を身に付けることができるよう指導する。
　　(ア)　健康な生活と食事の役割について知ること。
　　(イ)　適切な量の食事を楽しくとることの大切さに気付き，それらを他者に伝えること。
　イ　調理の基礎
　　　必要な材料を使って食事の準備をすることなどに関わる学習活動を通して，次の事項を身に付けることができるよう指導する。
　　(ア)　簡単な調理の仕方や手順について知り，できるようにすること。
　　(イ)　簡単な調理計画について考えること。
　ウ　衣服の着用と手入れ
　　　衣服の着方や手入れの仕方などに関わる学習活動を通して，次の事項を身に付けることができるよう指導する。
　　(ア)　場面に応じた日常着の着方や手入れの仕方などについて知り，実践しようとすること。
　　(イ)　日常着の着方や手入れの仕方に気付き，工夫すること。
　エ　快適な住まい方
　　　持ち物の整理や住まいの清掃などに関わる学習活動を通して，次の事項を身に付けることができるよう指導する。
　　(ア)　住まいの主な働きや，整理・整頓や清掃の仕方について知り，実践しようとすること。
　　(イ)　季節の変化に合わせた住まい方，整理・整頓や清掃の仕方に気付き，工夫すること。
C　消費生活・環境
　ア　身近な消費生活
　　　買物の仕組みや必要な物の選び方などに関わる学習活動を通して，次の事項を身に付けることができるよう指導する。
　　(ア)　生活に必要な物の選び方，買い方，計画的な使い方などについて知り，実践しようとすること。
　　(イ)　生活に必要な物を選んだり，物を大切に使おうとしたりすること。

イ　環境に配慮した生活
　　　身近な生活の中で環境に配慮することに関わる学習活動を通して，次の事項を身に付けることができるよう指導する。
　　㈠　身近な生活の中で，環境に配慮した物の使い方などについて知り，実践しようとすること。
　　㈡　身近な生活の中で，環境に配慮した物の使い方などについて考え，工夫すること。

○２段階
(1) 目　標
職業分野
　職業に係る見方・考え方を働かせ，作業や実習に関する実践的・体験的な学習活動を通して，よりよい生活の実現に向けて工夫する資質・能力を次のとおり育成することを目指す。
　ア　働くことに対する関心を高め，将来の職業生活に係る基礎的な知識や技能を身に付けるようにする。
　イ　将来の職業生活に必要な事柄を見いだして課題を設定し，解決策を考え，実践し，学習したことを振り返り，考えたことを表現するなど，課題を解決する力を養う。
　ウ　将来の職業生活の実現に向けて，生活を工夫し考えようとする実践的な態度を養う。

家庭分野
　生活の営みに係る見方・考え方を働かせ，衣食住などに関する実践的・体験的な学習活動を通して，よりよい生活の実現に向けて工夫する資質・能力を次のとおり育成することを目指す。
　ア　家族や自分の役割について理解し，生活の自立に必要な家族・家庭，衣食住，消費や環境等についての基礎的な理解を図るとともに，それらに係る技能を身に付けるようにする。
　イ　家庭生活に必要な事柄について考え，課題を設定し，解決策を考え，実践し，学習したことを振り返り，考えたことを表現するなど，日常生活において課題を解決する力を養う。
　ウ　家族や地域の人々とのやりとりを通して，よりよい生活の実現に向けて，生活を工夫し考えようとする実践的な態度を養う。

(2) 内　容
職業分野
　Ａ　職業生活
　　ア　働くことの意義
　　　　働くことに対する意欲や関心を高め，他者と協力して取り組む作業や実習等に関わる学習活動を通して，次の事項を身に付けることができるよう指導する。
　　　㈠　働くことの目的などを理解すること。
　　　㈡　意欲や見通しをもって取り組み，自分と他者との関係や役割について考えること。
　　　㈢　作業や実習等に達成感を得て，進んで取り組むこと。
　　イ　職業

職業に関わる事柄について，考えを深めたり，体験したりする学習活動を通して，次の事項を身に付けることができるよう指導する。
  (ア) 職業に関わる知識や技能について，次のとおりとする。
    ⑦ 職業生活に必要な知識や技能を理解すること。
    ④ 職業生活を支える社会の仕組み等があることを理解すること。
    ⑦ 材料や育成する生物等の特性や扱い方及び生産や生育活動等に関わる基礎的な技術について理解すること。
    ㊁ 作業課題が分かり，使用する道具や機械等の扱い方を理解すること。
    ㊦ 作業の確実性や持続性，巧緻性等を身に付けること。
  (イ) 職業生活に必要な思考力，判断力，表現力等について，次のとおりとする。
    ⑦ 職業に関わる事柄と作業や実習で取り組む内容との関連について，考えて，発表すること。
    ④ 作業上の安全や衛生及び作業の効率について考えて，工夫すること。
    ⑦ 職業生活に必要な健康管理について考えること。
B　情報機器の活用
　職業生活や社会生活で使われるコンピュータ等の情報機器を扱うことに関わる学習活動を通して，次の事項を身に付けることができるよう指導する。
　ア　コンピュータ等の情報機器の基礎的な操作の仕方を知り，扱いに慣れること。
　イ　コンピュータ等の情報機器を扱い，体験したことや自分の考えを表現すること。
C　産業現場等における実習
　実際的な学習活動を通して，次の事項を身に付けることができるよう指導する。
　ア　職業や進路に関わることについて調べて，理解すること。
　イ　職業や職業生活，進路に関わることと自己の成長などについて考えて，発表すること。
家庭分野
A　家族・家庭生活
　ア　自分の成長と家族
　　自分の成長と家族や家庭生活などに関わる学習活動を通して，次の事項を身に付けることができるよう指導する。
    (ア) 自分の成長を振り返り，家庭生活の大切さを理解すること。
    (イ) 家族とのやりとりを通して，家族を大切にする気持ちを育み，よりよい関わり方について考え，表現すること。
　イ　家庭生活と役割
　　家庭生活での役割などに関わる学習活動を通して，次の事項を身に付けることができるよう指導する。
    (ア) 家庭における役割や地域との関わりについて調べて，理解すること。
    (イ) 家庭生活に必要なことに関して，家族の一員として，自分の果たす役割を考え，表現すること。
　ウ　家庭生活における余暇

　　　　家庭生活における健康や余暇に関わる学習活動を通して，次の事項を身に付けることができるよう指導する。
　　　　(ア) 健康管理や余暇の過ごし方について理解し，実践すること。
　　　　(イ) 望ましい生活環境や健康管理及び自分に合った余暇の過ごし方について考え，表現すること。
　　エ　家族や地域の人々との関わり
　　　　家族との触れ合いや地域の人々と接することなどに関わる学習活動を通して，次の事項を身に付けることができるよう指導する。
　　　　(ア) 地域生活や地域の活動について調べて，理解すること。
　　　　(イ) 家族との触れ合いや地域生活に関心をもち，家族や地域の人々と地域活動への関わりについて気付き，表現すること。
B　衣食住の生活
　　ア　食事の役割
　　　　楽しく食事をするための工夫などに関わる学習活動を通して，次の事項を身に付けることができるよう指導する。
　　　　(ア) 健康な生活と食事の役割や日常の食事の大切さを理解すること。
　　　　(イ) 日常の食事の大切さや規則正しい食事の必要性を考え，表現すること。
　　イ　栄養を考えた食事
　　　　バランスのとれた食事について考えることに関わる学習活動を通して，次の事項を身に付けることができるよう指導する。
　　　　(ア) 身体に必要な栄養について関心をもち，理解し，実践すること。
　　　　(イ) バランスのとれた食事について気付き，献立などを工夫すること。
　　ウ　調理の基礎
　　　　食事の準備や調理の仕方などに関わる学習活動を通して，次の事項を身に付けることができるよう指導する。
　　　　(ア) 調理に必要な材料の分量や手順などについて理解し，適切にできること。
　　　　(イ) 調理計画に沿って，調理の手順や仕方を工夫すること。
　　エ　衣服の着用と手入れ
　　　　衣服の手入れや洗濯の仕方などに関わる学習活動を通して，次の事項を身に付けることができるよう指導する。
　　　　(ア) 日常着の使い分けや手入れの仕方などについて理解し，実践すること。
　　　　(イ) 日常着の快適な着方や手入れの仕方を考え，工夫すること。
　　オ　快適で安全な住まい方
　　　　住まいの整理・整頓や清掃などに関わる学習活動を通して，次の事項を身に付けることができるよう指導する。
　　　　(ア) 快適な住まい方や，安全について理解し，実践すること。
　　　　(イ) 季節の変化に合わせた快適な住まい方に気付き，工夫すること。
C　消費生活・環境

ア　身近な消費生活
　　　　身近な消費生活について考えることなどに関わる学習活動を通して，次の事項を身に付けることができるよう指導する。
　　　(ｱ)　生活に必要な物の選択や扱い方について理解し，実践すること。
　　　(ｲ)　生活に必要な物について考えて選ぶことや，物を大切に使う工夫をすること。
　　イ　環境に配慮した生活
　　　　自分の生活と環境との関連などに関わる学習活動を通して，次の事項を身に付けることができるよう指導する。
　　　(ｱ)　身近な生活の中での環境との関わりや環境に配慮した物の使い方などについて理解し，実践すること。
　　　(ｲ)　身近な生活の中で，環境との関わりや環境に配慮した生活について考えて，物の使い方などを工夫すること。
3　指導計画の作成と内容の取扱い
(1)　指導計画の作成に当たっては，次の事項に配慮するものとする。
　　ア　題材など内容や時間のまとまりを見通して，その中で育む資質・能力の育成に向けて，生徒の主体的・対話的で深い学びの実現を図るようにすること。その際，作業や実習など体験的な活動と知識とを相互に関連付けてより深く理解できるようにすること。
　　イ　職業分野及び家庭分野に示された各段階の目標・内容については，分野相互の関連を図り，総合的に展開されるよう適切に計画すること。その際，小学部の生活科をはじめとする各教科等とのつながりや，中学部における他教科等との関連を重視することや高等部における職業科，家庭科，情報科等の学習を見据え，系統的に指導できるよう計画すること。
　　ウ　生徒一人一人のキャリア発達を促していくことを踏まえ，発達の段階に応じて望ましい勤労観や職業観を身に付け，自らの生き方を考えて進路を主体的に選択することができるよう，将来の生き方等についても扱うなど，組織的かつ計画的に指導を行うこと。
　　エ　地域や産業界との連携を図り，実際的な学習活動や就業体験，実習等を計画的に取り入れること。産業現場等における実習については，校内での作業や就業体験等と関連させ，段階的・系統的に指導するよう配慮すること。
(2)　2の各段階の内容の取扱いについては，次の事項に配慮するものとする。
　　ア　実習の指導に当たっては，施設・設備の安全・衛生管理に配慮し，学習環境を整備するとともに，火気，用具，材料などの取扱いと事故防止の指導を徹底するものとする。その際，適切な服装や防護眼鏡・防塵マスクの着用等による安全の確保に努めること。
　　イ　職業分野
　　　　職業分野の内容の取扱いについては，次の事項に配慮するものとする。
　　　(ｱ)　基礎的な知識及び技能を習得し，その理解を深めることで概念が育まれるとともに，仕事の楽しさや完成の喜びを体得できるよう，実践的・体験的な学習活動を充実すること。
　　　(ｲ)　生徒が習得した知識や技能を生活に活用できるよう，問題解決的な学習を充実する

とともに，家庭や地域との連携を図ること。
      (ウ) 職業生活や家庭生活に必要な生きて働く知識や技能及び態度の形成に重点を置いた指導が行われるように配慮すること。
      (エ) 職業生活における余暇については，家庭生活における余暇と関連させて指導すること。
      (オ) 「Ｂ情報機器の活用」については，家庭生活における情報機器の取扱いについても留意して指導すること。
   ウ 家庭分野
      家庭分野の内容の取扱いについては，次の事項に配慮するものとする。
      (ア) 食に関する指導では，職業・家庭科の特質に応じて，食育の充実に資すること。
      (イ) 幼児と関わるなどの校外での学習について，事故の防止策及び事故発生時の対応策等を綿密に計画するとともに，相手に対する配慮にも十分留意するものとする。
      (ウ) 調理に用いる食品については，安全・衛生に留意すること。また，食物アレルギーについても配慮すること。

〔外国語〕
1　目　標
　外国語によるコミュニケーションにおける見方・考え方を働かせ，外国語の音声や基本的な表現に触れる活動を通して，コミュニケーションを図る素地となる資質・能力を次のとおり育成することを目指す。
(1) 外国語を用いた体験的な活動を通して，身近な生活で見聞きする外国語に興味や関心をもち，外国語の音声や基本的な表現に慣れ親しむようにする。
(2) 身近で簡単な事柄について，外国語で聞いたり話したりして自分の考えや気持ちなどを伝え合う力の素地を養う。
(3) 外国語を通して，外国語やその背景にある文化の多様性を知り，相手に配慮しながらコミュニケーションを図ろうとする態度を養う。
2　内　容
〔英　語〕
〔知識及び技能〕
(1) 英語の特徴等に関する事項
　　実際に英語を用いた場面や状況等における言語活動を通して，次の事項を身に付けることができるよう指導する。
   ア 英語の音声や基本的な表現に慣れ親しむこと
      (ア) 英語の音声を聞き，真似て声を出したり，話したりしようとすること。
      (イ) 英語の音声や文字も，事物の内容を表したり，要件を伝えたりなどの働きがあることを感じ取ること。
      (ウ) 基本的な表現や語句が表す内容を知り，それらを使うことで相手に伝わることを感じ取ること。
   イ 日本と外国の言語や文化に慣れ親しむこと。

(ア)　体験的な活動を通して，日本と外国との生活，習慣，行事などの違いを知ること。
　　(イ)　対話的な活動を通して，相手の発言をよく聞こうとしたり，相づちや表情，ジェスチャーなどで応じようとしたりすること。
〔思考力，判断力，表現力等〕
(2)　情報を整理し，表現したり，伝え合ったりすることに関する事項
　　具体的な課題等を設定し，コミュニケーションを行う目的や場面，状況などに応じて情報や考えなどを表現することを通して，次の事項を身に付けることができるよう指導する。
　ア　日常生活に関する簡単な事柄について，伝えたいことを考え，簡単な語などや基本的な表現を使って伝え合うこと。
　イ　日常生活に関する簡単な事柄について，自分の考えや気持ちなどが伝わるよう，工夫して質問をしたり，質問に答えたりすること。
(3)　言語活動及び言語の働きに関する事項
　① 言語活動に関する事項
　　　(2)に示す事項については，(1)に示す事項を活用して，例えば，次のような言語活動を通して指導する。
　ア　聞くこと
　　(ア)　文字の発音を聞いて文字と結び付ける活動。
　　(イ)　身近で具体的な事物に関する簡単な英語を聞き，それが表す内容をイラストや写真と結び付ける活動。
　　(ウ)　挨拶や簡単な指示に応じる活動。
　イ　話すこと［発表］
　　(ア)　自分の名前，年齢，好みなどを簡単な語などや基本的な表現を用いて表現する活動。
　　(イ)　身近で具体的な事物の様子や状態を簡単な語などや基本的な表現，ジェスチャーを用いて表現する活動。
　ウ　話すこと［やり取り］
　　(ア)　簡単な挨拶をし合う活動。
　　(イ)　自分のことについて，具体物などを相手に見せながら，好みや要求などの自分の考えや気持ちを伝え合う活動。
　　(ウ)　ゆっくり話される簡単な質問に，英語の語など又は身振りや動作などで応じる活動。
　エ　書くこと
　　(ア)　身近な事物を表す文字を書く活動。
　　(イ)　例示を見ながら自分の名前を書き写す活動。
　オ　読むこと
　　(ア)　身の回りで使われている文字や単語を見付ける活動。
　　(イ)　日本の人の名前や地名の英語表記に使われている文字を読む活動。
　② 言語の働きに関する事項
　　　言語活動を行うに当たり，主として次に示すような言語の使用場面や言語の働きを取り上げるようにする。

ア　言語の使用場面の例
　　(ア)　特有の表現がよく使われる場面
　　　㋐　挨拶をする
　　　㋑　自己紹介をする
　　　㋒　買物をする
　　　㋓　食事をする　　など
　　(イ)　生徒の身近な暮らしに関わる場面
　　　㋐　ゲーム
　　　㋑　歌やダンス
　　　㋒　学校での学習や活動
　　　㋓　家庭での生活　など
　イ　言語の働きの例
　　(ア)　コミュニケーションを円滑にする
　　　㋐　挨拶をする
　　　㋑　相づちを打つ
　　(イ)　気持ちを伝える
　　　㋐　礼を言う
　　　㋑　褒める
　　(ウ)　相手の行動を促す
　　　㋐　質問する
〔その他の外国語〕
　その他の外国語については，外国語の2の内容の〔英語〕に準じて指導を行うものとする。
3　指導計画の作成と内容の取扱い
(1)　外国語科においては，英語を履修させることを原則とすること。
(2)　指導計画の作成に当たっては，次の事項に配慮するものとする。
　ア　単元など内容や時間のまとまりを見通して，その中で育む資質・能力の育成に向けて，生徒の主体的・対話的で深い学びの実現を図るようにすること。その際，具体的課題等を設定し，生徒が外国語によるコミュニケーションにおける見方・考え方を働かせながら，コミュニケーションの目的や場面，状況などを意識して活動を行い，英語の音声や語彙，表現などの知識を，五つの領域における実際のコミュニケーションにおいて活用する学習の充実を図ること。
　イ　これまでに学習した外国語活動との関連に留意して，指導計画を適切に作成すること。
　ウ　外国語科を設ける場合は，生徒の障害の状態や実態に応じて，指導目標を適切に定め，3年間を通して外国語科の目標の実現を図るようにすること。また，高等部における指導との接続に配慮すること。
　エ　指導内容や活動については，生徒の興味や関心，経験などに合ったものとし，国語科や音楽科，美術科などの他教科等で生徒が学習したことを活用するなどの工夫により，指導の効果を高めるようにすること。

オ　学級担任の教師又は外国語を担当する教師が指導計画を作成し，授業を実施するに当たっては，ネイティブ・スピーカーや英語が堪能な地域人材などの協力を得る等，指導体制等の充実を図るとともに，指導方法を工夫すること。
　　カ　外国語を通して他者とコミュニケーションを図ることの必要性や楽しさを味わうことができるよう工夫すること。
　(3)　2の内容の取扱いについては，次の事項に配慮するものとする。
　　ア　言語材料については，生徒に身近でなじみのある簡単なものから扱うようにするとともに，語，連語及び慣用表現については活用頻度の高いものを用い，必要に応じて繰り返し活用しながら体験的な理解を図るようにすること。
　　イ　2の内容のうち，主として言語や文化に関する内容の指導については，言語活動との関連を図るようにすること。その際，日本語と外国語との違いに生徒が気付くなど体験的な理解を図ることとし，指導内容が必要以上に細部にわたったり，形式的になったりしないようにすること。
　　ウ　生徒の実態や教材の内容などに応じて，情報機器等を有効に活用し適切な言語材料を十分に提供できるようにすること。
第2　指導計画の作成と各教科全体にわたる内容の取扱い
　　指導計画の作成と各教科全体にわたる内容の取扱いについては，第2章第1節第2款第2において特に示している事項に準ずるものとする。

第3章　特別の教科　道徳

　小学部又は中学部の道徳科の目標，内容及び指導計画の作成と内容の取扱いについては，それぞれ小学校学習指導要領第3章又は中学校学習指導要領第3章に示すものに準ずるほか，次に示すところによるものとする。
　1　児童又は生徒の障害による学習上又は生活上の困難を改善・克服して，強く生きようとする意欲を高め，明るい生活態度を養うとともに，健全な人生観の育成を図る必要があること。
　2　各教科，外国語活動，総合的な学習の時間，特別活動及び自立活動との関連を密にしながら，経験の拡充を図り，豊かな道徳的心情を育て，広い視野に立って道徳的判断や行動ができるように指導する必要があること。
　3　知的障害者である児童又は生徒に対する教育を行う特別支援学校において，内容の指導に当たっては，個々の児童又は生徒の知的障害の状態，生活年齢，学習状況及び経験等に応じて，適切に指導の重点を定め，指導内容を具体化し，体験的な活動を取り入れるなどの工夫を行うこと。

第4章　外国語活動

第1款　視覚障害者，聴覚障害者，肢体不自由者又は病弱者である児童に対する教育を行う特別支援学校
　小学部における外国語活動の目標，内容及び指導計画の作成と内容の取扱いについては，小

学校学習指導要領第4章に示すものに準ずるほか,次の事項に配慮するものとする。
　1　児童の障害の状態や特性及び心身の発達の段階等に応じて,指導内容を適切に精選するとともに,その重点の置き方等を工夫すること。
　2　指導に当たっては,自立活動における指導との密接な関連を保ち,学習効果を一層高めるようにすること。

第2款　知的障害者である児童に対する教育を行う特別支援学校
1　目　標
　外国語によるコミュニケーションにおける見方・考え方を働かせ,外国語や外国の文化に触れることを通して,コミュニケーションを図る素地となる資質・能力を次のとおり育成することを目指す。
(1) 外国語を用いた体験的な活動を通して,日本語と外国語の音声の違いなどに気付き,外国語の音声に慣れ親しむようにする。
(2) 身近で簡単な事柄について,外国語に触れ,自分の気持ちを伝え合う力の素地を養う。
(3) 外国語を通して,外国の文化などに触れながら,言語への関心を高め,進んでコミュニケーションを図ろうとする態度を養う。
2　内　容
〔英　語〕
〔知識及び技能〕
(1) 英語の特徴等に関する事項
　　具体的な言語の使用場面や具体的な状況における言語活動を通して,次の事項を身に付けることができるよう指導する。
　ア　言語を用いてコミュニケーションを図ることの楽しさを知ること。
　イ　日本と外国の言語や文化について,以下の体験を通して慣れ親しむこと。
　　(ア) 英語の歌や日常生活になじみのある語などを聞き,音声やリズムに親しむこと。
　　(イ) 外国の生活や行事などに触れ,日本と外国の生活や違いを知ること。
〔思考力,判断力,表現力等〕
(2) 自分の考えや気持ちなどを表現したり,伝えたりする力の素地に関する事項
　　具体的な課題等を設定し,コミュニケーションを行う目的や場面などに応じて表現することを通して,次の事項を身に付けることができるよう指導する。
　ア　身近で簡単な事柄について,注目して見聞きしようとすること。
　イ　身近で簡単な事柄について,相手の働きかけに応じようとすること。
(3) 言語活動及び言語の働きに関する事項
　①　言語活動に関する事項
　　　(2)に示す事項については,(1)に示す事項を活用して,例えば,次のような言語活動を取り上げるようにする。
　ア　聞くこと
　　(ア) 既に経験している活動や場面で,英語の挨拶や語などを聞き取る活動。

(イ)　既に知っている物や事柄に関する語などを聞き，それが表す内容を実物や写真など
　　　　と結び付ける活動。
　　イ　話すこと
　　　(ア)　既に経験している活動や場面で，実物や写真などを示しながら自分の名前や好きな
　　　　ものなどを簡単な語などを用いて伝える活動。
　　　(イ)　既に知っている歌やダンス，ゲームで，簡単な語や身振りなどを使って表現する活
　　　　動。
　②　言語の働きに関する事項
　　　言語活動を行うに当たり，主として次に示すような言語の使用場面や言語の働きを取
　　り上げるようにする。
　　ア　言語の使用場面の例
　　　(ア)　児童の遊びや身近な暮らしに関わる場面
　　　　㋐　歌やダンスを含む遊び
　　　　㋑　家庭での生活
　　　　㋒　学校での学習や活動　など
　　　(イ)　特有の表現がよく使われる場面
　　　　㋐　挨拶
　　　　㋑　自己紹介　など
　　イ　言語の働きの例
　　　(ア)　コミュニケーションを円滑にする
　　　　㋐　挨拶をする
　　　(イ)　気持ちを伝える
　　　　㋐　礼を言う　など
3　指導計画の作成と内容の取扱い
(1)　外国語活動においては，言語やその背景にある文化に対する関心をもつよう指導すると
　　ともに，外国語による聞くこと，話すことの言語活動を行う際には，英語を取り扱うこと
　　を原則とすること。
(2)　指導計画の作成に当たっては，次の事項に配慮するものとする。
　　ア　単元や題材など，内容や時間のまとまりを見通して，その中で育む資質・能力の育成
　　　に向けて，児童の主体的・対話的で深い学びの実現を図るようにすること。その際，具
　　　体的な課題等を設定し，児童が外国語によるコミュニケーションにおける見方・考え方
　　　を働かせ，コミュニケーションのよさを感じながら活動を行い，英語の音声や語などの
　　　知識を，二つの領域における実際のコミュニケーションにおいて活用する学習の充実を
　　　図ること。
　　イ　外国語活動の指導を行う場合は，第３学年以降の児童を対象とし，国語科の３段階の
　　　目標及び内容との関連を図ること。
　　ウ　２の内容のうち，主として言語や文化に関する内容の指導については，コミュニケー
　　　ションに関する内容との関連を図るようにすること。その際，言語や文化については体

験的な理解を図ることとし，指導内容が必要以上に細部にわたったり，形式的になったりしないようにすること。
　エ　指導内容や活動については，児童の興味や関心に合ったものとし，国語科や音楽科，図画工作科などの他教科等で児童が学習したことを活用するなどの工夫により，指導の効果を高めるようにすること。
　オ　授業を実施するに当たっては，ネイティブ・スピーカーや英語が堪能な地域人材などの協力を得る等，指導体制の充実を図るとともに，指導方法を工夫すること。
　カ　音声を取り扱う場合には，視聴覚教材を積極的に活用すること。その際，使用する視聴覚教材は，児童，学校及び地域の実態を考慮して適切なものとすること。
　キ　第1章総則の第2節の2の(2)に示す道徳教育の目標に基づき，道徳科などとの関連を考慮しながら，第3章特別の教科道徳に示す内容について，外国語活動の特質に応じて適切な指導をすること。
(3)　2の内容の取扱いについては，次の事項に配慮するものとする。
　ア　外国語でのコミュニケーションにおいては，児童の発達の段階を考慮した表現を用い，児童にとって身近なコミュニケーションの場を設定すること。
　イ　外国語でのコミュニケーションにおいては，聞くこと，話すことに関する言語活動を中心とし，文字については，児童の学習負担に配慮しつつ，音声によるコミュニケーションを補助するものとして取り扱うこと。
　ウ　言葉によらないコミュニケーションの手段もコミュニケーションを支えるものであることを踏まえ，ジェスチャーなどを取り上げ，その役割を理解することができるようにすること。
　エ　外国語活動を通して，外国語や外国の文化のみならず，国語や我が国の文化についても併せて理解を深めることができるようにすること。

　　　　　　　　　　第5章　総合的な学習の時間
　小学部又は中学部における総合的な学習の時間の目標，各学校において定める目標及び内容並びに指導計画の作成と内容の取扱いについては，それぞれ小学校学習指導要領第5章又は中学校学習指導要領第4章に示すものに準ずるほか，次に示すところによるものとする。
1　児童又は生徒の障害の状態や発達の段階等を十分考慮し，学習活動が効果的に行われるよう配慮すること。
2　体験活動に当たっては，安全と保健に留意するとともに，学習活動に応じて，小学校の児童又は中学校の生徒などと交流及び共同学習を行うよう配慮すること。
3　知的障害者である生徒に対する教育を行う特別支援学校中学部において，探究的な学習を行う場合には，知的障害のある生徒の学習上の特性として，学習によって得た知識や技能が断片的になりやすいことなどを踏まえ，各教科等の学習で培われた資質・能力を総合的に関連付けながら，具体的に指導内容を設定し，生徒が自らの課題を解決できるように配慮すること。

第6章 特別活動

　小学部又は中学部の特別活動の目標，各活動・学校行事の目標及び内容並びに指導計画の作成と内容の取扱いについては，それぞれ小学校学習指導要領第6章又は中学校学習指導要領第5章に示すものに準ずるほか，次に示すところによるものとする。

1. 学級活動においては，適宜他の学級や学年と合同で行うなどして，少人数からくる種々の制約を解消し，活発な集団活動が行われるようにする必要があること。
2. 児童又は生徒の経験を広めて積極的な態度を養い，社会性や豊かな人間性を育むために，集団活動を通して小学校の児童又は中学校の生徒などと交流及び共同学習を行ったり，地域の人々などと活動を共にしたりする機会を積極的に設ける必要があること。その際，児童又は生徒の障害の状態や特性等を考慮して，活動の種類や時期，実施方法等を適切に定めること。
3. 知的障害者である児童又は生徒に対する教育を行う特別支援学校において，内容の指導に当たっては，個々の児童又は生徒の知的障害の状態，生活年齢，学習状況及び経験等に応じて，適切に指導の重点を定め，具体的に指導する必要があること。

第7章 自立活動

第1 目標

　個々の児童又は生徒が自立を目指し，障害による学習上又は生活上の困難を主体的に改善・克服するために必要な知識，技能，態度及び習慣を養い，もって心身の調和的発達の基盤を培う。

第2 内容

1　健康の保持
  (1) 生活のリズムや生活習慣の形成に関すること。
  (2) 病気の状態の理解と生活管理に関すること。
  (3) 身体各部の状態の理解と養護に関すること。
  (4) 障害の特性の理解と生活環境の調整に関すること。
  (5) 健康状態の維持・改善に関すること。
2　心理的な安定
  (1) 情緒の安定に関すること。
  (2) 状況の理解と変化への対応に関すること。
  (3) 障害による学習上又は生活上の困難を改善・克服する意欲に関すること。
3　人間関係の形成
  (1) 他者とのかかわりの基礎に関すること。
  (2) 他者の意図や感情の理解に関すること。
  (3) 自己の理解と行動の調整に関すること。
  (4) 集団への参加の基礎に関すること。
4　環境の把握
  (1) 保有する感覚の活用に関すること。

(2)　感覚や認知の特性についての理解と対応に関すること。
　(3)　感覚の補助及び代行手段の活用に関すること。
　(4)　感覚を総合的に活用した周囲の状況についての把握と状況に応じた行動に関すること。
　(5)　認知や行動の手掛かりとなる概念の形成に関すること。
5　身体の動き
　(1)　姿勢と運動・動作の基本的技能に関すること。
　(2)　姿勢保持と運動・動作の補助的手段の活用に関すること。
　(3)　日常生活に必要な基本動作に関すること。
　(4)　身体の移動能力に関すること。
　(5)　作業に必要な動作と円滑な遂行に関すること。
6　コミュニケーション
　(1)　コミュニケーションの基礎的能力に関すること。
　(2)　言語の受容と表出に関すること。
　(3)　言語の形成と活用に関すること。
　(4)　コミュニケーション手段の選択と活用に関すること。
　(5)　状況に応じたコミュニケーションに関すること。
第3　個別の指導計画の作成と内容の取扱い
1　自立活動の指導に当たっては，個々の児童又は生徒の障害の状態や特性及び心身の発達の段階等の的確な把握に基づき，指導すべき課題を明確にすることによって，指導目標及び指導内容を設定し，個別の指導計画を作成するものとする。その際，第2に示す内容の中からそれぞれに必要とする項目を選定し，それらを相互に関連付け，具体的に指導内容を設定するものとする。
2　個別の指導計画の作成に当たっては，次の事項に配慮するものとする。
　(1)　個々の児童又は生徒について，障害の状態，発達や経験の程度，興味・関心，生活や学習環境などの実態を的確に把握すること。
　(2)　児童又は生徒の実態把握に基づいて得られた指導すべき課題相互の関連を検討すること。その際，これまでの学習状況や将来の可能性を見通しながら，長期的及び短期的な観点から指導目標を設定し，それらを達成するために必要な指導内容を段階的に取り上げること。
　(3)　具体的な指導内容を設定する際には，以下の点を考慮すること。
　　ア　児童又は生徒が，興味をもって主体的に取り組み，成就感を味わうとともに自己を肯定的に捉えることができるような指導内容を取り上げること。
　　イ　児童又は生徒が，障害による学習上又は生活上の困難を改善・克服しようとする意欲を高めることができるような指導内容を重点的に取り上げること。
　　ウ　個々の児童又は生徒が，発達の遅れている側面を補うために，発達の進んでいる側面を更に伸ばすような指導内容を取り上げること。
　　エ　個々の児童又は生徒が，活動しやすいように自ら環境を整えたり，必要に応じて周囲の人に支援を求めたりすることができるような指導内容を計画的に取り上げること。
　　オ　個々の児童又は生徒に対し，自己選択・自己決定する機会を設けることによって，思

　　　　考・判断・表現する力を高めることができるような指導内容を取り上げること。
　　　カ　個々の児童又は生徒が，自立活動における学習の意味を将来の自立や社会参加に必要な資質・能力との関係において理解し，取り組めるような指導内容を取り上げること。
　(4)　児童又は生徒の学習状況や結果を適切に評価し，個別の指導計画や具体的な指導の改善に生かすよう努めること。
　(5)　各教科，道徳科，外国語活動，総合的な学習の時間及び特別活動の指導と密接な関連を保つようにし，計画的，組織的に指導が行われるようにするものとする。
3　個々の児童又は生徒の実態に応じた具体的な指導方法を創意工夫し，意欲的な活動を促すようにするものとする。
4　重複障害者のうち自立活動を主として指導を行うものについては，全人的な発達を促すために必要な基本的な指導内容を，個々の児童又は生徒の実態に応じて設定し，系統的な指導が展開できるようにするものとする。その際，個々の児童又は生徒の人間として調和のとれた育成を目指すように努めるものとする。
5　自立活動の指導は，専門的な知識や技能を有する教師を中心として，全教師の協力の下に効果的に行われるようにするものとする。
6　児童又は生徒の障害の状態等により，必要に応じて，専門の医師及びその他の専門家の指導・助言を求めるなどして，適切な指導ができるようにするものとする。
7　自立活動の指導の成果が進学先等でも生かされるように，個別の教育支援計画等を活用して関係機関等との連携を図るものとする。

【執筆者紹介】（執筆順）

宮﨑　英憲	東洋大学名誉教授
横倉　　久	独立行政法人国立特別支援教育総合研究所上席総括研究員
明官　　茂	明星大学常勤教授
大西　孝志	東北福祉大学教授
村上　直也	岡山県教育庁特別支援教育課指導主事
樋口普美子	和光市教育委員会学校教育課課長補佐兼指導主事
髙橋　　玲	群馬県教育委員会特別支援教育課補佐
山本久美子	山梨県立大学非常勤講師
三上　宗佑	東京都立城東特別支援学校
増田　知洋	東京都立江東特別支援学校
上杉　忠司	神奈川県川崎市立聾学校校長
細谷　忠司	埼玉県立草加かがやき特別支援学校校長
佐藤　圭吾	秋田県教育庁特別支援教育課主任指導主事
日下奈緒美	千葉県立松戸特別支援学校教頭
小川　純子	星城大学特任教授
横山　孝子	浜松学院大学教授
佐伯　英明	金城大学教授
小林　　靖	神奈川県横浜市立北綱島特別支援学校校長
丹羽　　登	関西学院大学教授
加藤　公史	愛媛大学教育学部附属特別支援学校
朝日　滋也	東京都立永福学園校長
矢澤はるか	広島県立呉特別支援学校
清水　謙二	大阪府立佐野支援学校
尾高　邦生	東京学芸大学附属特別支援学校
武富　博文	独立行政法人国立特別支援教育総合研究所総括研究員
宇田川和久	埼玉県立特別支援学校さいたま桜高等学園校長

【監修者紹介】
宮﨑　英憲（みやざき　ひでのり）
東洋大学名誉教授

【編著者紹介】
横倉　久（よこくら　ひさし）
独立行政法人国立特別支援教育総合研究所上席総括研究員

平成29年版
特別支援学校小学部・中学部　新学習指導要領の展開

2018年7月初版第1刷刊　Ⓒ監修者　宮　﨑　英　憲
　　　　　　　　　　　　編著者　横　倉　　　久
　　　　　　　　　　　　発行者　藤　原　光　政
　　　　　　　　　　　　発行所　明治図書出版株式会社
　　　　　　　　　　　　　　　　http://www.meijitosho.co.jp
　　　　　　　　　　　（企画）佐藤智恵（校正）川﨑満里菜
　　　　　　　　　　　〒114-0023　東京都北区滝野川7-46-1
　　　　　　　　　　　振替00160-5-151318　電話03(5907)6703
　　　　　　　　　　　　　　ご注文窓口　電話03(5907)6668
＊検印省略　　　　　　　組版所　中　央　美　版

本書の無断コピーは，著作権・出版権にふれます。ご注意ください。

Printed in Japan　　　　　ISBN978-4-18-333919-5
もれなくクーポンがもらえる！読者アンケートはこちらから →